온라인 GSAT

문제풀이 용지

삼성 온라인 GSAT		
영역	문항 수	제한시간
수리	20문항	30분
추리	30문항	30분

※ 본 문제풀이 용지는 도서에서 제공되는 모의고사와 함께 사용할 수 있도록 총 4회분을 제공하였습니다.

※ 여분의 문제풀이 용지는 SD에듀 홈페이지에서 다운받을 수 있습니다.

〈문제풀이 용지 다운받는 방법〉

▶ SD에듀 도서 홈페이지 접속(www.sdedu.co.kr/book)

▶ 상단 카테고리「도서업데이트」클릭

▶「삼성 문제풀이 용지」검색 후 다운로드

삼성 온라인 GSAT 수리 문제풀이 용지

성명 : 　　　　　　　　　　**수험번호 :**

①	②
③	④
⑤	

수리

※ 본 문제풀이 용지는 온라인 GSAT 수검용으로 온라인 모의고사 응시 시 활용하기 바랍니다.

삼성 온라인 GSAT 수리 문제풀이 용지

성명 : **수험번호 :**

⑥

⑦

⑧

⑨

수리

⑩

※ 본 문제풀이 용지는 온라인 GSAT 수검용으로 온라인 모의고사 응시 시 활용하기 바랍니다.

삼성 온라인 GSAT 수리 문제풀이 용지

성명 : 수험번호 :

⑪	⑫
⑬	⑭
⑮	

수리

※ 본 문제풀이 용지는 온라인 GSAT 수검용으로 온라인 모의고사 응시 시 활용하기 바랍니다.

삼성 온라인 GSAT 수리 문제풀이 용지

성명 : **수험번호 :**

⑯	⑰
⑱	⑲
⑳	

※ 본 문제풀이 용지는 온라인 GSAT 수검용으로 온라인 모의고사 응시 시 활용하기 바랍니다.

삼성 온라인 GSAT 추리 문제풀이 용지

성명 : 수험번호 :

①	②
③	④
⑤	⑥

추리

※ 본 문제풀이 용지는 온라인 GSAT 수검용으로 온라인 모의고사 응시 시 활용하기 바랍니다.

삼성 온라인 GSAT 추리 문제풀이 용지

성명 : **수험번호 :**

⑦	⑧
⑨	⑩
⑪	⑫

※ 본 문제풀이 용지는 온라인 GSAT 수검용으로 온라인 모의고사 응시 시 활용하기 바랍니다.

삼성 온라인 GSAT 추리 문제풀이 용지

성명 : 수험번호 :

⑬	⑭
⑮	⑯
⑰	⑱

※ 본 문제풀이 용지는 온라인 GSAT 수검용으로 온라인 모의고사 응시 시 활용하기 바랍니다.

삼성 온라인 GSAT 추리 문제풀이 용지

성명 : **수험번호 :**

⑲	⑳
㉑	㉒
㉓	㉔

※ 본 문제풀이 용지는 온라인 GSAT 수검용으로 온라인 모의고사 응시 시 활용하기 바랍니다.

삼성 온라인 GSAT 추리 문제풀이 용지

성명 : **수험번호 :**

㉕	㉖
㉗	㉘
㉙	㉚

추리

※ 본 문제풀이 용지는 온라인 GSAT 수검용으로 온라인 모의고사 응시 시 활용하기 바랍니다.

삼성 온라인 GSAT 수리 문제풀이 용지

성명 : **수험번호 :**

①	②
③	④
⑤	

수리

※ 본 문제풀이 용지는 온라인 GSAT 수검용으로 온라인 모의고사 응시 시 활용하기 바랍니다.

삼성 온라인 GSAT 수리 문제풀이 용지

성명 : **수험번호 :**

⑥	⑦
⑧	⑨
⑩	

수리

※ 본 문제풀이 용지는 온라인 GSAT 수검용으로 온라인 모의고사 응시 시 활용하기 바랍니다.

삼성 온라인 GSAT 수리 문제풀이 용지

성명 : **수험번호 :**

⑪

⑫

⑬

⑭

수리

⑮

※ 본 문제풀이 용지는 온라인 GSAT 수검용으로 온라인 모의고사 응시 시 활용하기 바랍니다.

삼성 온라인 GSAT 수리 문제풀이 용지

성명 :

수험번호 :

⑯

⑰

⑱

⑲

⑳

※ 본 문제풀이 용지는 온라인 GSAT 수검용으로 온라인 모의고사 응시 시 활용하기 바랍니다.

삼성 온라인 GSAT 추리 문제풀이 용지

성명 : **수험번호 :**

①	②
③	④
⑤	⑥

추리

※ 본 문제풀이 용지는 온라인 GSAT 수검용으로 온라인 모의고사 응시 시 활용하기 바랍니다.

삼성 온라인 GSAT 추리 문제풀이 용지

성명 :

수험번호 :

⑦

⑧

⑨

⑩

⑪

⑫

※ 본 문제풀이 용지는 온라인 GSAT 수검용으로 온라인 모의고사 응시 시 활용하기 바랍니다.

삼성 온라인 GSAT 추리 문제풀이 용지

성명 : 　　　　　　　　　　　　　　　　　　수험번호 :

⑬	⑭
⑮	⑯
⑰	⑱

추리

※ 본 문제풀이 용지는 온라인 GSAT 수검용으로 온라인 모의고사 응시 시 활용하기 바랍니다.

삼성 온라인 GSAT 추리 문제풀이 용지

성명 : **수험번호 :**

⑲	⑳
㉑	㉒
㉓	㉔

※ 본 문제풀이 용지는 온라인 GSAT 수검용으로 온라인 모의고사 응시 시 활용하기 바랍니다.

삼성 온라인 GSAT 추리 문제풀이 용지

성명 :

수험번호 :

㉕	㉖
㉗	㉘
㉙	㉚

※ 본 문제풀이 용지는 온라인 GSAT 수검용으로 온라인 모의고사 응시 시 활용하기 바랍니다.

삼성 온라인 GSAT 수리 문제풀이 용지

성명 : **수험번호 :**

①	②
③	④
⑤	

수리

※ 본 문제풀이 용지는 온라인 GSAT 수검용으로 온라인 모의고사 응시 시 활용하기 바랍니다.

삼성 온라인 GSAT 수리 문제풀이 용지

성명 : **수험번호 :**

⑥	⑦
⑧	⑨
⑩	

※ 본 문제풀이 용지는 온라인 GSAT 수검용으로 온라인 모의고사 응시 시 활용하기 바랍니다.

삼성 온라인 GSAT 수리 문제풀이 용지

성명 : **수험번호 :**

⑪

⑫

⑬

⑭

수리

⑮

※ 본 문제풀이 용지는 온라인 GSAT 수검용으로 온라인 모의고사 응시 시 활용하기 바랍니다.

삼성 온라인 GSAT 수리 문제풀이 용지

성명 : **수험번호 :**

⑯	⑰
⑱	⑲
⑳	

※ 본 문제풀이 용지는 온라인 GSAT 수검용으로 온라인 모의고사 응시 시 활용하기 바랍니다.

삼성 온라인 GSAT 추리 문제풀이 용지

성명 : **수험번호 :**

①	②
③	④
⑤	⑥

※ 본 문제풀이 용지는 온라인 GSAT 수검용으로 온라인 모의고사 응시 시 활용하기 바랍니다.

삼성 온라인 GSAT 추리 문제풀이 용지

성명 : **수험번호 :**

⑦

⑧

⑨

⑩

추리

⑪

⑫

※ 본 문제풀이 용지는 온라인 GSAT 수검용으로 온라인 모의고사 응시 시 활용하기 바랍니다.

삼성 온라인 GSAT 추리 문제풀이 용지

성명 : **수험번호 :**

⑬	⑭
⑮	⑯
⑰	⑱

※ 본 문제풀이 용지는 온라인 GSAT 수검용으로 온라인 모의고사 응시 시 활용하기 바랍니다.

삼성 온라인 GSAT 추리 문제풀이 용지

성명 : **수험번호 :**

⑲	⑳
㉑	㉒
㉓	㉔

추리

※ 본 문제풀이 용지는 온라인 GSAT 수검용으로 온라인 모의고사 응시 시 활용하기 바랍니다.

삼성 온라인 GSAT 추리 문제풀이 용지

성명 : **수험번호 :**

㉕	㉖
㉗	㉘
㉙	㉚

추리

※ 본 문제풀이 용지는 온라인 GSAT 수검용으로 온라인 모의고사 응시 시 활용하기 바랍니다.

삼성 온라인 GSAT 수리 문제풀이 용지

성명 : **수험번호 :**

①	②
③	④
⑤	

※ 본 문제풀이 용지는 온라인 GSAT 수검용으로 온라인 모의고사 응시 시 활용하기 바랍니다.

삼성 온라인 GSAT 수리 문제풀이 용지

성명 : **수험번호 :**

⑥	⑦
⑧	⑨
⑩	

수리

※ 본 문제풀이 용지는 온라인 GSAT 수검용으로 온라인 모의고사 응시 시 활용하기 바랍니다.

삼성 온라인 GSAT 수리 문제풀이 용지

성명 : **수험번호 :**

⑪

⑫

⑬

⑭

⑮

※ 본 문제풀이 용지는 온라인 GSAT 수검용으로 온라인 모의고사 응시 시 활용하기 바랍니다.

삼성 온라인 GSAT 수리 문제풀이 용지

성명 : **수험번호 :**

⑯	⑰
⑱	⑲
⑳	

※ 본 문제풀이 용지는 온라인 GSAT 수검용으로 온라인 모의고사 응시 시 활용하기 바랍니다.

삼성 온라인 GSAT 추리 문제풀이 용지

성명 : **수험번호 :**

①	②
③	④
⑤	⑥

추리

※ 본 문제풀이 용지는 온라인 GSAT 수검용으로 온라인 모의고사 응시 시 활용하기 바랍니다.

삼성 온라인 GSAT 추리 문제풀이 용지

성명 : **수험번호 :**

⑦	⑧
⑨	⑩
⑪	⑫

※ 본 문제풀이 용지는 온라인 GSAT 수검용으로 온라인 모의고사 응시 시 활용하기 바랍니다.

삼성 온라인 GSAT 추리 문제풀이 용지

성명 : **수험번호 :**

⑬	⑭
⑮	⑯
⑰	⑱

※ 본 문제풀이 용지는 온라인 GSAT 수검용으로 온라인 모의고사 응시 시 활용하기 바랍니다.

삼성 온라인 GSAT 추리 문제풀이 용지

성명 : 　　　　**수험번호 :**

⑲

⑳

㉑

㉒

추리

㉓

㉔

※ 본 문제풀이 용지는 온라인 GSAT 수검용으로 온라인 모의고사 응시 시 활용하기 바랍니다.

삼성 온라인 GSAT 추리 문제풀이 용지

성명 : **수험번호 :**

㉕	㉖
㉗	㉘
㉙	㉚

※ 본 문제풀이 용지는 온라인 GSAT 수검용으로 온라인 모의고사 응시 시 활용하기 바랍니다.

1권

2023년 상반기 기출복원 모의고사

www.sdedu.co.kr

〈문항 수 및 시험시간〉

평가 영역	문항 수	시험시간	도서 동형 온라인 모의고사 쿠폰번호
수리	20문항	30분	APBN-00000-0B946
추리	30문항	30분	

온라인 GSAT 삼성직무적성검사

※ 문제를 풀기 전에 문제풀이 용지를 다운받아 인쇄하여 실제 시험에 응시하는 것처럼 연습하기 바랍니다.

〈문제풀이 용지 다운받는 방법〉

▶ SD에듀 도서 홈페이지 접속(www.sdedu.co.kr/book)

▶ 상단 카테고리 「도서업데이트」 클릭

▶ 「온라인 GSAT 문제풀이 용지」 검색 후 다운로드

제1영역 수리

01 작년 S사의 일반 사원 수는 400명이었다. 올해 진급하여 직책을 단 사원은 작년 일반 사원 수의 12%이고, 20%는 퇴사를 하였다. 올해 전체 일반 사원 수가 작년보다 6% 증가했을 때, 올해 채용한 신입사원은 모두 몇 명인가?

① 144명
② 146명
③ 148명
④ 150명
⑤ 152명

02 남학생 4명과 여학생 3명이 원형 모양의 탁자에 앉을 때, 여학생 3명이 이웃해서 앉을 확률은?

① $\frac{1}{21}$
② $\frac{1}{7}$
③ $\frac{1}{5}$
④ $\frac{1}{15}$
⑤ $\frac{1}{20}$

03 다음은 두 국가의 에너지원 수입액에 대한 표이다. 이에 대한 설명으로 옳은 것은?

〈A, B국의 에너지원 수입액〉

(단위 : 달러)

구분 \ 연도		1982년	2002년	2022년
A국	석유	74.0	49.9	29.5
	석탄	82.4	60.8	28.0
	LNG	29.2	54.3	79.9
B국	석유	75	39	39
	석탄	44	19.2	7.1
	LNG	30	62	102

① 1982년 석유 수입액은 A국이 B국보다 많다.

② 2002년 A국의 석유 및 석탄의 수입액의 합은 LNG 수입액의 2배보다 적다.

③ 2022년 석탄 수입액은 A국이 B국의 4배보다 적다.

④ 1982년 대비 2022년의 LNG 수입액의 증가율은 A국이 B국보다 크다.

⑤ 1982년 대비 2022년의 석탄 수입액의 감소율은 A국이 B국보다 크다.

04 다음은 2018년부터 2022년까지 발굴조사 건수 및 비용에 대한 통계자료이다. 이에 대한 설명으로 옳은 것은?

〈발굴조사 건수 및 비용〉

(단위 : 건, 억 원)

구분		2018년	2019년	2020년	2021년	2022년
지표조사	건수	1,196	1,103	1,263	1,399	1,652
	비용	82	67	71	77	105
발굴조사	건수	2,266	2,364	2,388	2,442	2,642
	비용	2,509	2,378	2,300	2,438	2,735
합계	건수	3,462	3,467	3,651	3,841	4,294
	비용	2,591	2,445	2,371	2,515	2,840

① 전체 조사의 평균 건당 비용은 지속적으로 감소되고 있다.

② 발굴조사의 평균 건당 비용은 매해 1억 이상이다.

③ 연도별 비교 시, 발굴조사 비용의 비율이 가장 높은 해는 2019년이다.

④ 연도별 전체 건수에 대한 발굴조사 건수의 비율은 2021년이 2019년보다 높다.

⑤ 5개년 동안 조사에 쓰인 비용은 1조 3천억 원 이상이다.

05 다음은 연도별 뺑소니 교통사고 통계현황에 대한 표이다. 이에 대한 설명으로 적절한 것을 〈보기〉에서 모두 고르면?

〈연도별 뺑소니 교통사고 통계현황〉

(단위 : 건, 명)

구분	2018년	2019년	2020년	2021년	2022년
사고 건수	15,500	15,280	14,800	15,800	16,400
검거 수	12,493	12,606	12,728	13,667	14,350
사망자 수	1,240	1,528	1,850	1,817	1,558
부상자 수	9,920	9,932	11,840	12,956	13,940

- [검거율(%)] $=\frac{(\text{검거 수})}{(\text{사고 건수})}\times 100$
- [사망률(%)] $=\frac{(\text{사망자 수})}{(\text{사고 건수})}\times 100$
- [부상률(%)] $=\frac{(\text{부상자 수})}{(\text{사고 건수})}\times 100$

〈보기〉

ㄱ. 사고 건수는 매년 감소하지만 검거 수는 매년 증가한다.
ㄴ. 2020년의 사망률과 부상률이 2021년의 사망률과 부상률보다 모두 높다.
ㄷ. 2020 ~ 2022년의 사망자 수와 부상자 수의 증감추이는 반대이다.
ㄹ. 2019 ~ 2022년 검거율은 매년 높아지고 있다.

① ㄱ, ㄴ
② ㄱ, ㄹ
③ ㄴ, ㄹ
④ ㄷ, ㄹ
⑤ ㄱ, ㄷ, ㄹ

06 다음은 2018년부터 2022년 까지 농수산물 소비량과 수산물 자급률을 나타낸 표이다. 다음 〈보기〉에서 이에 대한 설명으로 옳지 않은 것을 모두 고르면?

〈2018 ~ 2022년 농수산물 소비량 및 수산물 자급률〉

연도		2018년	2019년	2020년	2021년	2022년
1인당 소비량 (kg)	수산물	58.5	57.1	57.5	72.7	68.1
	쌀	75.3	71.7	72.2	71.9	72.3
	육류	51.8	52.9	56	56.7	64.3
수산물 자급률(%)		72.8	72.5	71.4	65.5	69.3
인구수(명)		50,746,659	51,014,947	51,217,803	51,361,911	51,606,633

〈보기〉

ㄱ. 가장 많은 수산물을 소비한 해는 2021년도이다.
ㄴ. 가장 많은 쌀을 소비한 해는 2018년도이다.
ㄷ. 1인당 소비하는 쌀은 계속 감소하였다.
ㄹ. 2021년에 소비한 수산물과 쌀 그리고 육류의 합은 2022년 보다 많다.

① ㄱ, ㄴ
② ㄱ, ㄷ
③ ㄴ, ㄷ
④ ㄴ, ㄹ
⑤ ㄷ, ㄹ

07 다음은 5종류 작물(A ~ E)의 재배 특성에 대한 표이다. 이에 근거한 〈보기〉의 설명 중 옳은 것을 모두 고르면?

〈작물별 재배 특성〉

작물 \ 재배 특성	$1m^2$당 파종 씨앗 수(개)	발아율(%)	$1m^2$당 연간 수확물(개)	수확물 개당 무게(g)
A	60	25	40	20
B	80	25	100	15
C	50	20	30	30
D	25	20	10	60
E	50	16	20	50

- [발아율(%)]$=\frac{\text{[발아한 씨앗 수]}}{\text{[파종 씨앗 수]}}\times 100$
- 연간 수확물(개)$=1m^2$당 연간 수확물(개)$\times$재배면적(m^2)

〈보기〉

ㄱ. $20m^2$의 밭에 C의 씨앗을 파종할 때, 발아한 씨앗 수는 200개이다.

ㄴ. $100m^2$의 밭 전체면적을 $\frac{1}{5}$씩 나누어 서로 다른 작물의 씨앗을 각각 파종하면, 밭 전체 연간 수확물의 총무게는 94kg 이하이다.

ㄷ. 5종류의 작물을 각각 연간 3kg씩 수확하기 위해 필요한 밭의 총면적은 $16m^2$보다 작다.

ㄹ. $100m^2$의 밭 전체면적 절반에 E의 씨앗을 파종하고 남은 면적을 $\frac{1}{4}$씩 나누어 나머지 작물의 씨앗을 각각 파종하면, 밭 전체 연간 수확물의 총무게는 96kg 이상이다.

① ㄱ, ㄷ
② ㄱ, ㄹ
③ ㄴ, ㄷ
④ ㄴ, ㄹ
⑤ ㄷ, ㄹ

08 토요일이 의미 없이 지나간다고 생각한 직장인 S씨는 자기계발을 위해 집 근처 문화센터에서 하는 프로그램에 수강신청하려고 한다. 문화센터 프로그램 안내표에 대한 설명으로 적절하지 않은 것은?(단, 시간이 겹치는 프로그램은 수강할 수 없다)

〈문화센터 프로그램 안내표〉

프로그램	수강료(3달 기준)	강좌시간
중국어 회화	60,000원	11:00 ~ 12:30
영어 회화	60,000원	10:00 ~ 11:30
지르박	180,000원	13:00 ~ 16:00
차차차	150,000원	12:30 ~ 14:30
자이브	195,000원	14:30 ~ 18:00

① 시간상 S씨가 선택할 수 있는 과목은 최대 2개이다.
② 자이브의 강좌 시간이 가장 길다.
③ 중국어 회화와 차차차를 수강할 때 한 달 수강료는 7만 원이다.
④ 차차차와 자이브를 둘 다 수강할 수 있다.
⑤ 회화 중 하나를 들으면 최소 2과목을 수강할 수 있다.

09 다음은 2020 ~ 2022년 주요 지역별 기온을 나타낸 표이다. 이에 대한 설명으로 옳지 않은 것은?

〈2020 ~ 2022년 주요 지역별 기온〉

(단위 : ℃)

구분	2020년			2021년			2022년		
	최고 기온	최저 기온	평균 기온	최고 기온	최저 기온	평균 기온	최고 기온	최저 기온	평균 기온
서울	28.5	−2.8	13.8	30.1	−0.5	14.2	31.4	0.9	14.8
경기	29.2	−5.2	13.5	31.4	−1.2	13.9	31.9	−0.3	14.1
인천	28.9	−3.4	14.1	30.5	−0.9	14.2	31.5	0.5	15.2
부산	33.5	3.3	16.6	34.1	3.5	17.1	34.8	4.2	17.5
대구	31.8	2.1	16.2	33.2	2.4	16.8	35.2	2.9	17.9
광주	30.2	2.2	16.5	30.6	2.1	16.9	30.8	2.7	17.2
대전	27.9	−1.1	14.4	28.2	0.2	15.1	28.8	0.9	15.4
울산	29.3	1.2	15.5	29.5	1.4	15.9	30.4	2.1	16.1
제주	28.8	5.8	18.2	29.9	6.2	18.8	31.1	6.9	19.2

※ 수도권 : 서울, 경기, 인천

① 2020년부터 2022년까지 수도권의 최고 기온은 '경기 – 인천 – 서울' 순으로 높고, 최저 기온은 역순으로 높다.

② 2020 ~ 2022년에 영하 기온이 있는 지역의 수는 매년 감소하고 있다.

③ 2020 ~ 2022년에 대구의 최고 기온이 부산의 최고 기온보다 높아진 해는 2022년이다.

④ 2021년과 2022년의 모든 지역에서 최고 기온과 최저 기온은 전년 대비 증가했다.

⑤ 2021년 대비 2022년 평균 기온이 1℃ 이상 증가한 지역은 두 곳이다.

10 다음은 30세 이상 성인 남녀 당뇨병 분포를 나타낸 표이다. 이에 대한 설명으로 옳지 않은 것은?

〈30세 이상 성인 남녀 당뇨병 분포〉

(단위 : %)

구분		전체	남자	여자
2013년	전체	11.6	13.3	10.1
	30 ~ 39세	5.8	7.9	3.8
	40 ~ 49세	8.2	9.8	6.5
	50 ~ 59세	18.4	21.9	15.1
	60 ~ 69세	18.8	19.4	18.3
	70세 이상	18.2	18.4	18.1
2022년	전체	9.7	11.6	7.8
	30 ~ 39세	4.1	6.5	1.5
	40 ~ 49세	5.6	6.8	4.4
	50 ~ 59세	13.2	16.6	9.8
	60 ~ 69세	19.9	26.6	14.5
	70세 이상	17.7	14.7	19.5

① 2013년과 2022년 남녀 모두 당뇨병 환자의 비율이 가장 높은 연령대는 60대이다.

② 2022년 남자와 여자의 격차가 가장 큰 연령대는 60대이다.

③ 2013년 남녀의 격차가 가장 작은 연령대는 70세 이상이다.

④ 전체적인 통계로 볼 때 2013년에 비해 2022년에는 당뇨병 환자의 비율이 감소했다.

⑤ 2013년에 비해 2022년의 40대 당뇨병 환자의 비율은 감소했다.

11 S씨는 퇴직 후 네일아트를 전문적으로 하는 뷰티숍을 개점하기 위해서 평소 눈여겨 본 지역의 고객 분포를 알아보기 위해 직접 설문조사를 하였다. 설문조사 결과가 다음과 같을 때, S씨가 이해한 내용으로 가장 적절한 것은?(단, 복수응답과 무응답은 없다)

〈응답자의 연령대별 방문횟수〉

(단위 : 명)

방문횟수 \ 연령대	20 ~ 25세	26 ~ 30세	31 ~ 35세	합계
1회	19	12	3	34
2 ~ 3회	27	32	4	63
4 ~ 5회	6	5	2	13
6회 이상	1	2	0	3
합계	53	51	9	113

〈응답자의 직업〉

(단위 : 명)

직업	응답자
학생	49
회사원	43
공무원	2
전문직	7
자영업	9
가정주부	3
합계	113

① 전체 응답자 중 20 ~ 25세 응답자가 차지하는 비율은 50% 이상이다.

② 26 ~ 30세 응답자 중 4회 이상 방문한 응답자 비율은 10% 이상이다.

③ 31 ~ 35세 응답자의 1인당 평균 방문횟수는 2회 미만이다.

④ 전체 응답자 중 직업이 학생 또는 공무원인 응답자 비율은 50% 이상이다.

⑤ 전체 응답자 중 20 ~ 25세인 전문직 응답자 비율은 5% 미만이다.

12 다음은 세계 로봇 시장과 국내 로봇 시장 규모에 대한 표이다. 이에 대한 설명으로 옳지 않은 것은?

〈세계 로봇 시장 규모〉

(단위 : 백만 달러)

구분	2018년	2019년	2020년	2021년	2022년
개인 서비스용 로봇 시장	636	13,356	1,704	2,134	2,216
전문 서비스용 로봇 시장	3,569	1,224	3,661	4,040	4,600
제조용 로봇 시장	8,278	3,636	9,507	10,193	11,133
합계	12,483	8,496	14,872	16,367	17,949

〈국내 로봇 시장 규모〉

(단위 : 억 원)

구분	생산			수출			수입		
	2020년	2021년	2022년	2020년	2021년	2022년	2020년	2021년	2022년
개인 서비스용 로봇 시장	2,973	3,247	3,256	1,228	944	726	156	181	232
전문 서비스용 로봇 시장	1,318	1,377	2,629	163	154	320	54	182	213
제조용 로봇 시장	20,910	24,671	25,831	6,324	6,694	6,751	2,635	2,834	4,391
합계	25,201	29,295	31,716	7,715	7,792	7,797	2,845	3,197	4,836

① 2022년 세계 개인 서비스용 로봇 시장 규모는 전년 대비 약 3.8% 정도 성장했다.

② 세계 전문 서비스용 로봇 시장 규모는 2020년 이후 꾸준히 성장하는 추세를 보이고 있으며, 2022년 세계 전문 서비스용 로봇 시장 규모는 전체 세계 로봇 시장 규모의 약 27% 이상을 차지하고 있다.

③ 2022년 세계 제조용 로봇 시장은 전년 대비 약 9.2% 성장한 111억 3,300만 달러로 세계 로봇 시장에서 가장 큰 시장 규모를 차지하고 있다.

④ 2022년의 국내 전문 서비스용 로봇의 생산 규모는 전년보다 약 91% 증가했으며, 2022년의 국내 전체 서비스용 로봇의 생산 규모도 전년 대비 약 27.3% 증가했다.

⑤ 2022년의 국내 개인 서비스용 로봇 수출은 전년 대비 약 23.1% 정도 감소하였고, 2022년의 국내 전체 서비스용 로봇 수출은 전년 대비 약 4.7% 정도 감소했다.

※ 다음은 주요산업국의 연도별 연구개발비 추이에 대한 자료이다. 이를 보고 이어지는 질문에 답하시오. **[13~14]**

〈주요산업국 연도별 연구개발비 추이〉

(단위 : 백만 달러)

구분	2017년	2018년	2019년	2020년	2021년	2022년
한국	23,587	28,641	33,684	31,304	29,703	37,935
중국	29,898	37,664	48,771	66,430	84,933	–
일본	151,270	148,526	150,791	168,125	169,047	–
독일	69,317	73,737	84,148	97,457	92,552	92,490
영국	39,421	42,693	50,016	47,138	40,291	39,924
미국	325,936	350,923	377,594	403,668	401,576	–

〈2021년 연구개발비 분포〉

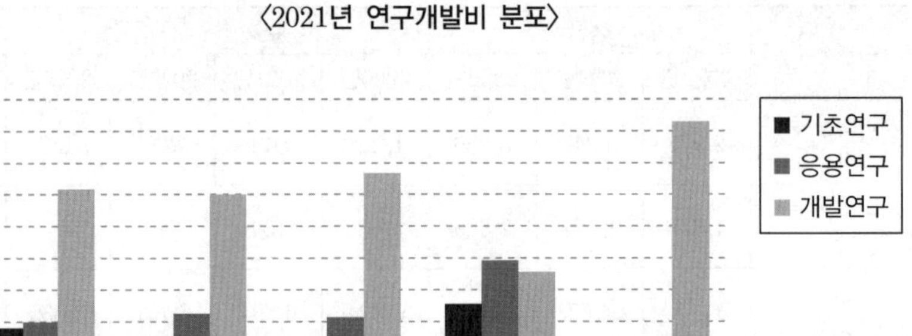

13 다음 중 자료에 대한 설명으로 옳은 것을 〈보기〉에서 모두 고르면?

〈보기〉

ㄱ. 2021년도 연구개발비가 전년 대비 감소한 곳은 4곳이다.
ㄴ. 2017년에 비해 2021년도 연구개발비 증가율이 가장 높은 곳은 중국이고, 가장 낮은 곳은 일본이다.
ㄷ. 전년 대비 2019년 한국의 연구개발비 증가율은 독일보다 높고, 중국보다 낮다.

① ㄱ
② ㄱ, ㄴ
③ ㄱ, ㄷ
④ ㄴ, ㄷ
⑤ ㄱ, ㄴ, ㄷ

14 2021년 미국의 개발연구비는 한국의 응용연구비의 약 몇 배인가?(단, 소수점 둘째 자리에서 반올림한다)

① 40.2배
② 40.4배
③ 40.6배
④ 41.2배
⑤ 41.4배

※ 다음은 연령대별 일자리 규모에 대한 표이다. 이어지는 질문에 답하시오. **[15~16]**

〈연령대별 일자리 규모〉

(단위 : 만 개)

구분	2021년			2022년		
	합계	지속 일자리	신규채용 일자리	합계	지속 일자리	신규채용 일자리
전체	2,302	1,564	738	2,321	1,587	734
19세 이하	26	3	23	25	3	22
20대	332	161	171	331	161	170
30대	545	390	155	529	381	148
40대	623	458	165	617	458	159
50대	516	374	142	531	388	143
60세 이상	260	178	82	288	196	92

15 50대와 60세 이상의 2021년 대비 2022년의 전체 일자리 증가 수를 올바르게 나열한 것은?(비중은 소수점 둘째 자리에서 반올림한다)

	50대	60세 이상
①	100,000개	150,000개
②	100,000개	170,000개
③	150,000개	280,000개
④	150,000개	310,000개
⑤	200,000개	310,000개

16 다음 중 제시된 표에 대한 설명으로 옳지 않은 것은?

① 2022년 전체 일자리 규모에서 20대가 차지하는 비중은 2021년보다 약 0.1%p 감소했다.

② 2022년 전체 일자리 규모 중 30대의 전체 일자리 규모 비중은 20% 이상이다.

③ 2021년 40대의 지속 일자리 규모는 신규채용 일자리 규모의 2.5배 이상이다.

④ 2022년 연령대별 전체 일자리 규모는 2021년보다 모두 증가했다.

⑤ 2022년 전체 일자리 규모는 2021년에 비해 19만 개 증가했다.

17 반도체 메모리의 개발 용량이 다음과 같이 규칙적으로 증가할 때, 2007년에 개발한 메모리의 용량은?

〈연도별 반도체 메모리 개발 용량〉

(단위 : MB)

연도	1999년	2000년	2001년	2002년	2003년
메모리 개발 용량	256	512	1,024	2,048	4,096

① 32,768MB
② 52,428MB
③ 58,982MB
④ 65,536MB
⑤ 78,642MB

18 체력단련을 위해 윤아가 다음과 같은 규칙으로 매일 걷는다고 할 때, 일요일에 윤아가 걷는 거리는?

〈요일별 걷는 거리〉

(단위 : m)

요일	월요일	화요일	수요일	목요일	금요일
걷는 거리	500	600	800	1,200	2,000

① 5,600m
② 6,000m
③ 6,400m
④ 6,800m
⑤ 7,200m

19 어떤 동굴의 한 석순의 길이를 10년 단위로 측정한 결과가 다음과 같은 규칙으로 자랄 때, 2050년에 측정될 석순의 길이는?

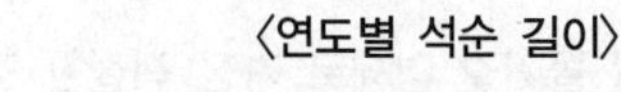
〈연도별 석순 길이〉

(단위 : cm)

연도	1960년	1970년	1980년	1990년	2000년
석순 길이	10	12	13	15	16

① 22cm ② 23cm
③ 24cm ④ 25cm
⑤ 26cm

20 세계 물 위원회에서는 전 세계의 물 문제 해결을 위한 공동 대응을 목적으로 '세계 물 포럼'을 주기적으로 개최하고 있다. 제1회 세계 물 포럼은 1997년 모로코의 마라케시에서 개최되었고 다음과 같은 규칙으로 개최될 때, 제10회 세계 물 포럼이 개최되는 연도는?

〈세계 물 포럼 개최 연도〉

(단위 : 년)

구분	제1회	제2회	제3회	제4회	제5회
연도	1997	2000	2003	2006	2009

① 2022년 ② 2023년
③ 2024년 ④ 2025년
⑤ 2026년

제2영역 추리

※ 제시된 명제가 참일 때, 다음 중 빈칸에 들어갈 명제로 가장 적절한 것을 고르시오. [1~3]

01

- 스테이크를 먹는 사람은 지갑이 없다.
- ______________________
- 지갑이 있는 사람은 쿠폰을 받는다.

① 스테이크를 먹는 사람은 쿠폰을 받지 않는다.
② 스테이크를 먹지 않는 사람은 쿠폰을 받는다.
③ 쿠폰을 받는 사람은 지갑이 없다.
④ 지갑이 없는 사람은 쿠폰을 받지 않는다.
⑤ 지갑이 없는 사람은 스테이크를 먹지 않는다.

02

- 광물은 매우 규칙적인 원자 배열을 가지고 있다.
- 다이아몬드는 광물이다.
- ______________________

① 다이아몬드는 매우 규칙적인 원자 배열을 가지고 있다.
② 광물이 아니면 규칙적인 원자 배열을 가지고 있지 않다.
③ 다이아몬드가 아니면 광물이 아니다.
④ 광물은 다이아몬드이다.
⑤ 광물이 아니면 다이아몬드이다.

03

- 음악을 좋아하는 사람은 상상력이 풍부하다.
- 음악을 좋아하지 않는 사람은 노란색을 좋아하지 않는다.
- ______________________

① 노란색을 좋아하지 않는 사람은 음악을 좋아한다.
② 음악을 좋아하지 않는 사람은 상상력이 풍부하지 않다.
③ 상상력이 풍부한 사람은 노란색을 좋아하지 않는다.
④ 노란색을 좋아하는 사람은 상상력이 풍부하다.
⑤ 상상력이 풍부하지 않은 사람은 음악을 좋아한다.

04 A ~ D 네 사람만 참여한 달리기 시합에서 동순위 없이 순위가 완전히 결정되었고, A, B, C는 각자 다음과 같이 진술하였다. 이들의 진술이 자신보다 낮은 순위의 사람에 대한 진술이라면 참이고, 높은 순위의 사람에 대한 진술이라면 거짓이라고 할 때, 반드시 참인 것은?

- A : C는 1위이거나 2위이다.
- B : D는 3위이거나 4위이다.
- C : D는 2위이다.

① A는 1위이다.
② B는 2위이다.
③ D는 4위이다.
④ A가 B보다 순위가 높다.
⑤ C가 D보다 순위가 높다.

05 낮 12시경 준표네 집에 도둑이 들었다. 목격자에 의하면 도둑은 한 명이다. 이 사건의 용의자로는 A ~ E가 있고, 다음에는 이들의 진술 내용이 기록되어 있다. 이 다섯 사람 중 오직 두 명만이 거짓말을 하고 있으며 거짓말을 하는 두 명 중 한 명이 범인이라면, 누가 범인인가?

A : 나는 사건이 일어난 낮 12시에 학교에 있었어.
B : 그날 낮 12시에 나는 A, C와 함께 있었어.
C : B는 그날 낮 12시에 A와 부산에 있었어.
D : B의 진술은 참이야.
E : C는 그날 낮 12시에 나와 단 둘이 함께 있었어.

① A
② B
③ C
④ D
⑤ E

06 A ~ D는 취미로 꽃꽂이, 댄스, 축구, 농구 중에 한 가지 활동을 한다. 취미는 서로 겹치지 않으며, 모든 사람은 취미 활동을 한다. 다음 〈조건〉을 바탕으로 항상 참인 것은?

〈조건〉

- A는 축구와 농구 중에 한 가지 활동을 한다.
- B는 꽃꽂이와 축구 중에 한 가지 활동을 한다.
- C의 취미는 꽃꽂이를 하는 것이다.

① B는 축구 활동을, D는 농구 활동을 한다.
② A는 농구 활동을, D는 댄스 활동을 한다.
③ A는 댄스 활동을, B는 축구 활동을 한다.
④ B는 축구 활동을 하지 않으며, D는 댄스 활동을 한다.
⑤ A는 농구 활동을 하지 않으며, D는 댄스 활동을 하지 않는다.

07 다음 글을 읽고 착한 사람을 모두 고르면?(단, 5명은 착한 사람 아니면 나쁜 사람이며, 중간적인 성향은 없다)

두준 : 나는 착한 사람이다.
요섭 : 두준이가 착한 사람이면 준형이도 착한 사람이다.
기광 : 준형이가 나쁜 사람이면 두준이도 나쁜 사람이다.
준형 : 두준이가 착한 사람이면 동운이도 착한 사람이다.
동운 : 두준이는 나쁜 사람이다.

A : 5명 중 3명은 항상 진실만을 말하는 착한 사람이고, 2명은 항상 거짓말만 하는 나쁜 사람이야. 위의 얘기만 봐도 누가 착한 사람이고, 누가 나쁜 사람인지 알 수 있지.
B : 위 얘기만 봐서는 알 수 없는 거 아냐? 아 잠시만. 알았다. 위 얘기만 봤을 때, 모순되지 않으면서 착한 사람이 3명일 수 있는 경우는 하나밖에 없구나.
A : 그걸 바로 알아차리다니 대단한데?

① 요섭, 기광, 동운
② 요섭, 기광, 준형
③ 두준, 요섭, 기광
④ 요섭, 준형, 동운
⑤ 두준, 준형, 동운

08 **S사는 자율출퇴근제를 시행하고 있다. 출근시간은 12시 이전에 자유롭게 할 수 있으며 본인 업무를 마치면 바로 퇴근한다. 다음 1월 28일의 업무에 대한 일지를 고려하였을 때, 항상 참인 것은?**

> • 점심시간은 12시부터 1시까지이며, 점심시간에는 업무를 하지 않는다.
> • 업무 1개당 1시간이 소요되며, 출근하자마자 업무를 시작하여 쉬는 시간 없이 근무한다.
> • S사에 근무 중인 K팀의 A, B, C, D는 1월 28일에 전원 출근했다.
> • A와 B는 오전 10시에 출근했다.
> • B와 D는 오후 3시에 퇴근했다.
> • C는 팀에서 업무가 가장 적어 가장 늦게 출근하고 가장 빨리 퇴근했다.
> • D는 B보다 업무가 1개 더 많았다.
> • A는 C보다 업무가 3개 더 많았고, 팀에서 가장 늦게 퇴근했다.
> • 이날 K팀은 가장 늦게 출근한 사람과 가장 늦게 퇴근한 사람을 기준으로, 오전 11시에 모두 출근하였으며 오후 4시에 모두 퇴근한 것으로 보고되었다.

① A는 4개의 업무를 하고 퇴근했다.
② B의 업무는 A의 업무보다 많았다.
③ C는 2시에 퇴근했다.
④ A와 B는 팀에서 가장 빨리 출근했다.
⑤ 업무를 마친 C가 D의 업무 중 1개를 대신 했다면 D와 같이 퇴근할 수 있었다.

09 **작곡가 A ~ D는 각각 피아노, 바이올린, 트럼펫, 플루트를 연주한다. 또한 피아노를 연주하는 사람은 재즈를, 트럼펫과 바이올린을 연주하는 사람은 클래식을, 플루트를 연주하는 사람은 재즈와 클래식 모두를 연주한다. A ~ D 중 한 사람만 진실을 이야기 했을 때, 다음 〈보기〉 중 옳은 것을 모두 고르면?(단, 악기는 중복 없이 한 사람당 한 악기만 연주할 수 있고 거짓은 모든 진술을 부정한다)**

> A : 나는 피아노를 연주하지 않고, D는 트럼펫을 연주해.
> B : A는 플루트를 연주하지 않고, 나는 바이올린을 연주해.
> C : B는 피아노를 연주하고, D는 바이올린을 연주해.
> D : A는 플루트를 연주하고, C는 트럼펫을 연주하지 않아.

〈보기〉

> ㄱ. A는 재즈를, C는 클래식을 연주한다.
> ㄴ. B는 클래식을 연주한다.
> ㄷ. C는 재즈와 클래식을 모두 연주한다.

① ㄱ
② ㄴ
③ ㄷ
④ ㄱ, ㄴ
⑤ ㄴ, ㄷ

10 A ~ F는 경기장에서 배드민턴 시합을 하기로 하였다. 경기장에 도착하는 순서대로 다음과 같은 토너먼트 배치표의 1 ~ 6에 한 사람씩 배치한 후 모두 도착하면 토너먼트 경기를 하기로 하였다. 다음 〈조건〉을 바탕으로 항상 거짓인 것은?

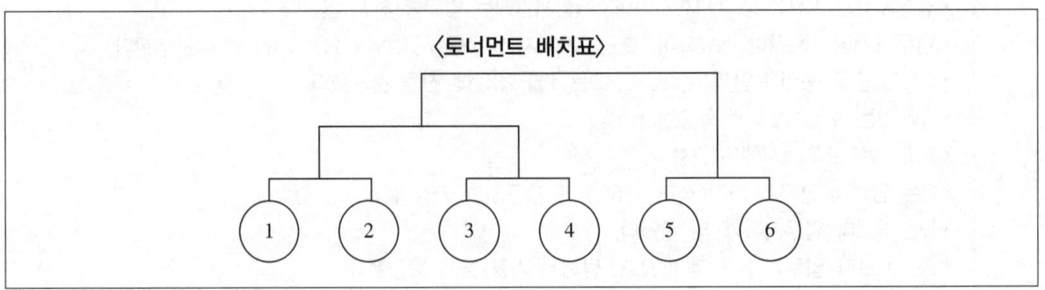

〈조건〉

- C는 A 바로 뒤에 도착하였다.
- F는 마지막으로 도착하였다.
- E는 D보다 먼저 도착하였다.
- B는 두 번째로 도착하였다.
- D는 C보다 먼저 도착하였다.

① E는 가장 먼저 경기장에 도착하였다.
② B는 최대 3번까지 경기를 하게 된다.
③ A는 최대 2번까지 경기를 하게 된다.
④ C는 다섯 번째로 도착하여 최대 2번까지 경기를 하게 된다.
⑤ D는 첫 번째 경기에서 A와 승부를 겨룬다.

※ 다음 제시된 문단을 논리적 순서대로 바르게 나열한 것을 고르시오. **[11~13]**

11

(가) 상품의 가격은 기본적으로 수요와 공급의 힘으로 결정된다. 시장에 참여하고 있는 경제 주체들은 자신이 가진 정보를 기초로 하여 수요와 공급을 결정한다.

(나) 이런 경우에는 상품의 가격이 우리의 상식으로는 도저히 이해하기 힘든 수준까지 일시적으로 뛰어오르는 현상이 나타날 가능성이 있다. 이런 현상은 특히 투기의 대상이 되는 자산의 경우 자주 나타나는데, 우리는 이를 '거품 현상'이라고 부른다.

(다) 그러나 현실에서는 사람들이 서로 다른 정보를 갖고 시장에 참여하는 경우가 많다. 어떤 사람은 특정한 정보를 갖고 있는데 거래 상대방은 그 정보를 갖고 있지 못한 경우도 있다.

(라) 일반적으로 거품 현상이란 것은 어떤 상품 – 특히 자산 – 의 가격이 지속해서 급격히 상승하는 현상을 가리킨다. 이와 같은 지속적인 가격 상승이 일어나는 이유는 애초에 발생한 가격 상승이 추가적인 가격 상승의 기대로 이어져 투기 바람이 형성되기 때문이다.

(마) 이들이 똑같은 정보를 함께 갖고 있으며 이 정보가 아주 틀린 것이 아닌 한, 상품의 가격은 어떤 기본적인 수준에서 크게 벗어나지 않을 것이라고 예상할 수 있다.

① (마) – (가) – (다) – (라) – (나)
② (라) – (가) – (다) – (나) – (마)
③ (가) – (다) – (나) – (라) – (마)
④ (가) – (마) – (다) – (나) – (라)
⑤ (라) – (다) – (가) – (나) – (마)

12

(가) 오히려 클레나 몬드리안의 작품을 우리 조각보의 멋에 비견되는 것으로 보아야 할 것이다. 조각보는 몬드리안이나 클레의 작품보다 100여 년 이상 앞서 제작된 공간 구성미를 가진 작품이며, 시대적으로 앞설 뿐 아니라 평범한 여성들의 일상에서 시작되었다는 점 그리고 정형화되지 않은 색채감과 구성미로 독특한 예술성을 지닌다는 점에서 차별화된 가치를 지닌다.

(나) 조각보는 일상생활에서 쓰다 남은 자투리 천을 이어서 만든 것으로, 옛 서민들의 절약 정신과 소박한 미의식을 보여준다. 조각보의 색채와 공간구성 면은 공간 분할의 추상화가로 유명한 클레(Paul Klee)나 몬드리안(Peit Mondrian)의 작품과 비견되곤 한다. 그만큼 아름답고 훌륭한 조형미를 지녔다는 의미이기도 하지만 일견 돌이켜 보면 이것은 잘못된 비교이다.

(다) 기하학적 추상을 표방했던 몬드리안의 작품보다 세련된 색상 배치로 각 색상이 가진 느낌을 살렸으며, 동양적 정서가 담김 '오방색'이라는 원색을 통해 강렬한 추상성을 지닌다. 또한 조각보를 만드는 과정과 그 작업의 내면에 가족의 건강과 행복을 기원하는 마음이 담겨 있어 단순한 오브제이기 이전에 기복신앙적인 부분이 있다. 조각보가 아름답게 느껴지는 이유는 이처럼 일상 속에서 삶과 예술을 함께 담았기 때문일 것이다.

① (가) – (나) – (다)
② (나) – (가) – (다)
③ (나) – (다) – (가)
④ (다) – (가) – (나)
⑤ (다) – (나) – (가)

13

(가) 개념사를 역사학의 한 분과로 발전시킨 독일의 역사학자 코젤렉은 '개념은 실재의 지표이자 요소'라고 하였다. 이 말은 실타래처럼 얽혀 있는 개념과 정치・사회적 실재, 개념과 역사적 실재의 관계를 정리하기 위한 중요한 지침으로 작용한다. 그에 의하면 개념은 정치적 사건이나 사회적 변화 등의 실재를 반영하는 거울인 동시에 정치・사회적 사건과 변화의 실제적 요소이다.

(나) 개념은 정치적 사건과 사회적 변화 등에 직접 관련되어 있거나 그것을 기록, 해석하는 다양한 주체들에 의해 사용된다. 이러한 주체들, 즉 '역사 행위자'들이 사용하는 개념은 여러 의미가 포개어진 층을 이룬다. 개념사에서는 사회・역사적 현실과 관련하여 이러한 층들을 파헤치면서 개념이 어떻게 사용되어 왔는가, 이 과정에서 그 의미가 어떻게 변화했는가, 어떤 함의들이 거기에 투영되었는가, 그 개념이 어떠한 방식으로 작동했는가 등에 대해 탐구한다.

(다) 이상에서 보듯이 개념사에서는 개념과 실재를 대조하고 과거와 현재의 개념을 대조함으로써, 그 개념이 대응하는 실재를 정확히 드러내고 있는가, 아니면 실재의 이해를 방해하고 더 나아가 왜곡하는가를 탐구한다. 이를 통해 코젤렉은 과거에 대한 '단 하나의 올바른 묘사'를 주장하는 근대 역사학의 방법을 비판하고, 과거의 역사 행위자가 구성한 역사적 실재와 현재 역사가가 만든 역사적 실재를 의미있게 소통시키고자 했다.

(라) 사람들이 '자유', '민주', '평화' 등과 같은 개념들을 사용할 때, 그 개념이 서로 같은 의미를 갖는 것은 아니다. '자유'의 경우, '구속받지 않는 상태'를 강조하는 개념으로 쓰이는가 하면, '자발성'이나 '적극적인 참여'를 강조하는 개념으로 쓰이기도 한다. 이러한 정의와 해석의 차이로 인해 개념에 대한 논란과 논쟁이 늘 있어 왔다. 바로 이러한 현상에 주목하여 출현한 것이 코젤렉의 '개념사'이다.

(마) 또한 개념사에서는 '무엇을 이야기 하는가.'보다는 '어떤 개념을 사용하면서 그것을 이야기하는가.'에 관심을 갖는다. 개념사에서는 과거의 역사 행위자가 자신이 경험한 '현재'를 서술할 때 사용한 개념과 오늘날의 입장에서 '과거'의 역사 서술을 이해하기 위해 사용한 개념의 차이를 밝힌다. 그리고 과거의 역사를 현재의 역사로 번역하면서 양자가 어떻게 수렴될 수 있는가를 밝히는 절차를 밟는다.

① (라) – (가) – (나) – (마) – (다)
② (라) – (나) – (가) – (다) – (마)
③ (마) – (나) – (가) – (다) – (라)
④ (마) – (라) – (나) – (다) – (가)
⑤ (가) – (나) – (다) – (라) – (마)

14 다음 제시된 문단을 읽고, 이어질 문단을 논리적 순서대로 바르게 나열한 것은?

> 오늘날과 달리 과거에는 마을에서 일어난 일들을 '원님'이 조사하고 그에 따라서 자의적으로 판단하여 형벌을 내렸다. 현대에서 법에 의하지 않고 재판행위자의 입장에서 이루어진다고 생각되는 재판을 비판하는 '원님재판'이라는 용어의 원류이다.

(가) 죄형법정주의는 앞서 말한 '원님재판'을 법적으로 일컫는 죄형전단주의와 대립되는데, 범죄와 형벌을 미리 규정하여야 한다는 것으로서, 서구에서 권력자의 가혹하고 자의적인 법 해석에 따른 반발로 등장한 것이다.

(나) 앞서 살펴본 죄형법정주의가 정립되면서 파생원칙 또한 등장하였는데, 관습형법금지의 원칙, 명확성의 원칙, 유추해석금지의 원칙, 소급효금지의 원칙, 적정성의 원칙 등이 있다. 이러한 파생원칙들은 모두 죄와 형벌은 미리 설정된 법에 근거하여 정확하게 내려져야 한다는 죄형법정주의의 원칙과 연관하여 쉽게 이해될 수 있다.

(다) 그러나 현대에서 '원님재판'은 이루어질 수 없다. 형사법의 영역에 논의를 한정하여 보자면, 형사법을 전반적으로 지배하고 있는 대원칙은 형법 제1조에 규정되어있는 소위 '죄형법정주의'이다.

(라) 그 반발은 프랑스 혁명의 결과물인 '인간 및 시민의 권리선언' 제8조에서 '누구든지 범죄 이전에 제정·공포되고 또한 적법하게 적용된 법률에 의하지 아니하고는 처벌되지 아니한다.'라고 하여 실질화되었다.

① (다) – (가) – (나) – (라)
② (가) – (다) – (라) – (나)
③ (다) – (라) – (가) – (나)
④ (다) – (가) – (라) – (나)
⑤ (가) – (다) – (나) – (라)

15 다음 글을 읽고 추론한 내용으로 옳은 것은?

> 두뇌 연구는 지금까지 뉴런을 중심으로 진행되어 왔다. 뉴런 연구로 노벨상을 받은 카얄은 뉴런이 '생각의 전화선'이라는 이론을 확립하여 사고와 기억 등 두뇌에서 일어나는 모든 현상을 뉴런의 연결망과 뉴런 간의 전기 신호로 설명했다. 그러나 두뇌에는 뉴런 외에도 신경교 세포가 존재한다. 신경교 세포는 뉴런처럼 그 수가 많지만 전기 신호를 전달하지 못한다. 이 때문에 과학자들은 신경교 세포가 단지 두뇌 유지에 필요한 영양 공급과 두뇌 보호를 위한 전기 절연의 역할만을 가진다고 여겼다.
>
> 최근 과학자들은 신경교 세포에서 그 이상의 기능을 발견했다. 신경교 세포 중에도 '성상세포'라 불리는 별 모양의 세포는 자신만의 화학적 신호를 가진다는 것이 밝혀졌다. 성상세포는 뉴런처럼 전기를 이용하지는 않지만, '뉴런송신기'라고 불리는 화학물질을 방출하고 감지한다. 과학자들은 이러한 화학적 신호의 연쇄반응을 통해 신경교 세포가 전체 뉴런을 조정한다고 추론했다.
>
> A연구팀은 신경교 세포가 전체 뉴런을 조정하면서 기억력과 사고력을 향상시킨다고 예상하고서, 이를 확인하기 위해 인간의 신경교 세포를 갓 태어난 생쥐의 두뇌에 주입했다. 쥐가 자라면서 주입된 인간의 신경교 세포도 성장했다. 이 세포들은 쥐의 뉴런들과 완벽하게 결합되어 쥐의 두뇌 전체에 걸쳐 퍼지게 되었다. 심지어 어느 두뇌 영역에서는 쥐의 뉴런의 숫자를 능가하기도 했다. 뉴런과 달리 쥐와 인간의 신경교 세포는 비교적 쉽게 구별된다. 인간의 신경교 세포는 매우 길고 무성한 섬유질을 가지기 때문이다. 쥐에 주입된 인간의 신경교 세포는 그 기능을 그대로 간직한다. 그렇게 성장한 쥐들은 다른 쥐들과 잘 어울렸고, 다른 쥐들의 관심을 끄는 것에 흥미를 보였다. 이 쥐들은 미로를 통과해 치즈를 찾는 테스트에서 더 뛰어났다. 보통의 쥐들은 네다섯 번의 시도 끝에 올바른 길을 배웠지만, 인간의 신경교 세포를 주입받은 쥐들은 두 번 만에 학습했다.

① 인간의 신경교 세포를 쥐에게 주입하면, 쥐의 뉴런은 전기 신호를 전달하지 못할 것이다.

② 인간의 뉴런 세포를 쥐에게 주입하면, 쥐의 두뇌에는 화학적 신호의 연쇄 반응이 더 활발해질 것이다.

③ 인간의 뉴런 세포를 쥐에게 주입하면, 그 뉴런 세포는 쥐의 두뇌 유지에 필요한 영양을 공급할 것이다.

④ 인간의 신경교 세포를 쥐에게 주입하면, 그 신경교 세포는 쥐의 뉴런을 보다 효과적으로 조정할 것이다.

⑤ 인간의 신경교 세포를 쥐에게 주입하면, 그 신경교 세포는 쥐의 신경교 세포의 기능을 갖도록 변화할 것이다.

16 다음 글을 읽고 추론한 내용으로 적절하지 않은 것은?

태양 빛은 흰색으로 보이지만 실제로는 다양한 파장의 가시광선이 혼합되어 나타난 것이다. 프리즘을 통과시키면 흰색 가시광선은 파장에 따라 붉은빛부터 보랏빛까지의 무지갯빛으로 분해된다. 가시광선의 파장 범위는 390 ~ 780nm* 정도인데 보랏빛이 가장 짧고 붉은빛이 가장 길다. 빛의 진동수는 파장과 반비례하므로 진동수는 보랏빛이 가장 크고 붉은빛이 가장 작다. 태양 빛이 대기층에 입사하여 산소나 질소 분자와 같은 공기 입자(직경 0.1 ~ 1nm 정도), 먼지 미립자, 에어로졸**(직경 1 ~ 100,000nm 정도) 등과 부딪치면 여러 방향으로 흩어지는데 이러한 현상을 산란이라 한다. 산란은 입자의 직경과 빛의 파장에 따라 '레일리(Rayleigh) 산란'과 '미(Mie) 산란'으로 구분된다.

레일리 산란은 입자의 직경이 파장의 1/10보다 작을 경우에 일어나는 산란을 말하는데 그 세기는 파장의 네제곱에 반비례한다. 대기의 공기 입자는 직경이 매우 작아 가시광선 중 파장이 짧은 빛을 주로 산란시키며, 파장이 짧을수록 산란의 세기가 강하다. 따라서 맑은 날에는 주로 공기 입자에 의한 레일리 산란이 일어나서 보랏빛이나 파란빛이 강하게 산란되는 반면 붉은빛이나 노란빛은 약하게 산란된다. 산란되는 세기로는 보랏빛이 가장 강하겠지만, 우리 눈은 보랏빛보다 파란빛을 더 잘 감지하기 때문에 하늘은 파랗게 보이는 것이다. 만약 태양 빛이 공기 입자보다 큰 입자에 의해 레일리 산란이 일어나면 공기 입자만으로는 산란이 잘되지 않던 긴 파장의 빛까지 산란되어 하늘의 파란빛은 상대적으로 옅어진다.

미 산란은 입자의 직경이 파장의 1/10보다 큰 경우에 일어나는 산란을 말하는데 주로 에어로졸이나 구름 입자 등에 의해 일어난다. 이때 산란의 세기는 파장이나 입자 크기에 따른 차이가 거의 없다. 구름이 흰색으로 보이는 것은 미 산란으로 설명된다. 구름 입자(직경 20,000nm 정도)처럼 입자의 직경이 가시광선의 파장보다 매우 큰 경우에는 모든 파장의 빛이 고루 산란된다. 이 산란된 빛이 동시에 우리 눈에 들어오면 모든 무지갯빛이 혼합되어 구름이 하얗게 보인다. 이처럼 대기가 없는 달과 달리 지구는 산란 효과에 의해 파란 하늘과 흰 구름을 볼 수 있다.

*나노미터 : 물리학적 계량 단위(1nm=10^{-9}m)
**에어로졸 : 대기에 분산된 고체 또는 액체 입자

① 가시광선의 파란빛은 보랏빛보다 진동수가 작다.
② 프리즘으로 분해한 태양 빛을 다시 모으면 흰색이 된다.
③ 파란빛은 가시광선 중에서 레일리 산란의 세기가 가장 크다.
④ 빛의 진동수가 2배가 되면 레일리 산란의 세기는 16배가 된다.
⑤ 달의 하늘에서는 공기 입자에 의한 태양 빛의 산란이 일어나지 않는다.

17 다음 밑줄 친 '정원'에 대한 설명으로 적절하지 않은 것은?

야생의 자연이라는 이상을 고집하는 자연 애호가들은 인류가 자연과 내밀하면서도 창조적인 관계를 맺었던 반(反)야생의 자연, 즉 '정원'을 간과한다. 정원은 울타리를 통해 농경지보다 야생의 자연과 분명한 경계를 긋는다. 집약적인 토지 이용이라는 전통은 정원에서 시작되었다. 정원은 대규모의 농경지 경작이 행해지지 않은 원시적인 문화에서도 발견된다. 만여 종의 경작용 식물들은 모두 대량 생산에 들어가기 전에 정원에서 자라는 단계를 거쳐 온 것으로 보인다.

농업경제의 역사에서 정원이 갖는 의미는 시대와 지역에 따라 매우 달랐다. 좁은 공간에서 집약적인 농사를 짓는 지역에서는 농부가 곧 정원사였다. 반면 예전의 독일 농부들은 정원이 곡물 경작에 사용될 퇴비를 앗아가므로 정원을 악으로 여기기도 했다. 하지만 여성들의 입장은 지역적인 편차가 없었다. 아메리카의 푸에블로 인디언부터 근대 독일의 농부 집안까지 정원은 농업 혁신에 주도적인 역할을 해온 여성들에게는 자신들의 제국이자 자존심이었다. 그곳에는 여성들이 경험을 통해 쌓은 지식 전통이 살아 있었다. 환경사에서 여성이 갖는 특별한 역할의 물질적 근간은 대부분 정원에서 발견된다. 지난 세기들의 경우 이는 특히 여성 제후들과 관련되어 있으며 자료가 풍부하다. 작센의 여성 제후인 안나는 식물에 관한 지식을 늘 공유했던 긴밀하고도 광범위한 사회적 네트워크를 가지고 있었는데, 그중에는 식물 경제학에 관심이 깊은 고귀한 신분의 여성들도 많았으며 수도원 소속의 여성들도 있었다.

여성들이 정원에서 쌓은 경험의 특징은 무엇일까? 정원에서는 땅을 면밀히 살피고 손으로 흙을 부스러뜨리는 습관이 생겨났을 것이다. 정원에서 즐겨 이용되는 삽도 다양한 토질의 층을 자세히 연구하도록 부추겼을 것이 분명하다. 넓은 경작지보다는 정원에서 땅을 다룰 때 더 아끼고 보호했을 것이다. 정원이라는 매우 제한된 공간에는 옛날에도 충분한 퇴비를 줄 수 있었다. 경작지보다도 다양한 종류의 퇴비로 실험할 수 있었고 새로운 작물을 키우며 경험을 수집할 수 있었다. 정원에서는 좁은 공간에서 다양한 식물이 자라기 때문에 모든 종류의 식물들이 서로 잘 지내지는 않는다는 사실에도 주의를 기울였다. 이는 식물 생태학의 근간을 이루는 통찰이었다.

결론적으로 정원은 여성들이 주도가 되어 토양과 식물을 이해하고, 농경지 경작에 유용한 지식과 경험을 배양할 수 있는 좋은 장소였다.

① 울타리를 통해 야생의 자연과 분명한 경계를 긋는다.

② 집약적 토지 이용의 전통이 시작된 곳으로 원시적인 문화에서도 발견된다.

③ 시대와 지역에 따라 정원에 대한 여성들의 입장이 달랐다.

④ 정원에서는 모든 종류의 식물들이 서로 잘 지내지는 않는다.

⑤ 여성이 갖는 특별한 역할의 물질적 근간이 대부분 발견되는 곳이다.

18 다음 중 제시문의 내용으로 적절하지 않은 것은?

> 최근 국내 건설업계에서는 3D 프린팅 기술을 건설 분야와 접목하고자 노력하고 있다. 해외 건설사들도 3D 프린팅 기술을 이용한 건축 시장을 선점하기 위한 경쟁이 활발히 이루어지고 있으며 이미 미국 텍사스 지역에서 3D 프린팅 기술을 이용하여 주택 4채를 1주일 만에 완공한 바 있다. 또한 우리나라에서도 인공 조경벽 등 건설 현장에서 3D 프린팅 건축물을 차차 도입해가고 있다.
>
> 왜 건설업계에서는 3D 프린팅 기술을 주목하게 되었을까? 3D 프린팅 건축 방식은 전통 건축 방식과 비교하여 비용을 절감할 수 있고 공사 기간이 단축되는 점을 장점으로 꼽을 수 있다. 특히 공사 기간이 짧은 점은 천재지변으로 인한 이재민 등을 위한 주거시설을 빠르게 준비할 수 있다는 점에서 호평받고 있다. 또한 전통 건축 방식으로는 구현하기 힘든 다양한 디자인을 구현할 수 있는 점과 건축 폐기물 감소 및 CO_2 배출량 감소 등 환경보호 면에서도 긍정적인 평가를 받고 있으며 각 국가 간 이해관계 충돌로 인한 직·간접적 자재 수급난을 해결할 수 있는 점도 긍정적 평가를 받는 요인이다.
>
> 어떻게 3D 프린터로 건축물을 세우는 것일까? 먼저 일반적인 3D 프린팅의 과정을 알아야 한다. 일반적인 3D 프린팅은 컴퓨터로 물체를 3D 형태로 모델링한 후 용융성 플라스틱이나 금속 등을 3D 프린터 노즐을 통해 분사하여 아래부터 층별로 겹겹이 쌓는 과정을 거친다.
>
> 3D 프린팅 건축 방식도 마찬가지이다. 컴퓨터를 통해 건축물을 모델링 후 모델링한 정보에 따라 콘크리트, 금속, 폴리머 등의 건축자재를 노즐을 통해 분사시켜 층층이 쌓아 올리면서 컴퓨터로 설계한 대로 건축물을 만든다. 기계가 대신 건축물을 만든다는 점에서 사람의 힘으로 한계가 있는 기존 건축방식의 해결은 물론 코로나19 사태로 인한 인건비 상승 및 전문인력 수급난을 해결할 수 있다는 점 또한 호평받고 있다.
>
> 하지만 아쉽게도 우리나라에서의 3D 프린팅 건설 사업은 관련 인증 및 안전 규정 미비 등의 제도적 한계와 기술적 한계가 있어 상용화 단계가 이루어지기는 힘들다. 특히 3D 프린터로 구조물을 적층하여 구조물을 쌓아 올리는 데에는 로봇 팔이 필요한데 아직은 5층 이하의 저층 주택 준공이 한계이고 현 대한민국 주택시장은 고층 아파트 등 고층 건물이 주력이므로 3D 프린터 고층 건축물 제작 기술을 개발해야 한다는 주장도 더러 나오고 있다.

① 이미 해외에서는 3D 프린터를 이용하여 주택을 시공한 바 있다.
② 3D 프린터 건축 기술은 전통 건축 기술과는 달리 환경에 영향을 덜 끼친다.
③ 3D 프린터 건축 기술은 인력난을 해소할 수 있는 새로운 기술이다.
④ 3D 프린터 건축 기술로 인해 대량의 실업자가 발생할 것이다.
⑤ 현재 우리나라는 3D 프린터 건축 기술의 제도적 장치 및 기술적 한계를 해결해야만 하는 과제가 있다.

※ 다음 제시된 도형의 규칙을 보고 물음표에 들어가기에 적절한 것을 고르시오. **[19~22]**

19

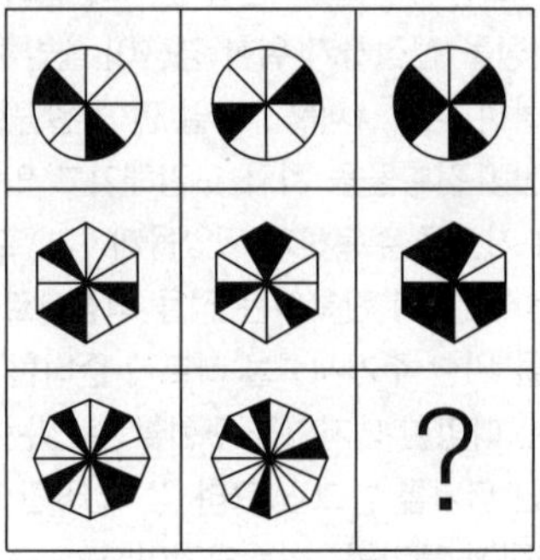

?

①

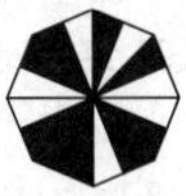

②

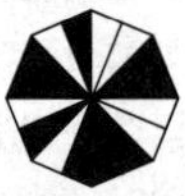

③

④

⑤

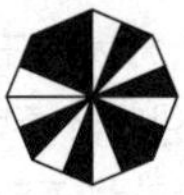

20

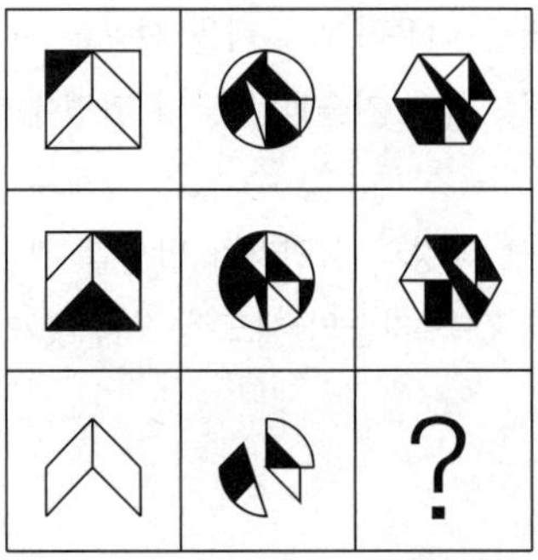

?

①

②

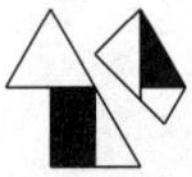

③

④

⑤

21

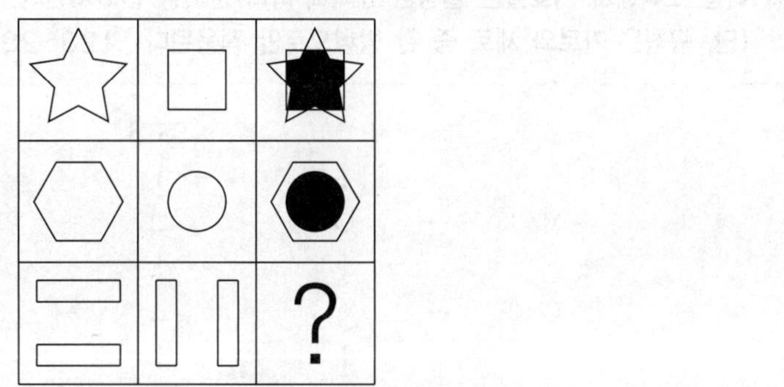

①

② 

③

④ 

⑤

22

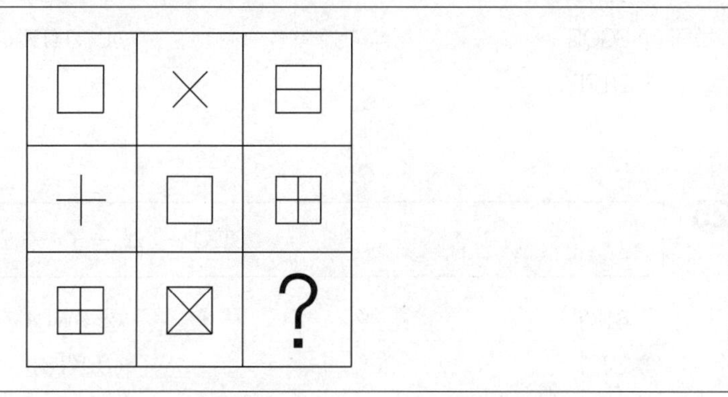

①

② 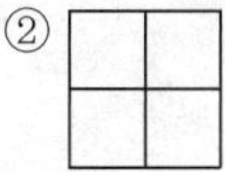

③ 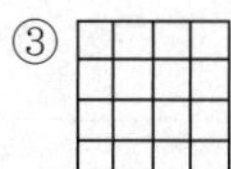

④ 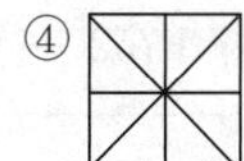

⑤ 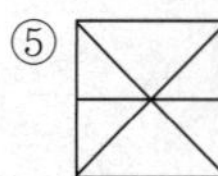

※ 다음 도식에서 기호들은 일정한 규칙에 따라 문자를 변화시킨다. 물음표에 들어갈 적절한 문자를 고르시오(단, 규칙은 가로와 세로 중 한 방향으로만 적용된다). **[23~26]**

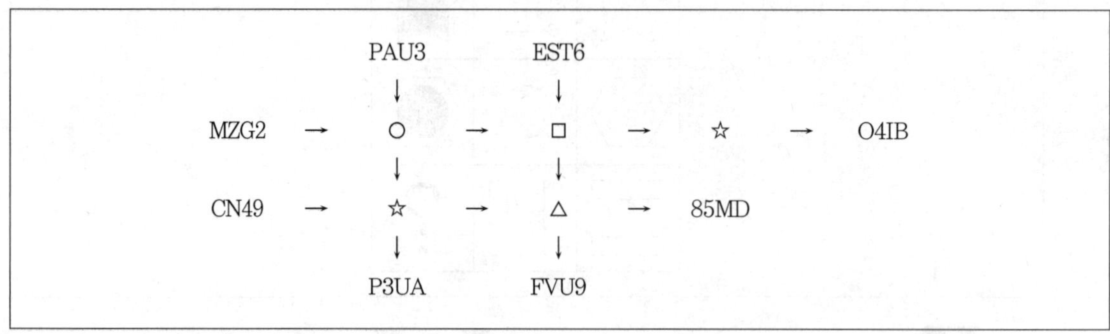

23

JLMP → ○ → □ → ?

① NORL
② LNOK
③ RONL
④ MPQM
⑤ ONKK

24

DRFT → □ → ☆ → ?

① THVF
② EUGW
③ SGQE
④ VHTF
⑤ DTFR

25

8TK1 → △ → ○ → ?

① 81KT
② 9WL4
③ UJ27
④ KT81
⑤ 0LS9

26

F752 → ☆ → □ → △ → ?

① 348E
② 57F2
③ 974H
④ 388I
⑤ 663E

※ 다음 도식에서 기호들은 일정한 규칙에 따라 문자를 변화시킨다. 물음표에 들어갈 적절한 문자를 고르시오 (단, 규칙은 가로와 세로 중 한 방향으로만 적용된다). **[27~30]**

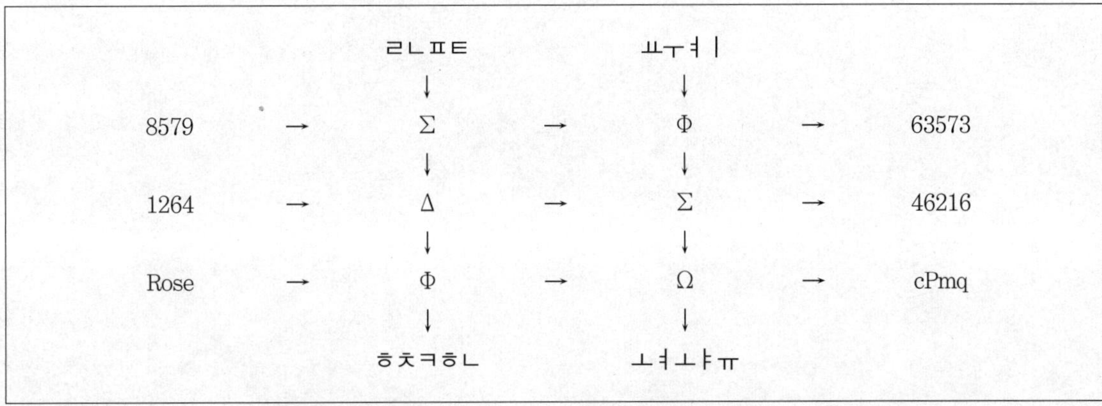

27

ㅁjㅓi → Ω → Φ → ?

① hㅏgㄷ
② gㄷhㅏ
③ ㅓㄷhg
④ fㄷgㅏ
⑤ fㅏgㄷ

28

ㅗㅊㄷㅑ → Φ → ? → ㅓㅇㄱㅣㅇ

① Σ
② Δ
③ Φ
④ Ω
⑤ Σ → Δ

29

2ㄴㅠBㅎ → Δ → Σ → ?

① ㅎㅠㄴ2ㅜB
② ㅎBㅠㄴ2B
③ ㄱAㅠㄴ2A
④ ㄱBㅠㄴ3B
⑤ ㅎㅠBㄱ2A

30

ㅏㅜ8ㅋㅑ → ? → Φ → Ω → ㅗㅡㅗ6ㅈㅣ

① Σ
② Δ
③ Φ
④ Ω
⑤ Σ → Δ

2권

2022년 하반기 기출복원 모의고사

〈문항 수 및 시험시간〉

평가 영역	문항 수	시험시간	도서 동형 온라인 모의고사 쿠폰번호
수리	20문항	30분	APBO-00000-B1FE7
추리	30문항	30분	

온라인 GSAT 삼성직무적성검사

※ 문제를 풀기 전에 문제풀이 용지를 다운받아 인쇄하여 실제 시험에 응시하는 것처럼 연습하기 바랍니다.

〈문제풀이 용지 다운받는 방법〉

▶ SD에듀 도서 홈페이지 접속(www.sdedu.co.kr/book)

▶ 상단 카테고리 「도서업데이트」 클릭

▶ 「온라인 GSAT 문제풀이 용지」 검색 후 다운로드

제1영역 수리

01 S기업에서는 사회 나눔 사업의 일환으로 마케팅부에서 5팀, 총무부에서 2팀을 구성해 어느 요양 시설에서 7팀 모두가 하루에 한 팀씩 7일 동안 봉사활동을 하려고 한다. 7팀의 봉사활동 순번을 임의로 정할 때, 첫 번째 날 또는 일곱 번째 날에 총무부 소속 팀이 봉사활동을 하게 될 확률은 $\frac{b}{a}$이다. $a-b$의 값은?(단, a와 b는 서로소이다)

① 4
② 6
③ 8
④ 10
⑤ 12

02 아마추어 야구 시합에서 A팀과 B팀이 경기하고 있다. 7회 말까지는 동점이었고 8·9회에서 A팀이 획득한 점수는 B팀이 획득한 점수의 2배이었다. 최종적으로 12 : 9로 A팀이 승리하였을 때, 8·9회에서 B팀은 몇 점을 획득하였는가?

① 2점
② 3점
③ 4점
④ 5점
⑤ 6점

03 S회사에서는 업무효율을 높이기 위해 근무여건 개선방안에 대하여 논의하고자 한다. 귀하는 논의 자료를 위하여 전 직원의 야간근무 현황을 조사하였다. 다음 중 적절하지 않은 것은?

〈야간근무 현황(주 단위)〉

(단위 : 일, 시간)

구분	임원	부장	과장	대리	사원
평균 야간근무 빈도	1.2	2.2	2.4	1.8	1.4
평균 야간근무 시간	1.8	3.3	4.8	6.3	4.2

※ 60분의 3분의 2 이상을 채울 시 1시간으로 야간근무수당을 계산함

① 과장은 한 주에 평균적으로 2.4일 정도 야간근무를 한다.

② 전 직원의 주 평균 야간근무 빈도는 1.8일이다.

③ 사원은 한 주 동안 평균 4시간 12분 정도 야간근무를 하고 있다.

④ 1회 야간근무 시 평균적으로 가장 긴 시간 동안 일하는 직원은 대리이다.

⑤ 야간근무수당이 시간당 10,000원이라면 과장은 주 평균 50,000원을 받는다.

04 화물 출발지와 도착지 간 거리가 A기업은 100km, B기업은 200km이며, 운송량은 A기업이 5톤, B기업이 1톤이다. 국내 운송 시 수단별 요금체계가 다음과 같을 때, A기업과 B기업의 운송비용에 대한 설명으로 적절한 것은?(단, 다른 조건은 같다)

구분		화물자동차	철도	연안해송
운임	기본운임	200,000원	150,000원	100,000원
	추가운임	1,000원	900원	800원
부대비용		100원	300원	500원

※ 추가운임 및 부대비용은 거리(km)와 무게(톤)를 곱하여 산정함

① A, B 모두 화물자동차 운송이 저렴하다.

② A는 화물자동차가 저렴하고, B는 모든 수단이 같다.

③ A는 모든 수단이 같고, B는 연안해송이 저렴하다.

④ A, B 모두 철도운송이 저렴하다.

⑤ A는 연안해송, B는 철도운송이 저렴하다.

05 다음은 2018 ~ 2022년의 한부모 및 미혼모·부 가구 수를 조사한 표이다. 이에 대한 설명으로 적절하지 않은 것은?

〈2018 ~ 2022년 한부모 및 미혼모·부 가구 수〉

(단위 : 천 명)

구분		2018년	2019년	2020년	2021년	2022년
한부모 가구	모자 가구	1,600	2,000	2,500	3,600	4,500
	부자 가구	300	340	480	810	990
미혼모·부 가구	미혼모 가구	80	68	55	72	80
	미혼부 가구	28	17	22	27	30

① 한부모 가구 중 모자 가구 수는 2019 ~ 2022년까지 2021년을 제외하고 매년 1.25배씩 증가한다.
② 한부모 가구에서 부자 가구가 모자 가구 수의 20%를 초과한 연도는 2021년과 2022년이다.
③ 2021년 미혼모 가구 수는 모자 가구 수의 2%이다.
④ 2019 ~ 2022년 전년 대비 미혼모 가구와 미혼부 가구 수의 증감 추이가 바뀌는 연도는 같다.
⑤ 2019년 부자 가구 수는 미혼부 가구 수의 20배이다.

06 다음은 인천국제공항의 연도별 세관 물품 신고 수에 대한 표이다. 〈보기〉를 바탕으로 A ~ D에 들어갈 물품으로 적절한 것은?

〈연도별 세관 물품 신고 수〉

(단위 : 만 건)

구분	2018년	2019년	2020년	2021년	2022년
A	3,547	4,225	4,388	5,026	5,109
B	2,548	3,233	3,216	3,410	3,568
C	3,753	4,036	4,037	4,522	4,875
D	1,756	2,013	2,002	2,135	2,647

〈보기〉

ㄱ. 가전류와 주류의 2019 ~ 2021년까지 전년 대비 세관물품 신고 수는 증가와 감소가 반복되었다.
ㄴ. 2022년도 담배류 세관 물품 신고 수의 전년 대비 증가량은 두 번째로 많다.
ㄷ. 2019 ~ 2022년 동안 매년 세관 물품 신고 수가 가장 많은 것은 잡화류이다.
ㄹ. 2021년도 세관물품 신고 수의 전년 대비 증가율이 세 번째로 높은 것은 주류이다.

	A	B	C	D
①	잡화류	담배류	가전류	주류
②	담배류	가전류	주류	잡화류
③	잡화류	가전류	담배류	주류
④	가전류	담배류	잡화류	주류
⑤	가전류	잡화류	담배류	주류

07 반도체 부품 회사에서 근무하는 S사원은 월별 매출 현황에 대한 보고서를 작성 중이었다. 그런데 실수로 파일이 삭제되어 기억나는 매출액만 다시 작성하였다. S사원이 기억하는 월평균 매출액은 35억 원이고, 상반기의 월평균 매출액은 26억 원이었다. 상반기 평균 매출 대비 하반기 평균 매출의 증감액은?

〈월별 매출현황〉

(단위 : 억 원)

1월	2월	3월	4월	5월	6월	7월	8월	9월	10월	11월	12월	평균
	10	18	36				35	20	19			35

① 12억 원 증가
② 12억 원 감소
③ 18억 원 증가
④ 18억 원 감소
⑤ 20억 원 증가

08 다음은 통계청에서 발표한 서울 지역 물가지수를 나타낸 표이다. 이에 대한 설명으로 적절하지 않은 것은?

〈서울 지역 소비자물가지수 및 생활물가지수〉

(단위 : %)

구분	2019년	2020년				2021년				2022년		
	4/4 분기	1/4 분기	2/4 분기	3/4 분기	4/4 분기	1/4 분기	2/4 분기	3/4 분기	4/4 분기	1/4 분기	2/4 분기	3/4 분기
소비자 물가지수	95.5	96.4	97.7	97.9	99.0	99.6	100.4	100.4	101.0	102.6	103.4	104.5
전년 동기 (월)비	4.2	3.9	2.5	2.4	2.7	2.5	2.5	2.8	3.2	3.6	3.8	4.1
생활물가지수	95.2	95.9	97.1	97.6	99.1	99.7	99.7	100.4	100.9	103.1	103.5	104.5
전년 동기 (월)비	3.5	3.1	2.4	2.5	3.4	2.7	2.7	2.9	3.4	4.0	3.8	4.1

※ 물가지수는 2019년을 100으로 하여 각 연도의 비교치를 제시한 것임

① 2019년에 비해 2021년 소비자물가지수는 거의 변동이 없다.
② 2022년 4/4분기의 생활물가지수가 95.9포인트라면, 2022년 생활물가지수는 2021년에 비해 2포인트 이상 상승했다.
③ 2019년 이후 소비자물가지수와 생활물가지수는 매년 상승했다.
④ 2021년에는 소비자물가지수가 생활물가지수보다 약간 더 높다.
⑤ 전년 동기와 비교하여 상승 폭이 가장 클 때는 2019년 4/4분기 소비자물가지수이고, 가장 낮을 때는 2020년 2/4분기 생활물가지수와 2020년 3/4분기 소비자물가지수이다.

09 다음은 Z세균을 각각 다른 환경인 X와 Y조건에 놔두는 실험을 하였을 때 번식하는 수를 기록한 자료이다. 번식하는 수는 일정한 규칙으로 변화한다고 할 때, 10일 차에 번식하는 Z세균의 수는?

〈실험 결과〉

(단위 : 만 개)

구분	1일 차	2일 차	3일 차	4일 차	5일 차	…	10일 차
X조건에서의 Z세균	10	30	50	90	150	…	(A)
Y조건에서의 Z세균	1	2	4	8	16	…	(B)

	(A)	(B)
①	1,770	512
②	1,770	256
③	1,770	128
④	1,440	512
⑤	1,440	256

10 새로운 원유의 정제비율을 조사하기 위해 상압증류탑을 축소한 Pilot Plant에 새로운 원유를 투입해 사전분석실험을 시행했다. 다음과 같은 실험 결과를 얻었다고 할 때, 아스팔트는 최초 투입한 원유의 양 대비 몇 % 생산되는가?

〈사전분석실험 결과〉

생산제품	생산량
LPG	투입한 원유량의 5%
휘발유	LPG를 생산하고 남은 원유량의 20%
등유	휘발유를 생산하고 남은 원유량의 50%
경유	등유를 생산하고 남은 원유량의 10%
아스팔트	경유를 생산하고 남은 원유량의 4%

① 1.168%
② 1.368%
③ 1.568%
④ 1.768%
⑤ 1.968%

11 다음은 지역별 7급 공무원 현황을 나타낸 표이다. 이에 대한 설명으로 적절한 것은?

〈지역별 7급 공무원 현황〉

(단위 : 명)

구분	남성	여성	합계
서울	14,000	11,000	25,000
경기	9,000	6,000	15,000
인천	9,500	10,500	20,000
부산	7,500	5,000	12,500
대구	6,400	9,600	16,000
광주	4,500	3,000	7,500
대전	3,000	1,800	4,800
울산	2,100	1,900	4,000
세종	1,800	2,200	4,000
강원	2,200	1,800	4,000
충청	8,000	12,000	20,000
전라	9,000	11,000	20,000
경상	5,500	4,500	10,000
제주	2,800	2,200	5,000
합계	85,300	82,500	167,800

※ 수도권 : 서울, 인천, 경기

① 남성 공무원 수가 여성 공무원 수보다 많은 지역은 5곳이다.

② 광역시 중 남성 공무원 수와 여성 공무원 수 차이가 가장 큰 지역은 울산이다.

③ 인천 여성 공무원 비율과 세종 여성 공무원 비율의 차이는 2.5%p이다.

④ 수도권 전체 공무원 수와 광역시 전체 공무원 수의 차이는 5,000명 이상이다.

⑤ 제주지역 전체 공무원 중 남성 공무원의 비율은 55%이다.

12 다음은 주요업종별 영업이익을 비교한 표이다. 이에 대한 설명으로 적절하지 않은 것은?

〈주요업종별 영업이익 비교〉

(단위 : 억 원)

구분	2022년 1분기 영업이익	2022년 4분기 영업이익	2023년 1분기 영업이익
반도체	40,020	40,540	60,420
통신	5,880	6,080	8,880
해운	1,340	1,450	1,660
석유화학	9,800	9,880	10,560
건설	18,220	19,450	16,410
자동차	15,550	16,200	5,240
철강	10,740	10,460	820
디스플레이	4,200	4,620	−1,890
자동차부품	3,350	3,550	−2,110
조선	1,880	2,110	−5,520
호텔	980	1,020	−3,240
항공	−2,880	−2,520	120

① 2022년 4분기의 영업이익은 2022년 1분기 영업이익보다 모든 업종에서 높다.

② 2023년 1분기 영업이익이 전년 동기 대비 영업이익보다 높은 업종은 5개이다.

③ 2023년 1분기 영업이익이 적자가 아닌 업종 중 영업이익이 직전 분기 대비 감소한 업종은 3개이다.

④ 2022년 1, 4분기에 흑자였다가 2023년 1분기에 적자로 전환된 업종은 4개이다.

⑤ 항공업은 2022년 1, 4분기에 적자였다가 2023년 1분기에 흑자로 전환되었다.

13 다음은 산업별 근로 현황을 나타내는 표이다. 이에 대한 설명으로 적절한 것은?

〈2022년 산업별 근로 현황〉

(단위 : 천 명)

산업구분	연초기준 근로자 수	연간 취업자 수	연간 이직자 수	연간 퇴사자 수
농림어업	5,280	120	247	380
제조업	22,400	1,280	1,320	1,650
건설업	8,800	520	330	440
도소매업	54,150	2,800	2,652	3,120
전기·통신업	6,100	220	108	180
금융업	3,020	180	225	250
운수업	6,550	540	663	780
전체	106,300	5,660	5,545	6,800

※ 전체 취업자 수는 위에 나온 산업에 한하여 표시함

※ 취업률(%)$=\frac{\text{(해당 산업 연간 취업자 수)}}{\text{(전체 연간 취업자 수)}}\times 100$

※ '이직자 수'는 '퇴사자 수' 안에 포함됨(퇴사자는 이직한 자와 이직하지 않은 자로 구성됨)

※ 2022년 취업자는 2022년 동안 이직·퇴사를 하지 않았다고 가정함

※ 이직률과 퇴사율은 '연초기준 근로자 수'를 기준으로 계산함

– 퇴사자 중 이직률(%)$=\frac{\text{(해당 산업 연간 이직자 수)}}{\text{(해당 산업 연간 퇴사자 수)}}\times 100$

– 퇴사율(%)$=\frac{\text{(해당 산업 연간 퇴사자 수)}}{\text{(연초기준 근로자 수)}}\times 100$

※ (연말기준 근로자 수)=(연초기준 근로자 수)+(연간 취업자 수)−(연간 퇴사자 수)

① 연초기준 근로자 수가 가장 많은 상위 두 산업의 연초기준 근로자 수의 합은 8,000만 명 이상이다.

② 도소매업의 취업률은 50% 이상이다.

③ 도소매업의 퇴사자 중 이직률은 운수업보다 높다.

④ 건설업의 퇴사율은 5% 미만이다.

⑤ 연말기준 근로자 수가 연초기준 근로자 수보다 많은 산업은 2개이다.

14 다음은 K리그 주요 구단의 공격력을 분석한 표이다. 이에 대한 설명으로 가장 적절한 것은?(단, 소수점 둘째 자리에서 반올림한다)

〈K리그 주요 구단 공격력 통계〉

(단위 : 개)

구단	경기	슈팅	유효슈팅	골	경기당 평균슈팅	경기당 평균유효슈팅
울산	6	85	48	16	14.2	8.0
전북	6	112	69	18	18.7	11.5
상주	6	79	32	11	13.2	5.3
포항	9	76	33	9	8.4	3.7
대구	9	88	39	13	9.8	4.3
서울	9	61	27	5	6.8	3.0
성남	9	69	31	6	7.7	3.4

① 슈팅, 유효슈팅, 골 개수의 상위 3개 구단은 각각 모두 다르다.

② 경기당 평균슈팅 개수가 가장 많은 구단과 가장 적은 구단의 차이는 경기당 평균유효슈팅 개수가 가장 많은 구단과 가장 적은 구단의 차이보다 작다.

③ 골의 개수가 적은 하위 두 팀의 골 개수의 합은 전체 골 개수의 15%를 초과한다.

④ 유효슈팅 대비 골의 비율이 가장 높은 구단은 상주이다.

⑤ 전북과 성남의 슈팅 대비 골의 비율의 차이는 10%p 이상이다.

15 다음은 국내 자동차 판매현황에 대한 표이다. 이를 보고 〈보기〉에서 적절하지 않은 것을 모두 고르면?

〈자동차 판매현황〉

(단위 : 천 대)

구분	2020년	2021년	2022년
소형	27.8	32.4	30.2
준중형	181.3	179.2	180.4
중형	209.3	202.5	205.7
대형	186.1	185	177.6
SUV	452.2	455.7	450.8

〈보기〉

ㄱ. 2020년 대비 2021년 판매량 감소율이 가장 낮은 차종은 대형이다.
ㄴ. 2022년 준중형 자동차 판매량은 전년 대비 1% 이상 증가했다.
ㄷ. 2020～2022년 동안 매년 자동차 판매 순위는 동일하다.
ㄹ. 2020년 모든 종류의 자동차 각각의 판매량은 2021년보다 모두 높다.

① ㄱ, ㄴ
② ㄷ, ㄹ
③ ㄱ, ㄹ
④ ㄴ, ㄷ
⑤ ㄴ, ㄷ, ㄹ

16 다음은 2013～2022년 범죄별 발생건수에 대한 표이다. 이에 대한 설명으로 적절한 것은?

〈2013～2022년 범죄별 발생건수〉

(단위 : 천 건)

구분	2013년	2014년	2015년	2016년	2017년	2018년	2019년	2020년	2021년	2022년
사기	282	272	270	266	242	235	231	234	241	239
절도	366	356	371	354	345	319	322	328	348	359
폭행	139	144	148	149	150	155	161	158	155	156
방화	5	4	2	1	2	5	2	4	5	3
살인	3	11	12	13	13	15	16	12	11	14

① 2013～2022년 동안 범죄별 발생건수의 순위는 매년 동일하다.
② 2013～2022년 동안 발생한 방화의 총 발생건수는 3만 건 미만이다.
③ 2014～2022년까지 전년 대비 사기 발생건수 증감추이는 폭행의 경우와 반대이다.
④ 2015년 전체 범죄발생건수 중 절도가 차지하는 비율은 50% 이상이다.
⑤ 2013년 대비 2022년 전체 범죄발생건수 감소율은 5% 이상이다.

17 S카드사는 카드 이용 시 제공되는 할인 서비스에 대한 기존 고객의 선호도를 조사하여 신규 상품에 적용하고자 한다. S카드사 이용 고객 2,000명을 대상으로 실시한 선호도 조사 결과가 다음과 같을 때, 〈보기〉 중 표에 대한 설명으로 적절한 것을 모두 고르면?

〈할인 서비스 선호도 조사 결과〉

(단위 : %)

할인 서비스	남성	여성	전체
주유	18	22	20
온라인 쇼핑	10	18	14
영화관	24	23	23.5
카페	8	13	10.5
제과점	22	17	19.5
편의점	18	7	12.5

※ 응답자들은 가장 선호하는 할인 서비스 항목 1개를 선택함

〈보기〉

ㄱ. 선호도 조사 응답자 2,000명의 남녀 비율은 동일하다.
ㄴ. 편의점 할인 서비스는 남성보다 여성 응답자가 더 선호한다.
ㄷ. 온라인 쇼핑 할인 서비스를 선택한 남성은 모두 130명이다.
ㄹ. 남성과 여성 응답자는 모두 영화관 할인 서비스를 가장 선호한다.

① ㄱ, ㄴ
② ㄱ, ㄹ
③ ㄴ, ㄷ
④ ㄴ, ㄹ
⑤ ㄷ, ㄹ

18 다음은 S금융지주회사 유형자산 현황이다. 〈보기〉의 설명 중 S금융지주회사에 대한 설명으로 적절하지 않은 것을 모두 고르면?

〈S금융지주회사 유형자산 현황〉

(단위 : 백만 원)

구분	2021년 2분기	2021년 3분기	2021년 4분기	2022년 1분기	2022년 2분기	2022년 3분기
유형자산 합계	9,855	10,459	11,114	12,925	12,802	11,986
감가상각누계액 등	−2,902	−3,126	−3,334	−3,539	−3,773	−3,999
토지	0	0	0	0	0	0
건물	833	975	1,056	1,071	1,101	1,119
기구비품	4,133	4,262	4,330	4,521	4,904	4,959
건설 중인 자산	7,452	8,009	8,723	8,942	8,849	8,412
기타 유형자산	339	339	339	1,930	1,721	1,496

〈보기〉

ㄱ. 2021년부터 2022년까지 토지 자산을 보유한 분기는 한 번도 없었다.

ㄴ. 2021년 3분기부터 2022년 3분기까지 직전분기 대비 자산규모가 매분기 증가한 유형자산의 유형은 1가지이다.

ㄷ. 2022년 2분기는 전년 동기 대비 유형자산 총액이 20% 이상 증가하였다.

ㄹ. 2021년 4분기부터 2022년 3분기까지 건물 자산과 건설 중인 자산의 직전분기 대비 증감액 추이는 동일하다.

① ㄱ, ㄴ
② ㄱ, ㄷ
③ ㄷ, ㄹ
④ ㄱ, ㄴ, ㄹ
⑤ ㄴ, ㄷ, ㄹ

19 다음은 지역별 의사와 간호사 현황을 나타낸 표이다. 이에 대해 보인 반응으로 적절하지 않은 사람은?(단, 소수점 둘째 자리에서 반올림한다)

〈지역별 의사·간호사 현황〉

(단위 : 천 명)

구분	2012년			2022년		
	의사	간호사	합계	의사	간호사	합계
서울	248	2,102	2,350	328	3,229	3,557
경기	186	1,288	1,474	229	2,001	2,230
인천	210	1,680	1,890	288	2,880	3,168
대전	68	770	838	84	1,002	1,086
대구	120	1,005	1,125	136	1,540	1,676
광주	44	590	634	52	622	674
부산	108	986	1,094	129	1,020	1,149
울산	31	488	519	45	584	629
기타	320	2,590	2,910	458	3,190	3,648
합계	1,335	11,499	12,834	1,749	16,068	17,817

※ 수도권은 '서울·경기·인천', 6대 광역시는 '인천·대전·대구·광주·부산·울산'을 포함함

※ 기타 지역은 수도권 및 6대 광역시를 제외한 지역임

① 지윤 : 2012년 대비 2022년 의사와 간호사 총 인원수는 모든 지역에서 증가했어.

② 찬성 : 2012년 대비 2022년 수도권의 의사·간호사 증가율과 전 지역의 의사·간호사 증가율의 차이는 20%p 이상이야.

③ 하오 : 6대 광역시에서 2012년 대비 2022년 의사·간호사 총 인원수가 가장 적게 증가한 지역은 광주야.

④ 한하 : 기타 지역을 제외한 지역에서 의사와 간호사 인원수가 각각 가장 많은 지역은 2012년과 2022년이 동일해.

⑤ 아인 : 2012년 대비 2022년 전 지역에서 증가한 의사 인원수는 증가한 간호사 인원수의 10% 미만이야.

20 다음은 운동시간에 따른 운동효과를 나타낸 자료이다. 운동효과와 운동시간의 관계가 주어진 자료와 식과 같을 때, ㉠과 ㉡에 들어갈 숫자로 적절한 것은?

〈운동시간에 따른 운동효과〉

운동시간(시간)	1	2	3	4
운동효과	4	62	㉠	㉡

※ $(\text{운동효과})=a\times(\text{운동시간})-\dfrac{b^2}{(\text{운동시간})}$

	㉠	㉡
①	90	150
②	100	151
③	100	152
④	108	151
⑤	108	152

제2영역 추리

※ 제시된 명제가 모두 참일 때, 다음 중 빈칸에 들어갈 명제로 가장 적절한 것을 고르시오. [1~2]

01

• 환율이 하락하면 국가 경쟁력이 떨어졌다는 것이다.
• ______________________
• 수출이 감소했다는 것은 GDP가 감소했다는 것이다.
따라서 수출이 감소하면 국가 경쟁력이 떨어진다.

① 국가 경쟁력이 떨어지면 수출이 감소했다는 것이다.
② GDP가 감소해도 국가 경쟁력은 떨어지지 않는다.
③ 환율이 상승하면 GDP가 증가한다.
④ 환율이 하락해도 GDP는 감소하지 않는다.
⑤ 수출이 증가했다는 것은 GDP가 증가했다는 것이다.

02

• 아는 것이 적으면 인생에 나쁜 영향이 생긴다.
• ______________________
• 지식을 함양하지 않으면 아는 것이 적다.
따라서 공부를 열심히 하지 않으면 인생에 나쁜 영향이 생긴다.

① 공부를 열심히 한다고 해서 지식이 생기지는 않는다.
② 지식을 함양했다는 것은 공부를 열심히 했다는 뜻이다.
③ 아는 것이 많으면 인생에 나쁜 영향이 생긴다.
④ 아는 것이 많으면 지식이 많다는 뜻이다.
⑤ 아는 것이 적으면 지식을 함양하지 않았다는 것이다.

03 A ~ D 네 명은 S옷가게에서 각자 마음에 드는 옷을 입어보았다. 〈조건〉과 같을 때, 다음 중 항상 옳은 것은?

〈조건〉

- S옷가게에서 판매하는 옷의 종류는 티셔츠, 바지, 코트, 셔츠이다.
- 종류별로 각각 검은색, 흰색 색상이 있으며, 재고는 1장씩밖에 남지 않았다.
- 각자 옷의 종류가 겹치지 않도록 2장씩 입었다.
- 같은 색상으로 입어본 사람은 2명이다.
- 코트를 입어본 사람은 셔츠를 입어보지 않았다.
- 티셔츠를 입어본 사람은 바지를 입어보지 않았다.
- B는 검은색 바지를, C는 흰색 셔츠를 입어보았다.
- 코트는 A, B가, 티셔츠는 A, C가 입어보았다.
- 검은색 코트와 셔츠는 A와 D가 입어보았다.

① A는 검은색 티셔츠와 흰색 바지를 입었다.
② A는 검은색 티셔츠와 흰색 코트를 입었다.
③ B는 흰색 바지와 흰색 코트를 입었다.
④ C는 흰색 티셔츠와 검은색 셔츠를 입었다.
⑤ D는 흰색 바지와 검은색 셔츠를 입었다.

04 S사는 공개 채용을 통해 4명의 남자 사원과 2명의 여자 사원을 최종 선발하였고, 선발된 6명의 신입 사원을 기획부, 인사부, 구매부 세 부서에 배치하려고 한다. 다음 〈조건〉에 따라 신입 사원을 배치할 때, 적절하지 않은 것은?

〈조건〉

- 기획부, 인사부, 구매부 각 부서에 적어도 한 명의 신입 사원을 배치한다.
- 기획부, 인사부, 구매부에 배치되는 신입 사원의 수는 서로 다르다.
- 부서별로 배치되는 신입 사원의 수는 구매부가 가장 적고, 기획부가 가장 많다.
- 여자 신입 사원만 배치되는 부서는 없다.

① 인사부에는 2명의 신입 사원이 배치된다.
② 구매부에는 1명의 남자 신입 사원이 배치된다.
③ 기획부에는 반드시 여자 신입 사원이 배치된다.
④ 인사부에는 반드시 여자 신입 사원이 배치된다.
⑤ 인사부에는 1명 이상의 남자 신입 사원이 배치된다.

05 함께 놀이공원에 간 A ~ E 5명 중 1명만 롤러코스터를 타지 않고 회전목마를 탔다. 이들은 집으로 돌아오는 길에 다음과 같은 대화를 나누었다. 5명 중 2명은 거짓을 말하고, 나머지 3명은 모두 진실을 말한다고 할 때, 롤러코스터를 타지 않은 사람은?

> A : 오늘 탄 롤러코스터는 정말 재밌었어. 나는 같이 탄 E와 함께 소리를 질렀어.
> B : D는 회전목마를 탔다던데? E가 회전목마를 타는 D를 봤대. E의 말은 사실이야.
> C : D는 회전목마를 타지 않고 롤러코스터를 탔어.
> D : 나는 혼자서 회전목마를 타고 있는 B를 봤어.
> E : 나는 롤러코스터를 탔어. 손뼉을 칠 만큼 너무 완벽한 놀이기구야.

① A
② B
③ C
④ D
⑤ E

06 A ~ D는 S아파트 10층에 살고 있다. 다음 〈조건〉을 고려하였을 때 다음 중 항상 거짓인 것을 고르면?

〈조건〉

- 아파트 10층의 구조는 다음과 같다.

계단	1001호	1002호	1003호	1004호	엘리베이터

- A는 엘리베이터보다 계단이 더 가까운 곳에 살고 있다.
- C와 D는 계단보다 엘리베이터에 더 가까운 곳에 살고 있다.
- D는 A 바로 옆에 살고 있다.

① A보다 계단이 가까운 곳에 살고 있는 사람은 B이다.
② D는 1003호에 살고 있다.
③ 본인이 살고 있는 곳과 가장 가까운 이동 수단을 이용한다면 C는 엘리베이터를 이용할 것이다.
④ B가 살고 있는 곳에서 엘리베이터 쪽으로는 2명이 살고 있다.
⑤ C 옆에는 D가 살고 있다.

07 **1에서 5까지의 자연수가 적혀있는 카드가 A, B가 앉아있는 두 책상 위에 동일하게 놓여있다. A, B 두 사람은 각자의 책상 위에 숫자가 안보이게 놓여있는 카드를 세 장씩 뽑았다. A, B가 뽑은 카드가 〈조건〉과 같을 때 카드 숫자 합이 가장 큰 조합은?(단, 한 번 뽑은 카드는 다시 뽑지 않는다)**

〈조건〉

- A와 B는 같은 숫자가 적힌 카드를 한 장 뽑았고, 그 숫자는 2이다.
- B가 세 번째에 뽑은 카드에 적힌 숫자는 A가 세 번째에 뽑은 카드에 적힌 숫자보다 1만큼 작고, B가 첫 번째에 뽑은 카드에 적힌 숫자보다 1만큼 크다.
- 첫 번째, 두 번째, 세 번째에 A가 뽑은 카드에 적힌 숫자는 B가 뽑은 카드에 적힌 숫자보다 1만큼 크다.

	A	B
①	첫 번째	세 번째
②	두 번째	첫 번째
③	두 번째	두 번째
④	세 번째	두 번째
⑤	세 번째	세 번째

08 **A ~ E가 순서대로 놓인 1 ~ 5번 콘센트를 1개씩 이용하여 배터리가 방전된 핸드폰을 충전하려고 한다. 〈조건〉을 만족할 때 다음 중 항상 옳은 것은?(단, 작동하는 콘센트를 이용하는 사람의 핸드폰은 전원이 켜지고, 작동되지 않는 콘센트를 이용하는 사람의 핸드폰은 전원이 켜지지 않는다)**

〈조건〉

- 5번 콘센트는 작동되지 않고, 나머지 콘센트는 작동한다.
- B는 3번 콘센트를 사용한다.
- D는 5번 콘센트를 이용하지 않는다.
- A는 1번이나 5번 콘센트를 이용한다.
- A와 E, C와 D는 바로 옆 콘센트를 이용한다.

① C의 핸드폰에 전원이 켜지지 않는다면, E는 1번 콘센트를 이용한다.

② C가 B의 바로 옆 콘센트를 이용하면, A의 핸드폰에 전원이 켜지지 않는다.

③ E가 4번 콘센트를 이용하면, C는 B의 바로 옆 콘센트를 이용한다.

④ A의 핸드폰에 전원이 켜지지 않는다면, D는 1번 콘센트를 이용한다.

⑤ D가 2번 콘센트를 이용하면, E의 핸드폰에 전원이 켜지지 않는다.

09 가와 나 마을에 A～F가 살고 있다. 가와 나 마을에는 3명씩 살고 있으며, 가 마을 사람들은 항상 진실만을 말하고 나 마을 사람들은 항상 거짓만 말한다. F가 가 마을에 살고 있고, 다음 〈조건〉을 고려했을 때 나 마을 사람으로 옳은 것은?

〈조건〉

A : B, D 중 한 명은 가 마을이야.
C : A, E 중 한 명은 나 마을이야.

① A, B, C
② A, B, D
③ B, C, D
④ B, C, E
⑤ C, D, E

10 어느 도시에 있는 A～E병원의 공휴일 진료 현황은 다음과 같다. 공휴일에 진료하는 병원의 수는?

- 만약 B병원이 진료를 하지 않으면, A병원은 진료를 한다.
- 만약 B병원이 진료를 하면, D병원은 진료를 하지 않는다.
- 만약 A병원이 진료를 하면, C병원은 진료를 하지 않는다.
- 만약 C병원이 진료를 하지 않으면, E병원이 진료를 한다.
- E병원은 공휴일에 진료를 하지 않는다.

① 1곳
② 2곳
③ 3곳
④ 4곳
⑤ 5곳

11 A～E 다섯 명을 포함한 여덟 명이 달리기 경기를 하였다. 이에 대한 정보가 다음과 같을 때, 항상 옳은 것은?

- A와 D는 연속으로 들어왔으나, C와 D는 연속으로 들어오지 않았다.
- A와 B 사이에 3명이 있다.
- B는 일등도, 꼴찌도 아니다.
- E는 4등 또는 5등이고, D는 7등이다.
- 5명을 제외한 3명 중에 꼴찌는 없다.

① C가 3등이다.
② A가 C보다 늦게 들어왔다.
③ E가 C보다 일찍 들어왔다.
④ B가 E보다 늦게 들어왔다.
⑤ D가 E보다 일찍 들어왔다.

12 어떤 고고학 탐사대가 발굴한 네 개의 유물 A～D에 대하여 다음과 같은 사실을 알게 되었다. 발굴된 유물을 시대 순서로 오래된 것부터 나열한 것은?

- B보다 시대가 앞선 유물은 두 개다.
- C는 D보다 시대가 앞선 유물이다.
- A는 C에 비해 최근의 유물이다.
- D는 B가 만들어진 시대 이후에 제작된 유물이다.

① C－D－B－A
② C－B－D－A
③ C－D－A－B
④ C－A－B－D
⑤ C－A－D－B

13 A건설은 지방정부종합청사 건설사업과 관련한 입찰부정 의혹사건으로 감사원의 집중감사를 받았다. 감사원에서는 이 사건에 연루된 윤부장, 이과장, 김대리, 박대리, 입찰담당자 강주임을 조사하여 최종적으로 다음과 같은 결론을 내렸다. 〈조건〉이 사실이라면 이 중에서 입찰부정에 실제로 가담한 사람은?

〈조건〉

- 입찰부정에 가담한 사람은 정확히 두 명이다.
- 이과장과 김대리는 함께 가담했거나 혹은 가담하지 않았다.
- 윤부장이 가담하지 않았다면, 이과장과 입찰담당자 강주임도 가담하지 않았다.
- 박대리가 가담하지 않았다면 김대리도 가담하지 않았다.
- 박대리가 가담하였다면 입찰담당자 강주임도 분명히 가담하였다.

① 윤부장, 이과장
② 이과장, 김대리
③ 김대리, 박대리
④ 윤부장, 강주임
⑤ 이과장, 박대리

14 S사의 건물은 8층이며, 각 층에 있는 부서는 다음과 같다. 귀하가 보험료 징수와 관련하여 문의하기 위해 고객상담부에 방문하려고 한다면 몇 층으로 가야 하는가?

- 건물 1층에는 로비가 있다.
- 행정지원부는 가장 높은 층에 있다.
- 징수부가 있는 층 바로 아래에는 자격부가 있다.
- 건강관리부가 있는 층 바로 위에는 장기요양부가 있다.
- 자격부는 고객상담부보다 높은 층에 있다.
- 보험급여부는 징수부보다 높은 층에 있다.
- 행정지원부에서 3개층 아래에는 보험급여부가 있다.

① 2층
② 3층
③ 4층
④ 5층
⑤ 6층

15 C기업은 자사 제품과 경쟁사 2곳의 제품에 대해서 선호도를 조사하였다. 조사에 응한 사람은 가장 좋아하는 상품부터 1 ~ 3순위를 부여하였다. 조사 결과가 다음과 같을 때, 자사 제품에 3순위를 부여한 사람은 총 몇 명인가?

- 조사에 응한 사람은 50명이다.
- 두 상품에 동일한 순위를 매길 수 없다.
- A경쟁사 제품을 B경쟁사 제품보다 선호한 사람은 28명이다.
- B경쟁사 제품을 자사 제품보다 선호한 사람은 26명이다.
- 자사 제품을 A경쟁사 제품보다 선호한 사람은 8명이다.
- 자사 제품에 1순위를 부여한 사람은 없다.

① 14명
② 15명
③ 16명
④ 17명
⑤ 18명

16 6층짜리 주택에 A ~ F가 입주하려고 한다. 다음 규칙을 지켜야 한다고 할 때, 항상 옳은 것은?

- B와 D 중 높은 층에서 낮은 층의 수를 빼면 4이다.
- B와 F는 인접할 수 없다.
- A는 E보다 밑에 산다.
- D는 A보다 밑에 산다.
- A는 3층에 산다.

① C는 B보다 높은 곳에 산다.
② B는 F보다 높은 곳에 산다.
③ E는 F와 인접해 있다.
④ C는 5층에 산다.
⑤ A는 D보다 낮은 곳에 산다.

※ 제시된 단어의 대응 관계로 볼 때, 다음 중 빈칸에 들어가기에 가장 적절한 단어를 고르시오. [17~18]

17

간섭 : 참견 = 갈구 : (　　)

① 관여
② 개입
③ 경외
④ 관조
⑤ 열망

18

호평 : 악평 = 예사 : (　　)

① 비범
② 통상
③ 보통
④ 험구
⑤ 인기

19 다음 글을 읽고 〈보기〉의 내용으로 적절한 것을 모두 고르면?

뉴턴 역학은 갈릴레오나 뉴턴의 근대과학 이전 중세를 지배했던 아리스토텔레스의 역학관에 정면으로 반대된다. 아리스토텔레스에 의하면 물체가 똑같은 운동 상태를 유지하기 위해서는 외부에서 끝없이 힘이 제공되어야만 한다. 이렇게 물체에 힘을 제공하는 기동자가 물체에 직접적으로 접촉해야 운동이 일어난다. 기동자가 없어지거나 물체와의 접촉이 중단되면 물체는 자신의 운동 상태를 유지할 수 없다. 그러나 관성의 법칙에 의하면 외력이 없는 한 물체는 자신의 원래 운동 상태를 유지한다. 아리스토텔레스는 기본적으로 물체의 운동을 하나의 정지 상태에서 다른 정지 상태로의 변화로 이해했다. 즉, 아리스토텔레스에게는 물체의 정지 상태가 물체의 운동 상태와는 아무런 상관이 없었다. 그러나 근대 과학의 시대를 열었던 갈릴레오나 뉴턴에 의하면 물체가 정지한 상태는 운동하는 상태의 특수한 경우이다. 운동 상태가 바뀌는 것은 물체의 외부에서 힘이 가해지는 경우이다. 즉, 힘은 운동의 상태를 바꾸는 요인이다. 지금 우리는 뉴턴 역학이 옳다고 자연스럽게 생각하고 있지만 이론적인 선입견을 배제하고 일상적인 경험만 떠올리면 언뜻 아리스토텔레스의 논리가 더 그럴듯하게 보일 수도 있다.

〈보기〉

ㄱ. 뉴턴 역학은 적절하지 않으므로, 아리스토텔레스의 역학관을 따라야 한다.
ㄴ. 아리스토텔레스는 '외부에서 힘이 작용하지 않으면 운동하는 물체는 계속 그 상태로 운동하려 하고, 정지한 물체는 계속 정지해 있으려고 한다.'고 주장했다.
ㄷ. 뉴턴이나 갈릴레오 또한 당시에는 아리스토텔레스의 논리가 옳다고 판단하였다.
ㄹ. 아리스토텔레스는 정지와 운동을 별개로 보았다.

① ㄴ
② ㄹ
③ ㄱ, ㄷ
④ ㄴ, ㄹ
⑤ ㄱ, ㄴ, ㄷ

20 다음 글의 주장에 대한 비판으로 가장 적절한 것은?

사회 현상을 볼 때는 돋보기로 세밀하게, 그리고 때로는 멀리 떨어져서 전체 속에 어떻게 위치하고 있는가를 동시에 봐야 한다. 숲과 나무는 서로 다르지만 따로 떼어 생각할 수 없기 때문이다. 현대 사회 현상의 최대 쟁점인 과학 기술에 대해 평가할 때도 마찬가지이다. 로봇 탄생의 숲을 보면, 그 로봇 개발에 투자한 사람과 로봇을 개발한 사람들의 의도가 드러난다. 그리고 나무인 로봇을 세밀히 보면, 그 로봇이 생산에 이용되는지 아니면 감옥의 죄수들을 감시하기 위한 것인지 그 용도를 알 수가 있다. 이 광범한 기술의 성격을 객관적이고 물질적이어서 가치관이 없다고 쉽게 생각하면 로봇에 당하기 십상이다.
자동화는 자본주의의 실업을 늘려 실업자에 대해 생계의 위협을 가하는 측면뿐 아니라, 기존 근로자에 대한 감시를 더욱 효율적으로 해내는 역할도 수행한다. 자동화를 적용하는 기업 측에서는 자동화가 인간의 삶을 증대시키는 이미지로 일반 사람들에게 인식되기를 바란다. 그래야 자동화 도입에 대한 노동자의 반발을 무마하고 기업가의 구상을 관철시킬 수 있기 때문이다. 그러나 자동화나 기계화 도입으로 인해 실업을 두려워하고, 업무 내용이 바뀌는 것을 탐탁해 하지 않았던 유럽의 노동자들은 자동화 도입에 대해 극렬히 반대했던 경험들을 갖고 있다.
지금도 자동화·기계화는 좋은 것이라는 고정관념을 가진 사람들이 많고, 현실에서 이러한 고정관념이 가져오는 파급 효과는 의외로 크다. 예를 들어 은행에 현금을 자동으로 세는 기계가 등장하면 은행원들이 현금을 세는 작업량은 줄어든다. 손님들도 기계가 현금을 재빨리 세는 것을 보고 감탄해 하면서 행원이 세는 것보다 더 많은 신뢰를 보낸다. 그러나 현금 세는 기계의 도입에는 이익 추구라는 의도가 숨어 있다. 현금 세는 기계는 행원의 수고를 덜어 준다. 그러나 현금 세는 기계를 들여옴으로써 실업자가 생기고 만다. 사람이 잘만 이용하면 잘 써먹을 수 있을 것만 같은 기계가 엄청나게 혹독한 성품을 지닌 프랑켄슈타인으로 돌변하는 것이다.
자동화와 정보화를 추진하는 핵심 조직이 기업이란 것에서도 알 수 있듯이 기업은 이윤 추구에 도움이 되지 않는 행위는 무가치하다고 판단한다. 그러므로 자동화는 그 계획 단계에서부터 기업의 의도가 스며들어가 탄생된다. 또한 그 의도대로 자동화나 정보화가 진행되면, 다른 한편으로 의도하지 않은 결과를 초래한다. 자동화와 같은 과학 기술이 풍요를 생산하는 수단이라고 생각하는 것은 하나의 고정관념에 불과하다.
채플린이 제작한 영화 '모던 타임즈'에 나타난 것처럼 초기 산업화 시대에는 기계에 종속된 인간의 모습이 가시적으로 드러날 수밖에 없었다. 그래서 이러한 종속에 저항하고자 하는 인간의 노력도 적극적인 모습을 보였다. 그러나 현대의 자동화기기는 그 첨병이 정보 통신기기로 바뀌면서 문제는 질적으로 달라진다. 무인 생산까지 진전된 자동화나 정보 통신화는 인간에게 단순 노동을 반복시키는 그런 모습을 보이지 않는다. 그래서인지는 몰라도 정보 통신은 별 무리 없이 어느 나라에서나 급격하게 개발·보급되고 보편화되어 있다. 그런데 문제는 이 자동화기기가 생산에만 이용되는 것이 아니라, 노동자를 감시하거나 관리하는 데도 이용될 수 있다는 것이다. 오히려 정보 통신의 발달로 이전보다 사람들은 더 많은 감시와 통제를 받게 되었다.

① 기업의 이윤 추구가 사회 복지 증진과 직결될 수 있음을 간과하고 있어.
② 기계화·정보화가 인간의 삶의 질 개선에 기여하고 있음을 경시하고 있어.
③ 기계화를 비판하는 주장만 되풀이할 뿐, 구체적인 근거를 제시하지 않고 있어.
④ 화제의 부분적 측면에 관계된 이론을 소개하여 편향적 시각을 갖게 하고 있어.
⑤ 현대의 기술 문명이 가져다 줄 수 있는 긍정적인 측면을 과장하여 강조하고 있어.

21 다음 글의 내용이 참일 때 항상 거짓인 것은?

별도로 제작된 디자인 설계 도면을 바탕으로 소재를 얇게 적층하여 3차원의 입체 형상을 만들어내는 3D프린터는 오바마 대통령의 국정 연설에서도 언급되며 화제를 일으키기도 했다. 단순한 형태의 부품부터 가구, 치아, 심지어 크기만 맞으면 자동차까지 인쇄할 수 있는 3D프린터는 의학 분야에서도 역시 활용되고 있다. 인간의 신체 일부를 찍어낼 수 있는 의료용 3D바이오프린팅 시장은 이미 어느 정도 주류로 자리 잡고 있다. 뼈나 장기가 소실된 환자에게 유기물로 3D프린팅 된 신체를 대체시키는 기술은 연구개발과 동시에 상용화에도 박차를 가하고 있는 상황이다. 그리고 이러한 의료용 3D프린팅 기술 중에는 사람의 피부를 3D프린터로 인쇄하는 것도 있다. 화상이나 찰과상, 자상 등에 의해 피부 세포가 죽거나 소실되었을 때 인공 피부를 직접 사람에게 인쇄하는 방식이다.

이 인공 피부를 직접 사람에게 인쇄하기 위해서는 마찬가지로 살아 있는 잉크, 즉 '바이오 잉크'가 필요한데, 피부 세포와 콜라겐, 섬유소 등으로 구성된 바이오 잉크는 거부 반응으로 인한 괴사 등의 위험을 해결하기 위해 자기유래세포를 사용한다. 이처럼 환자의 피부 조직을 배양해 만든 배양 피부를 바이오 잉크로 쓰면 본인의 세포에서 유래된 만큼 거부 반응을 최소화할 수 있다는 장점이 있다.

물론 의료용 3D프린팅 기술에도 해결해야 할 문제는 존재한다. 3D프린팅 기술을 통한 피부이식에 대한 안전성 검증에는 많은 비용과 시간, 인내가 필요함에 따라 결과 도출에 오랜 시간이 걸릴 것으로 예상되며, 이 과정에서 장기 이식 및 전체적 동식물 유전자 조작에 대한 부정적 견해를 유발할 수 있을 것으로 우려되기 때문이다.

① 3D프린터는 재료와 그 크기에 따라 다양한 사물을 인쇄할 수 있다.
② 3D프린터 기술이 발전한다면 장기기증자를 기다리지 않아도 될 것이다.
③ 피부를 직접 환자에게 인쇄하기 위해서는 별도의 잉크가 필요하다.
④ 같은 바이오 잉크라 해도 환자에 따라 거부 반응이 발생할 여지가 있다.
⑤ 자칫 장기 이식 및 선택적 동식물 유전자 조작에 대한 부정적 견해를 유발할 수 있다.

22 다음 글에서 추론할 수 있는 내용으로 가장 적절한 것은?

> 무선으로 전력을 주고받으면, 전원을 직접 연결하는 유선보다 효율은 떨어지지만 전자 제품을 자유롭게 이동하며 사용할 수 있는 장점이 있다. 이처럼 무선으로 전력을 주고받을 수 있도록 전자기를 활용하여 전기를 공급하거나 이용하는 기술이 무선 전력 전송 방식인데 대표적으로 '자기 유도 방식'과 '자기 공명 방식' 두 가지를 들 수 있다.
> 자기 유도 방식은 변압기의 원리와 유사하다. 변압기는 네모 모양의 철심 좌우에 코일을 감아, 1차 코일에 '+, −' 극성이 바뀌는 교류 전류를 보내면 마치 자석을 운동시켜서 자기장을 형성하는 것처럼 1차 코일에서도 자기장을 형성한다. 이 자기장에 의해 2차 코일에 전류가 만들어지는데 이 전류를 유도전류라 한다. 변압기는 자기장의 에너지를 잘 전달할 수 있는 철심이 있으나, 자기 유도 방식은 철심이 없이 무선 전력 전송을 하는 것이다.
> 이러한 자기 유도 방식은 전력 전송 효율이 90% 이상으로 매우 높다는 장점이 있다. 하지만 1차 코일에 해당하는 송신부와 2차 코일에 해당하는 수신부가 수 센티미터 이상 떨어지거나 송신부와 수신부의 중심이 일치하지 않게 되면 전력 전송 효율이 급격히 저하된다는 문제점이 있다. 휴대전화 같은 경우, 충전 패드에 휴대전화를 올려놓는 방식으로 거리 문제를 해결하고 충전 패드 전체에 코일을 배치하여 송수신부 간 전송 효율을 높임으로써 무선 충전이 가능하도록 하였다. 다만 휴대전화는 직류 전류를 사용하기 때문에 1차 코일로부터 2차 코일에 유도된 교류 전류를 직류 전류로 변환해 주는 정류기가 충전 단계 전에 필요하다.
> 두 번째 전송 방식은 자기 공명 방식이다. 다양한 소리굽쇠 중에 하나를 두드리면 동일한 고유 진동수를 가지는 소리굽쇠가 같이 진동하는 물리적 현상이 공명이다. 자기장에 공명이 일어나도록 1차 코일과 공진기를 설계하여 공진 주파수를 만든다. 이후 2차 코일과 공진기를 설계하여 공진 주파수가 전달되도록 하는 것이 자기 공명 방식의 원리이다.
> 이러한 특성으로 인해 자기 공명 방식은 자기 유도 방식과 달리 수 미터 가량 근거리 전력 전송이 가능하다는 장점이 있다. 이 방식이 상용화된다면, 송신부와 공명되는 여러 전자 제품을 전원을 연결하지 않아도 사용할 수 있거나 충전할 수 있다. 그러나 실험 단계의 코일 크기로는 일반 가전제품에 적용할 수 없으므로 코일을 소형화해야 할 필요가 있다. 따라서 이를 해결하기 위한 연구가 필요하다.

① 자기 유도 방식은 변압기의 핵심인 유도 전류와 철심을 이용한 방식이다.

② 자기 유도 방식을 사용하면 무선 전력 전송임에도 어떠한 환경에서든 유실되는 전력이 많이 없다는 장점이 있다.

③ 휴대전화와 자기 유도 방식의 '2차 코일'은 모두 직류 전류 방식이다.

④ 자기 공명 방식에서 2차 코일은 공진 주파수를 생성하는 역할을 한다.

⑤ 자기 공명 방식에서 해결이 시급한 것은 전력을 생산하는데 필요한 코일의 크기가 너무 크다는 것이다.

23 다음 제시문을 토대로 〈보기〉를 바르게 해석한 것은?

1930년대 대공황 상황에서 케인스는 당시 영국과 미국에 만연한 실업의 원인을 총수요의 부족이라고 보았다. 그는 총수요가 증가하면 기업의 생산과 고용이 촉진되고 가계의 소득이 늘어 경기를 부양할 수 있다고 주장했다. 따라서 정부의 재정정책을 통해 총수요를 증가시킬 필요성을 제기하였다.
케인스는 총수요를 늘리기 위해서 총수요 중 많은 부분을 차지하는 가계의 소비에 주목하였고, 소비는 소득과 밀접한 관련이 있다고 생각하였다. 케인스는 절대소득가설을 내세워, 소비를 결정하는 요인들 중에서 가장 중요한 것은 현재의 소득이라고 하였다. 그리고 소득이 없더라도 생존을 위해 꼭 필요한 소비인 기초소비가 존재하며, 소득이 증가함에 따라 일정 비율로 소비도 증가한다고 주장하였다. 이러한 절대소득가설은 1950년대까지 대표적인 소비결정이론으로 사용되었다.
그러나 쿠즈네츠는 절대소득가설로는 설명하기 어려운 소비 행위가 이루어지고 있음에 주목하였다. 쿠즈네츠는, 미국에서 장기간에 걸쳐 일어난 각 가계의 실제 소비 행위를 분석한 결과 저소득층의 소득 중 소비가 차지하는 비율이 고소득층보다 높다는 것을 발견하였다. 이러한 실증 분석 결과는 절대소득가설로는 명확히 설명하기 어려운 것이었다.
이러한 현상을 설명하기 위해 프리드만은 소비는 장기적인 기대소득으로서의 항상소득에 의존한다는 항상소득가설을 내세웠다. 프리드만은 실제로 측정되는 소득을 실제소득이라 하고, 실제소득은 항상소득과 임시소득으로 구성된다고 보았다. 항상소득이란 평생 동안 벌어들일 것으로 기대되는 소득의 매기 평균 또는 장기적 평균 소득이다. 임시소득은 장기적으로 예견되지 않은 일시적인 소득으로서 양(+)일 수도, 음(−)일 수도 있다. 프리드만은 소비가 임시소득과는 아무런 상관관계가 없고 오직 항상소득에만 의존한다고 보았으며, 임시소득의 대부분은 저축된다고 설명했다. 사람들은 월급과 같이 자신이 평균적으로 벌어들이는 돈을 고려하여 소비를 하지, 예상치 못한 복권 당첨이나 주가 하락에 의한 손실을 고려하여 소비하지는 않는다는 것이다.
항상소득가설을 바탕으로 프리드만은 쿠즈네츠가 발견한 현상을, 단기적인 소득의 증가는 임시소득이 증가한 것에 해당하므로 소비가 늘어나지 않은 것이라고 설명하였다. 항상소득가설에 따른다면 소비를 늘리기 위해서는 단기적인 재정 정책보다 장기적인 재정 정책을 펴는 것이 바람직하다. 가령 정부가 일시적으로 세금을 줄여 가계의 소득을 증가시키고 그에 따른 소비 진작을 기대한다 해도 가계는 일시적인 소득의 증가를 항상소득의 증가로 받아들이지 않아 소비를 늘리지 않기 때문이다.

〈보기〉

코로나로 인해 위축된 경제 상황을 극복하기 위해, 정부는 소득 하위 80% 국민에게 1인당 25만 원의 재난지원금을 지급하기로 하였다.

① 케인즈에 따르면, 재난지원금은 일시적 소득으로 대부분 저축될 것이다.
② 케인즈에 따르면, 재난지원금과 같은 단기적 재정정책보다는 장기적인 재정정책을 펴야 한다고 주장할 것이다.
③ 프리드만에 따르면, 재난지원금을 받은 국민들은 늘어난 소득만큼 소비를 늘릴 것이다.
④ 프리드만에 따르면, 재난지원금은 생존에 꼭 필요한 기초소비 비중을 늘릴 것이다.
⑤ 프리드만에 따르면, 재난지원금은 항상소득이 아니기 때문에 소비에 영향을 주지 않을 것이다.

※ 다음 제시된 도형의 규칙을 보고 물음표에 들어갈 도형으로 적절한 것을 고르시오. **[24~26]**

24

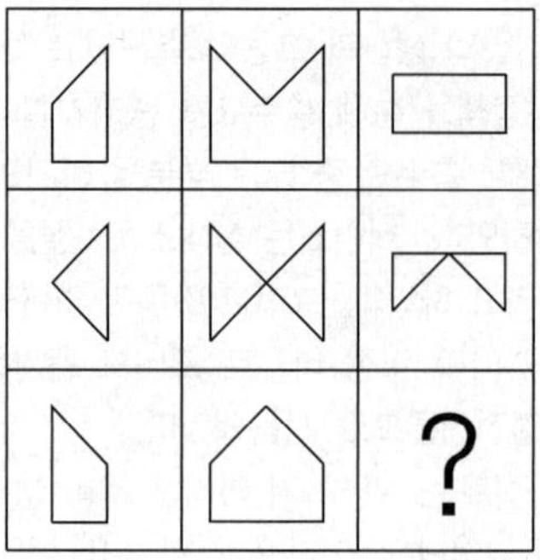

?

①

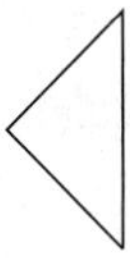

②

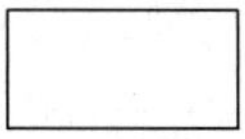

③

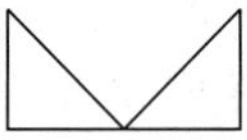

④

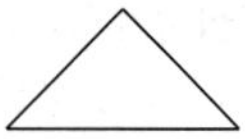

⑤

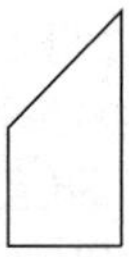

25

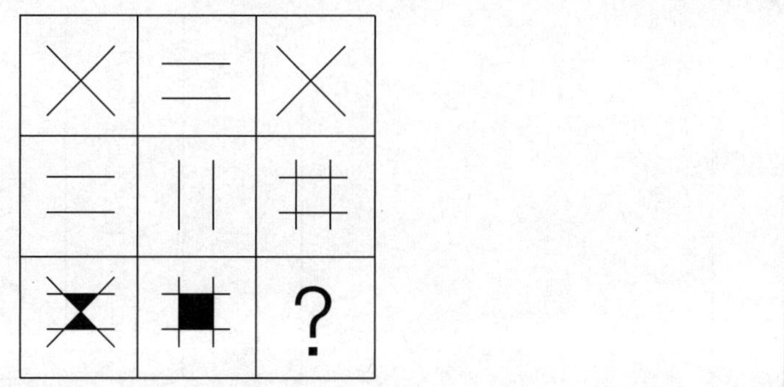

① 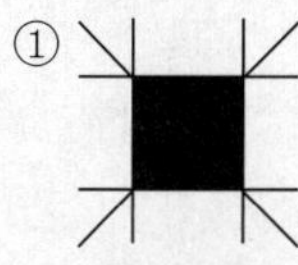

② 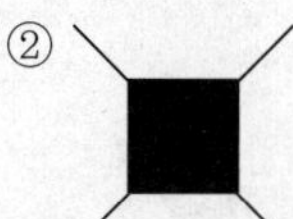

③ 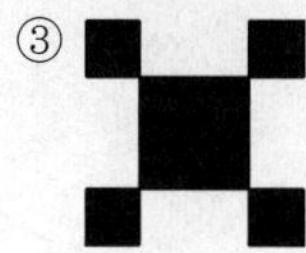

④ 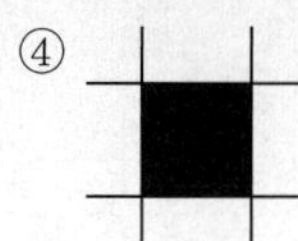

⑤ 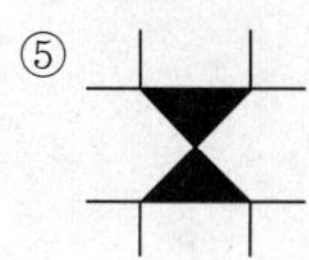

26

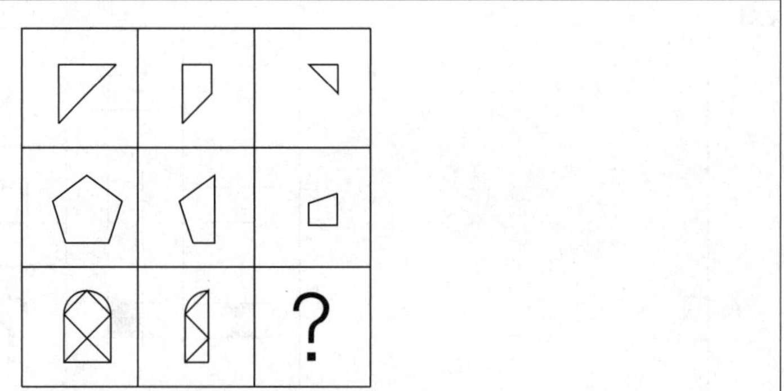

① 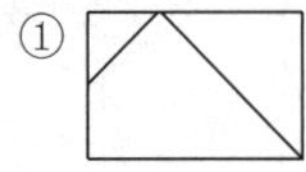

② 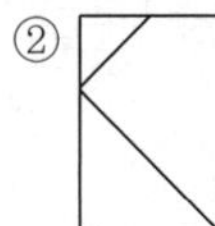

③ 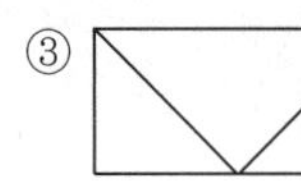

④ 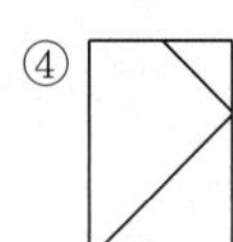

⑤ 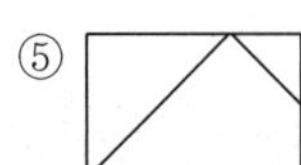

※ 다음 도식에서 기호들은 일정한 규칙에 따라 문자를 변화시킨다. 물음표에 들어갈 적절한 문자를 고르시오 (단, 규칙은 가로와 세로 중 한 방향으로만 적용된다). **[27~30]**

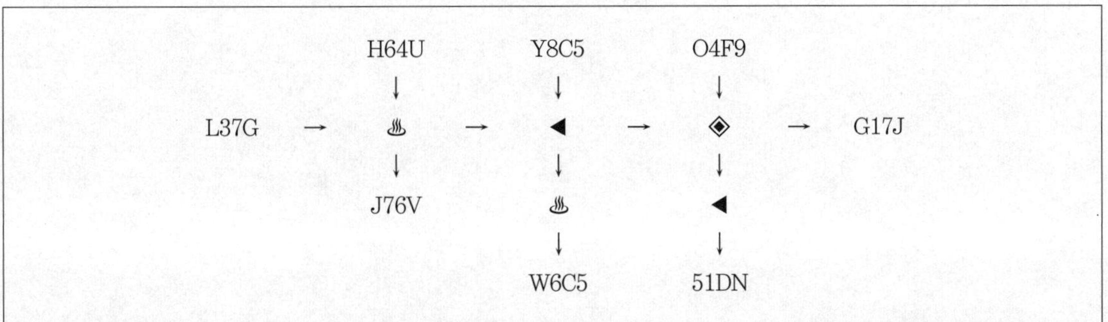

27

S4X8 → ♨ → ◈ → ?

① 37YT
② YT37
③ 95ZU
④ 5Z9U
⑤ Y73T

28

W53M → ◀ → ◈ → ?

① L12S
② M32P
③ L21S
④ MP32
⑤ 3M2P

29

T83I → ♨ → ◀ → ?

① H52Q
② Q52H
③ R63I
④ 63SI
⑤ 6S3I

30

6SD2 → ◀ → ◈ → ♨ → ?

① 34RE
② 4R3E
③ D43R
④ R4D3
⑤ 3QD3

3권

제1회
온라인 GSAT
삼성직무적성검사

〈문항 수 및 시험시간〉

평가 영역	문항 수	시험시간	도서 동형 온라인 모의고사 쿠폰번호
수리	20문항	30분	**APBP-00000-116DD**
추리	30문항	30분	

온라인 GSAT 삼성직무적성검사

※ 문제를 풀기 전에 문제풀이 용지를 다운받아 인쇄하여 실제 시험에 응시하는 것처럼 연습하기 바랍니다.

〈문제풀이 용지 다운받는 방법〉

▶ SD에듀 도서 홈페이지 접속(www.sdedu.co.kr/book)

▶ 상단 카테고리 「도서업데이트」 클릭

▶ 「온라인 GSAT 문제풀이 용지」 검색 후 다운로드

제 1 영역 수리

01 스페이드, 하트, 다이아몬드 무늬의 카드가 각각 4장, 3장, 5장 들어 있는 상자에서 동시에 3장의 카드를 꺼낼 때, 두 가지 이상의 무늬의 카드가 나올 확률은?

① $\frac{37}{44}$ ② $\frac{19}{22}$

③ $\frac{39}{44}$ ④ $\frac{10}{11}$

⑤ $\frac{41}{44}$

02 10명의 학생들이 모여 줄넘기 대회를 진행하려고 한다. 경기 방식을 리그전과 토너먼트 방식 두 가지로 진행하려고 할 때, 우승자가 나올 때까지 진행해야 하는 리그전과 토너먼트 전의 경기 수의 차는?(단, 동점자는 없고, 반드시 승패가 가려진다)

① 30회 ② 32회

③ 36회 ④ 40회

⑤ 45회

03 다음은 지역별 가구의 PC 보유율에 대한 통계자료이다. 자료를 해석한 것으로 옳지 않은 것은?

〈지역별 가구의 PC 보유율〉

(단위 : %)

구분	2018년	2019년	2020년	2021년	2022년
서울	88.7	89.0	86.9	83.7	82.5
부산	84.7	84.5	81.6	79.0	76.4
대구	81.6	81.5	81.1	76.9	76.0
인천	86.9	86.4	83.6	84.7	81.8
광주	84.4	85.2	82.8	83.2	80.0
대전	85.4	86.1	83.7	82.5	79.9
울산	87.7	88.0	87.1	85.6	88.3
경기	86.2	86.5	86.6	85.4	84.6
강원	77.2	78.2	67.0	64.3	62.5
충청	72.9	74.3	73.3	69.1	66.7
전라	69.3	71.3	67.8	65.6	65.7
경상	70.2	71.7	71.4	67.8	67.7
제주	77.4	79.1	78.3	76.2	74.9

① 대구 지역의 PC 보유율은 2018년 이래 지속 감소하고 있다.

② 광주 지역의 PC 보유율은 2018년 이래 증가와 감소가 반복되고 있다.

③ 전 기간 중 가장 낮은 PC 보유율을 기록한 지역은 강원 지역이다.

④ 충청 · 전라 지역의 PC 보유율 변화 양상은 동일하다.

⑤ 2019년 두 번째로 낮은 PC 보유율을 보인 지역은 경상 지역이다.

04 다음은 연도별 국가지정문화재 현황에 대한 표이다. 〈보기〉 중 이에 대한 설명으로 옳은 것을 모두 고르면?

〈연도별 국가지정문화재 현황〉

(단위 : 건)

구분	2017년	2018년	2019년	2020년	2021년	2022년
합계	3,385	3,459	3,513	3,583	3,622	3,877
국보	314	315	315	315	317	328
보물	1,710	1,758	1,774	1,813	1,842	2,060
사적	479	483	485	488	491	495
명승	82	89	106	109	109	109
천연기념물	422	429	434	454	455	456
국가무형문화재	114	116	119	120	122	135
중요민속문화재	264	269	280	284	286	294

〈보기〉

ㄱ. 2018년에서 2022년까지 전년 대비 전체 국가지정문화재가 가장 많이 증가한 해는 2022년이다.

ㄴ. 국보 문화재는 2017년보다 2022년에 지정된 건수가 증가했으며, 전체 국가지정문화재에서 차지하는 비중 또한 증가했다.

ㄷ. 2017년 대비 2022년 국가지정문화재 건수의 증가율이 가장 높은 문화재 종류는 명승 문화재이다.

ㄹ 조사기간 중 사적 문화재 지정 건수는 매해 국가무형문화재 지정 건수의 4배가 넘는 수치를 보이고 있다.

① ㄱ, ㄴ

② ㄱ, ㄷ

③ ㄴ, ㄷ

④ ㄴ, ㄹ

⑤ ㄷ, ㄹ

05 다음은 S사의 모집단위별 지원자 수 및 합격자 수를 나타낸 표이다. 이에 대한 설명 중 옳지 않은 것은?

〈모집단위별 지원자 수 및 합격자 수〉

(단위 : 명)

모집단위	남성		여성		합계	
	합격자 수	지원자 수	합격자 수	지원자 수	모집정원	지원자 수
A	512	825	89	108	601	933
B	353	560	17	25	370	585
C	138	417	131	375	269	792
합계	1,003	1,802	237	508	1,240	2,310

※ $(경쟁률)=\frac{(지원자\ 수)}{(모집정원)}$

① 세 개의 모집단위 중, 총 지원자 수가 가장 많은 집단은 A이다.

② 세 개의 모집단위 중, 합격자 수가 가장 적은 집단은 C이다.

③ S사의 남자 합격자 수는 여자 합격자 수의 5배 이상이다.

④ B집단의 경쟁률은 $\frac{117}{74}$이다.

⑤ 세 개의 모집단위 모두 남성 지원자 수가 여성 지원자 수보다 많다.

06 다음은 S사의 2018년부터 2022년까지 부채현황에 대한 표이다. 〈보기〉의 직원 중 다음 부채현황에 대해 옳은 설명을 한 사람을 모두 고르면?

〈S사 부채현황〉

(단위 : 백만 원)

구분	2018년	2019년	2020년	2021년	2022년
자산	40,544	41,968	44,167	44,326	45,646
자본	36,642	38,005	39,295	40,549	41,800
부채	3,902	3,963	4,072	3,777	3,846
금융부채	–	–	–	–	–
연간이자	–	–	–	–	–
부채비율	10.7%	10.4%	10.4%	9.3%	9.2%
당기순이익	1,286	1,735	1,874	1,902	1,898

〈보기〉

- 김대리 : 2019년부터 2021년까지 당기순이익과 부채의 전년 대비 증감 추이는 동일해.
- 이주임 : 2021년 부채의 전년 대비 감소율은 10% 미만이다.
- 최주임 : 2020년부터 2022년까지 부채비율은 전년 대비 매년 감소했어.
- 박사원 : 자산 대비 자본의 비율은 2021년에 전년 대비 증가했어.

① 김대리, 이주임
② 김대리, 최주임
③ 이주임, 최주임
④ 이주임, 박사원
⑤ 최주임, 박사원

07 다음은 김포공항의 2021년과 2022년 에너지 소비량 및 온실가스 배출량에 대한 표이다. 〈보기〉의 설명 중 이에 대한 설명으로 옳은 것을 모두 고르면?

〈김포공항 에너지 소비량〉

(단위 : TOE)

구분	에너지 소비량									
	합계	건설 부문				이동 부문				
		소계	경유	도시 가스	수전 전력	소계	휘발유	경유	도시 가스	천연 가스
2021년	11,658	11,234	17	1,808	9,409	424	25	196	13	190
2022년	17,298	16,885	58	2,796	14,031	413	28	179	15	191

〈김포공항 온실가스 배출량〉

(단위 : 톤CO_2eq)

구분	온실가스 배출량				
	합계	고정 연소	이동 연소	공정 배출	간접 배출
2021년	30,823	4,052	897	122	25,752
2022년	35,638	6,121	965	109	28,443

〈보기〉

ㄱ. 에너지 소비량 중 이동 부문에서 경유가 차지하는 비중은 2022년에 전년 대비 10%p 이상 감소하였다.
ㄴ. 건설 부문의 도시가스 소비량은 2022년에 전년 대비 30% 이상 증가하였다.
ㄷ. 2022년 온실가스 배출량 중 간접 배출이 차지하는 비중은 2021년 온실가스 배출량 중 고정 연소가 차지하는 비중의 5배 이상이다.

① ㄱ
② ㄴ
③ ㄱ, ㄷ
④ ㄴ, ㄷ
⑤ ㄱ, ㄴ, ㄷ

08 다음은 반도체 항목별 EBSI 현황이며, 분기마다 직전분기를 기준(100)으로 계산한 EBSI 표이다. 이에 대한 설명으로 옳은 것은?

EBSI(수출산업경기전망지수)란 수출산업의 경기동향과 관련있는 수출상담, 계약, 수출단가, 수출채산성 등 15개 항목에 대해 설문조사를 실시해 수출업계의 체감경기를 파악하는 경기지표이다. 지수가 100을 상회하면 기업들이 향후 수출여건이 지금보다 개선될 것으로 전망한다는 뜻이다.

〈분기별 반도체 항목별 EBSI 현황〉

항목별	2021년 1분기	2021년 2분기	2021년 3분기	2021년 4분기	2022년 1분기
수출상담	95.7	92.3	101.0	98.4	113.5
수출계약	95.7	96.7	100.9	95.1	138.7
수출상품제조원가	99.6	104.4	99.3	89.9	100.1
수출단가	98.8	103.8	99.3	81.6	74.2
수출채산성	99.2	103.3	99.6	76.5	126.9
수출국경기	95.4	89.5	100.9	97.0	111.6
국제수급상황	95.0	85.9	99.4	73.9	137.8
수입규제, 통상마찰	143.0	100.9	98.8	55.2	140.8
설비가동률	99.8	114.6	101.5	92.3	150.6
자금사정	98.7	111.4	101.0	83.0	112.7

① 기업들은 2021년 3분기까지 국제수급상황이 개선되다가 2021년 4분기에 악화될 것이라고 전망한다.

② 기업들은 2021년 4분기 대비 2022년 1분기의 자금사정이 악화될 것이라고 생각한다.

③ 기업들은 2021년 1분기부터 2022년 1분기까지 수출단가가 계속해서 악화될 것이라고 생각한다.

④ 기업들은 2021년 1분기부터 2022년 1분기까지 전분기 대비 수출채산성이 매분기 악화와 개선을 반복할 것이라고 전망한다.

⑤ 기업들은 2020년 4분기 대비 2021년 2분기의 수출국경기가 더 안 좋아질 것이라고 전망한다.

09 다음은 주요 10개국의 주요 지표에 대한 표이다. 이에 대한 설명 중 옳은 것은?

〈국가별 주요 지표〉

(단위 : %)

구분	인간개발지수	최근 국회의원 선거 투표율	GDP 대비 공교육비 비율	인터넷 사용률	1인당 GDP(달러)
벨기에	0.896	92.5	6.4	85	41,138
불가리아	0.794	54.1	3.5	57	16,956
칠레	0.847	49.3	4.6	64	22,145
도미니카공화국	0.722	69.6	2.1	52	13,375
이탈리아	0.887	75.2	4.1	66	33,587
대한민국	0.901	58.0	4.6	90	34,387
라트비아	0.830	58.9	4.9	79	22,628
멕시코	0.762	47.7	5.2	57	16,502
노르웨이	0.949	78.2	7.4	97	64,451
러시아	0.804	60.1	4.2	73	23,895

① 인터넷 사용률이 60% 미만인 나라의 수와 최근 국회의원 선거 투표율이 50% 이하인 나라의 수는 같다.
② GDP 대비 공교육비 비율이 가장 낮은 나라는 최근 국회의원 선거 투표율도 가장 낮다.
③ 대한민국은 GDP 대비 공교육비 비율 하위 3개국 중 하나이다.
④ 1인당 GDP가 가장 높은 국가는 인간개발지수도 가장 높다.
⑤ GDP 대비 공교육비 비율과 인터넷 사용률이 높은 국가 순위에서 각 1～3위는 같다.

10 다음은 연령별 남녀 유권자 수 및 투표율 현황을 지역별로 조사한 표이다. 이에 대한 설명으로 옳은 것은? (단, 비율은 소수점 둘째 자리에서 반올림한다)

〈연령별 남녀 유권자 수 및 투표율 현황〉

(단위 : 천 명)

구분		10대	20대	30대	40대	50대 이상	전체
지역	성별						
서울	남성	28(88%)	292(72%)	442(88%)	502(94%)	481(88%)	1,745
	여성	22(75%)	300(78%)	428(82%)	511(96%)	502(93%)	1,763
경기	남성	24(78%)	271(69%)	402(92%)	448(79%)	482(78%)	1,627
	여성	21(82%)	280(88%)	448(95%)	492(85%)	499(82%)	1,740
인천	남성	23(84%)	302(92%)	392(70%)	488(82%)	318(64%)	1,523
	여성	20(78%)	288(88%)	421(86%)	511(98%)	302(58%)	1,542
충청	남성	12(82%)	182(78%)	322(78%)	323(83%)	588(92%)	1,427
	여성	15(92%)	201(93%)	319(82%)	289(72%)	628(98%)	1,452
전라	남성	11(68%)	208(94%)	221(68%)	310(76%)	602(88%)	1,352
	여성	10(72%)	177(88%)	284(92%)	321(84%)	578(76%)	1,370
경상	남성	8(71%)	158(76%)	231(87%)	277(88%)	602(91%)	1,276
	여성	9(73%)	182(83%)	241(91%)	269(83%)	572(82%)	1,273
제주	남성	4(76%)	102(88%)	118(69%)	182(98%)	201(85%)	607
	여성	3(88%)	121(94%)	120(72%)	177(95%)	187(79%)	608
전체		210	3,064	4,389	5,100	6,542	19,305

※ 투표율은 해당 유권자 중 투표자의 비율임

① 남성 유권자 수가 다섯 번째로 많은 지역의 20대 투표자 수는 35만 명 이하이다.

② 지역 유권자가 가장 적은 지역의 유권자 수는 전체 지역 유권자 수에서 6% 미만을 차지한다.

③ 전 지역의 50대 이상 유권자 수가 모든 연령대의 유권자 수에서 차지하는 비율은 30% 이상 35% 미만이다.

④ 20대 여성투표율이 두 번째로 높은 지역의 20대 여성 유권자 수는 20대 남성 유권자 수의 1.2배 이상이다.

⑤ 인천의 여성투표율이 세 번째로 높은 연령대와 같은 연령대의 경상 지역 남녀 투표자 수는 남성이 여성보다 많다.

11 다음은 2021 ~ 2022년 상품군별 온라인쇼핑 거래액을 정리한 표이다. 이에 대한 해석으로 옳지 않은 것을 〈보기〉에서 모두 고르면?(단, 소수점 둘째 자리에서 반올림한다)

〈상품군별 온라인쇼핑 거래액〉

(단위 : 억 원, %)

구분	2021년		2022년		전년 동월 대비	
	연간	7월	6월	7월	증감액	증감률
가전	203,242	17,037	21,019	20,494	3,457	20.3
컴퓨터 및 주변기기	57,542	4,401	5,351	6,089	1,688	38.4
가전·전자·통신기기	145,700	12,636	15,668	14,405	1,769	14.0
식품	169,629	13,572	18,652	20,608	7,036	51.8
음·식료품	134,287	10,897	14,502	15,987	5,090	46.7
농축수산물	35,342	2,675	4,150	4,621	1,946	72.7
생활	157,777	12,588	19,231	18,588	6,000	47.7
생활용품	100,461	8,245	11,752	12,201	3,956	48.0
자동차 및 자동차용품	13,324	961	2,597	1,570	609	63.4
가구	34,756	2,616	4,002	3,856	1,240	47.4
애완용품	9,236	766	880	961	195	25.5
서비스	338,997	29,929	22,971	26,503	−3,426	−11.4
여행 및 교통서비스	174,759	16,060	5,980	7,779	−8,281	−51.6
문화 및 레저서비스	22,127	1,955	432	630	−1,325	−67.8
e쿠폰서비스	33,239	2,785	3,092	3,321	536	19.2
음식서비스	97,328	8,287	12,524	13,780	5,493	66.3
기타서비스	11,544	842	943	993	151	17.9

※ 전년 동월 대비는 2021년 7월 대비 2022년 7월 비율을 나타냄

※ '가전, 식품, 생활, 서비스'는 상품군이며, 그 아래 항목을 '하위 항목 상품'이라 함

〈보기〉

ㄱ. 2021년 7월의 온라인쇼핑 거래액이 1조 원 이상인 하위 항목 상품 중에서 전년 동월 대비 2022년 7월 거래액이 감소율을 나타낸 상품은 1가지이다.

ㄴ. 2022년 7월 서비스 상품군 온라인쇼핑 거래액의 전월 대비 증감률은 생활 상품군 온라인쇼핑 거래액의 전월 대비 증감률의 5배 이상이다.

ㄷ. 가전과 식품 상품군에서 각각 2021년 동안 온라인쇼핑 거래액의 30% 미만인 하위 항목 상품들의 2022년 6월 온라인쇼핑 총 거래액은 1조 원을 넘는다.

ㄹ. 하위 항목 상품 중에서 전년 동월 대비 2022년 7월 온라인쇼핑 거래액 증감액이 가장 적은 상품은 서비스 상품군에 속한다.

① ㄱ, ㄴ

② ㄴ, ㄷ

③ ㄱ, ㄷ

④ ㄴ, ㄹ

⑤ ㄷ, ㄹ

※ 다음은 2021년과 2022년에 창업한 기업 수를 업종 및 성별에 따라 정리한 표이다. 이를 보고 이어지는 질문에 답하시오. **[12~13]**

〈업종 및 성별에 따른 창업 기업 수〉

(단위 : 개)

업종	성별	2021년		2022년	
		법인	개인	법인	개인
합계	소계	101,717	1,241,899	108,836	1,175,649
	남성	76,081	635,462	79,709	609,292
	여성	25,636	606,437	29,127	566,357
농업·임업·어업·광업	소계	2,359	8,347	2,648	9,339
	남성	1,911	6,043	2,086	6,762
	여성	448	2,304	562	2,577
제조업	소계	15,256	42,037	14,778	37,509
	남성	12,190	27,896	11,604	24,702
	여성	3,066	14,141	3,174	12,807
전기, 가스, 증기 및 공기 조절 공급업	소계	2,954	33,803	1,163	26,565
	남성	2,023	19,214	833	17,265
	여성	931	14,589	330	9,300
건설업	소계	9,324	58,071	9,631	56,647
	남성	6,746	43,024	6,810	41,933
	여성	2,578	15,047	2,821	14,714
서비스업	소계	71,824	1,099,641	80,616	1,045,589
	남성	53,211	539,285	58,376	518,630
	여성	18,613	560,356	22,240	526,959

※ 법인의 경우, 성별은 대표자의 성별을 의미함

※ 창업 기업 수가 많을수록 상대적으로 경쟁이 치열함

12 **다음 중 2021 ~ 2022년의 업종 및 성별에 따른 창업 기업 수에 대한 설명으로 옳지 않은 것은?**

① 2021 ~ 2022년의 서비스업을 제외한 모든 업종에서 여성보다 남성이 창업한 기업 수가 더 많다.

② 2022년 법인이 창업한 총 기업 수와 개인이 창업한 총 기업 수는 전년 대비 모두 증가하였다.

③ 2022년의 건설업과 제조업에서 남성 개인이 창업한 기업의 수는 전년 대비 모두 감소하였다.

④ 2022년의 모든 업종에서 법인보다 개인이 창업한 기업 수가 더 많다.

⑤ 2022년의 농업・임업・어업・광업 전체 창업자 중 남성의 비율은 전년 대비 감소하였다.

13 **2023년 10월 퇴직을 앞둔 여성 S씨는 퇴직 후 개인 창업을 위해 2022년 업종별 창업 기업 수를 바탕으로 자신에게 적합한 업종을 선택하려고 한다. 다음 〈보기〉 중 S씨의 창업 업종에 대한 추론으로 옳지 않은 것을 모두 고르면?**

〈보기〉

ㄱ. 업종별 시장 규모와 기존의 기업 수가 동일하다면, S씨가 서비스업으로 창업할 경우 경쟁이 가장 치열할 것이다.

ㄴ. 창업 기업 수의 전년 대비 증감률을 기준으로 증가하는 업종으로만 창업을 고려한다면, S씨는 전기, 가스, 증기 및 공기 조절 공급업으로 창업하지 않을 것이다.

ㄷ. 동일한 성별의 창업자가 가장 적은 업종으로 창업할 경우, S씨는 건설업으로 창업할 것이다.

① ㄱ

② ㄷ

③ ㄱ, ㄴ

④ ㄴ, ㄷ

⑤ ㄱ, ㄴ, ㄷ

※ 다음은 주요 국가별 연평균독서량을 조사한 표이다. 이를 보고 이어지는 질문에 답하시오. **[14~15]**

〈국가별 연평균독서량〉

(단위 : 권)

국가	월평균독서량		
	남성	여성	전체
아시아	13	18	15
한국	10	14	13
호주	15	5	7
중국	15	21	17
인도	20	25	23
싱가폴	7	10	8
유럽	18	21	20
독일	16	20	18
러시아	20	25	23
스페인	19	25	21
영국	14	21	18
프랑스	19	17	18
아메리카	12	18	14
멕시코	12	5	7
캐나다	5	19	12
미국	10	18	12
브라질	19	16	17

〈대륙별 응답자 수〉

(단위 : 명)

구분	아시아	유럽	아메리카	전체
응답자 수	4,000	3,300	2,700	10,000

※ (전체 월평균독서량)$=\frac{\text{(남성 월평균독서량)}\times\text{(남성 인원수)}+\text{(여성 월평균독서량)}\times\text{(여성 인원수)}}{\text{(전체 인원수)}}$

14 **다음 중 표에 대한 설명으로 옳지 않은 것은?**

① 유럽에서 유럽 전체의 월평균독서량보다 많은 국가는 두 곳이다.
② 아시아, 유럽, 아메리카의 남성 월평균독서량은 각각의 전체 월평균독서량보다 적다.
③ 남성이 여성보다 월평균독서량이 많은 국가는 각 대륙별 한 곳뿐이다.
④ 유럽의 여성 응답자 수는 남성 응답자 수의 2배이다.
⑤ 남성과 여성의 월평균독서량 차이가 가장 큰 국가는 캐나다이다.

15 **다음 〈보기〉에서 옳은 것을 모두 고르면?**

〈보기〉

ㄱ. 아시아와 아메리카에서는 남성 응답자가 여성 응답자보다 많고, 유럽에서는 그 반대이다.
ㄴ. 중국의 월평균독서량은 한국보다는 많고 인도보다는 적다.
ㄷ. 아메리카 내에서 캐나다의 남성 월평균독서량은 가장 적지만 여성 월평균독서량은 가장 많다.
ㄹ. 대륙별로 남성 응답자 수가 많은 순서와 여성 응답자 수가 많은 순서는 반대이다.

① ㄱ, ㄴ, ㄷ
② ㄱ, ㄴ, ㄹ
③ ㄱ, ㄷ, ㄹ
④ ㄴ, ㄷ, ㄹ
⑤ ㄱ, ㄴ, ㄷ, ㄹ

※ 다음은 1차 · 2차 · 3차 병원 의료기관에 대한 표이다. 이를 보고 이어지는 질문에 답하시오. **[16~17]**

〈1차 · 2차 · 3차 병원 의료기관 현황〉

구분		1차 병원 (의원 · 보건소)	2차 병원 (종합병원)	3차 병원 (대학부속병원 · 상급종합병원)
평균 진료과목(개)		1	8	12
평균 병상 수(개)		15	84	750
평균 인원 (명)	의료종사자	7.2	40.7	3,125
	간호사	0.9	7.4	350
	의사	1.5	5.5	125
월평균 급여 (만 원)	의료종사자	180	240	300
	간호사	225	312	405
	의사	810	1,200	1,650
평균 일 근무시간 (시)	의료종사자	8	7	5
	간호사	6	7	9
	의사	10	9	5

※ 의료종사자 : 의사, 간호사, 임상병리사, 방사선사 등

16 다음 중 표에 대한 설명으로 옳지 않은 것은?

① 3차 병원의 평균 진료과목 수는 2차 병원의 1.5배이다.
② 2차 병원의 평균 의사 수는 3차 병원의 5% 미만이다.
③ 1차 병원을 제외하고 평균 간호사 수는 의사 수보다 많다.
④ 1차 병원 의료종사자의 월평균 급여는 2차 병원의 80%, 3차 병원의 65% 수준이다.
⑤ 1차에서 3차 병원으로 갈 때, 의사와 간호사의 평균 근무시간의 증감추이는 반대이다.

17 다음 〈보기〉 중 옳지 않은 것을 모두 고르면?

〈보기〉

ㄱ. 2차 병원과 3차 병원의 평균 진료과목당 평균 병상 수의 차이는 50개이다.
ㄴ. 3차 병원의 의사 수는 평균 의료종사자 수의 4%이다.
ㄷ. 3차 병원에서 간호사 · 의사를 제외한 의료종사자의 급여로 지급되는 비용은 평균 58억 원 이상이다.

① ㄱ
② ㄴ
③ ㄷ
④ ㄱ, ㄴ
⑤ ㄱ, ㄷ

18 다음은 2018년부터 2022년까지 5년간 서울시 냉장고 화재발생 현황을 나타낸 표이다. 이를 참고하여 그래프로 나타낸 것으로 옳은 것은?

〈냉장고 화재발생 현황〉

(단위 : 건)

구분	2018년	2019년	2020년	2021년	2022년
김치냉장고	21	35	44	60	64
일반냉장고	23	24	53	41	49

※ 김치냉장고 비율=김치냉장고 건수÷(김치냉장고 건수+일반냉장고 건수)×100

※ 일반냉장고 비율=일반냉장고 건수÷(김치냉장고 건수+일반냉장고 건수)×100

① 김치냉장고 비율

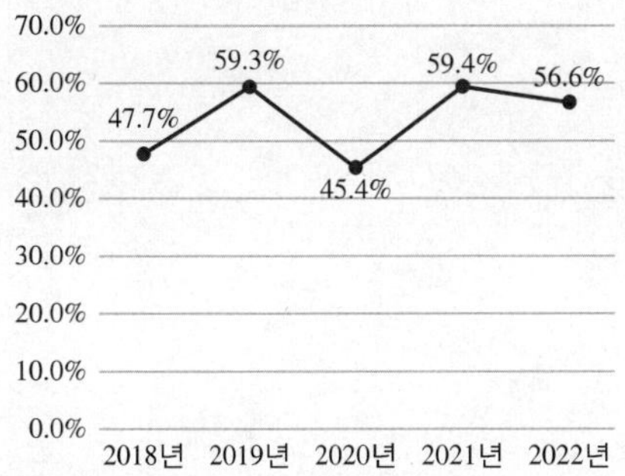

② 김치냉장고 비율

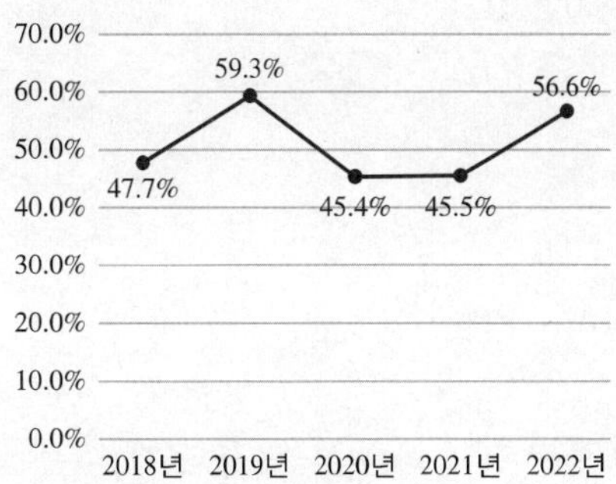

③ 김치냉장고 비율

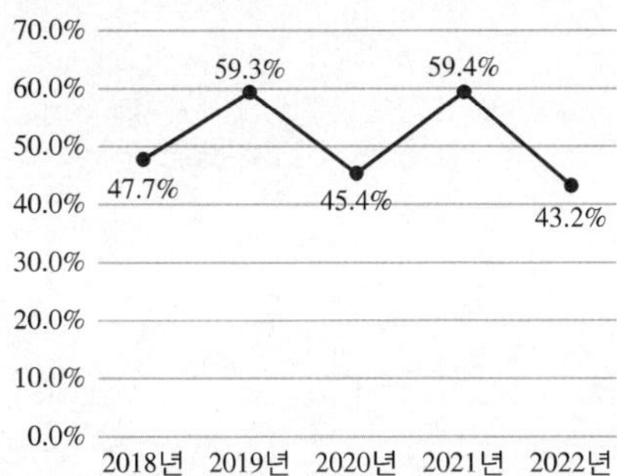

④ 일반냉장고 비율

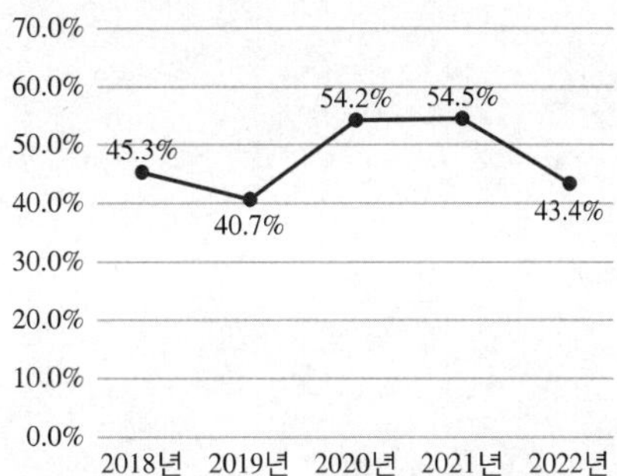

⑤ 일반냉장고 비율

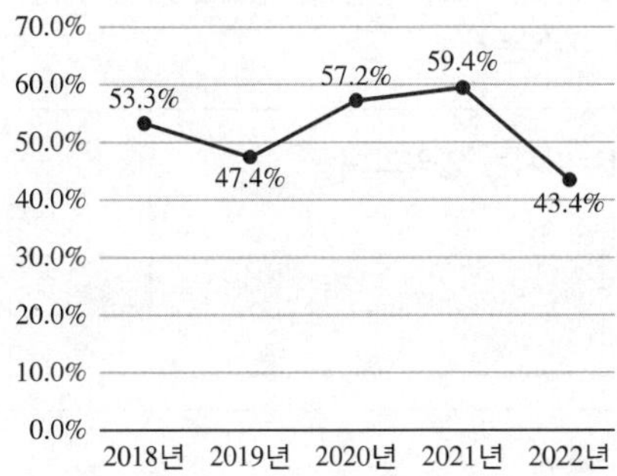

19 다음은 과일의 종류별 무게에 따른 가격표이다. 종류별 무게를 가중치로 적용하여 가격에 대한 가중평균을 구하면 42만 원이다. 이때 빈칸에 들어갈 가격으로 옳은 것은?

〈과일 종류별 가격 및 무게〉

(단위 : 만 원, kg)

구분	가	나	다	라
가격	25	40	60	
무게	40	15	25	20

① 40만 원
② 45만 원
③ 50만 원
④ 55만 원
⑤ 60만 원

20 무한한 평면 위에서 n개의 직선이 어느 두 직선도 평행하지 않고($n \geq 2$) 어느 세 직선도 한 점에서 만나지 않을 때($n \geq 3$) 나누어지는 영역의 수는 다음과 같다고 한다. 이와 같은 규칙으로 영역이 나누어진다고 할 때, 서로 다른 직선 7개에 의해 나누어지는 영역의 개수는?

〈서로 다른 직선에 의해 나누어지는 영역의 수〉

(단위 : 개)

직선의 수	1	2	3	4	5
영역의 수	2	4	7	11	16

① 25개
② 26개
③ 27개
④ 28개
⑤ 29개

제2영역 추리

※ 제시된 명제가 모두 참일 때, 다음 중 빈칸에 들어갈 명제로 가장 적절한 것을 고르시오. [1~3]

01

- 전제1. 오존층이 파괴되지 않으면 프레온 가스가 나오지 않는다.
- 전제2. ______________________
- 전제3. 지구 온난화가 진행되지 않으면 오존층이 파괴되지 않는다.
- 결론. 지구 온난화가 진행되지 않았다는 것은 에어컨을 과도하게 쓰지 않았다는 뜻이다.

① 에어컨을 잘 쓰지 않으면 프레온 가스가 나오지 않는다.
② 프레온 가스가 나온다고 해도 오존층은 파괴되지 않는다.
③ 오존층을 파괴하면 지구 온난화가 진행된다.
④ 에어컨을 과도하게 쓰면 프레온 가스가 나온다.
⑤ 에어컨을 적게 써도 지구 온난화는 진행된다.

02

- 전제1. 회의에 가지 않았다면 결론이 나지 않은 것이다.
- 전제2. ______________________
- 결론. 프로젝트를 진행하면 회의에 간다.

① 결론이 나지 않으면 프로젝트를 진행하지 않는다.
② 회의에 가지 않았다면 프로젝트를 진행한다.
③ 회의에 가면 결론이 나지 않은 것이다.
④ 회의에 가면 프로젝트를 진행한다.
⑤ 결론이 나면 프로젝트를 진행하지 않는다.

03

- 전제1. 모든 A업체는 B업체 제조물품을 사용하지 않는다.
- 전제2. 어떤 A업체는 B업체 제조물품 사용 반대 시위에 참여한다.
- 결론. ______________________

① 모든 A업체는 B업체 제조물품 사용 반대 시위에 참여한다.
② B업체 제조물품 사용 반대 시위에 참여하는 단체는 A업체에 속해 있다.
③ B업체 제조물품을 사용하지 않는 어떤 단체는 B업체 제조물품 사용 반대 시위에 참여한다.
④ B업체 제조물품을 사용하지 않는 모든 단체는 B업체 제조물품 사용 반대 시위에 참여한다.
⑤ B업체 제조물품을 사용하는 모든 단체는 B업체 제조물품 사용 반대 시위에 참여하지 않는다.

04 갑 ~ 정 네 나라에 대한 다음의 〈조건〉으로부터 추론할 수 있는 것은?

〈조건〉

- 이들 나라는 시대 순으로 연이어 존재했다.
- 네 나라의 수도는 각각 달랐는데 관주, 금주, 평주, 한주 중 어느 하나였다.
- 한주가 수도인 나라는 평주가 수도인 나라의 바로 전 시기에 있었다.
- 금주가 수도인 나라는 관주가 수도인 나라의 바로 다음 시기에 있었으나 정보다는 이전 시기에 있었다.
- 병은 가장 먼저 있었던 나라는 아니지만 갑보다는 이전 시기에 있었다.
- 병과 정은 시대순으로 볼 때 연이어 존재하지 않았다.

① 금주는 갑의 수도이다.
② 평주는 정의 수도이다.
③ 을은 갑의 다음 시기에 존재하였다.
④ 한주가 수도인 나라가 가장 오래되었다.
⑤ 관주는 병의 수도이다.

05 다음은 형사가 혐의자 P ~ T를 심문한 후 보고한 내용이다. 이 결과로부터 검사는 누가 유죄라고 판단할 수 있는가?

- 유죄는 반드시 두 명이다.
- Q와 R은 함께 유죄이거나 무죄일 것이다.
- P가 무죄라면 Q와 T도 무죄이다.
- S가 유죄라면 T도 유죄이다.
- S가 무죄라면 R도 무죄이다.

① P, T
② P, S
③ Q, R
④ R, S
⑤ R, T

06 **S씨는 진찰을 받기 위해 병원에 갔다. 진찰 대기자는 S씨를 포함하여 총 5명이 있다. 이들의 순서가 다음과 같다면, S씨는 몇 번째로 진찰을 받을 수 있는가?**

- A는 B의 바로 앞에 이웃하여 있다.
- A는 C보다 뒤에 있다.
- S는 A보다 앞에 있다.
- S와 D 사이에는 2명이 있다.

① 첫 번째
② 두 번째
③ 세 번째
④ 네 번째
⑤ 다섯 번째

07 **A～F 6명이 달리기 시합을 하고 난 뒤 나눈 대화이다. 다음 중 항상 참이 아닌 것은?**

A : C와 F가 내 앞에서 결승선에 들어가는 걸 봤어.
B : D는 간발의 차로 바로 내 앞에서 결승선에 들어갔어.
C : 나는 D보다는 빨랐는데, 1등은 아니야.
D : C의 말이 맞아. 정확히 기억은 안 나는데 나는 3등 아니면 4등이었어.
E : 내가 결승선에 들어오고, 나중에 D가 들어왔어.
F : 나는 1등은 아니지만 꼴등도 아니었어.

① 제일 먼저 결승선에 들어온 사람은 E이다.
② 제일 나중에 결승선에 들어온 사람은 A이다.
③ C는 F보다 순위가 높다.
④ B는 C보다 순위가 낮다.
⑤ D가 3등이면 F는 5등이다.

08 S사는 A ~ E제품을 대상으로 내구성, 효율성, 실용성 세 개 영역에 대해 1 ~ 3등급을 기준에 따라 평가하였다. A ~ E제품에 대한 평가 결과가 다음과 같을 때, 반드시 참이 되지 않는 것은?

- 모든 영역에서 3등급을 받은 제품이 있다.
- 모든 제품이 3등급을 받은 영역이 있다.
- A제품은 내구성 영역에서만 3등급을 받았다.
- B제품만 실용성 영역에서 3등급을 받았다.
- C, D제품만 효율성 영역에서 2등급을 받았다.
- E제품은 1개의 영역에서만 2등급을 받았다.
- A와 C제품이 세 영역에서 받은 등급의 총합은 서로 같다.

① A제품은 효율성 영역에서 1등급을 받았다.
② B제품은 내구성 영역에서 3등급을 받았다.
③ C제품은 내구성 영역에서 3등급을 받았다.
④ D제품은 실용성 영역에서 2등급을 받았다.
⑤ E제품은 실용성 영역에서 2등급을 받았다.

09 민하, 상식, 은희, 은주, 지훈은 점심 메뉴로 쫄면, 라면, 우동, 김밥, 어묵 중 각각 하나씩을 주문하였다. 다음 〈조건〉이 모두 참일 때, 바르게 연결된 것은?(단, 모두 서로 다른 메뉴를 주문하였다)

〈조건〉

- 민하와 은주는 라면을 먹지 않았다.
- 상식과 민하는 김밥을 먹지 않았다.
- 은희는 우동을 먹었고, 지훈은 김밥을 먹지 않았다.
- 지훈은 라면과 어묵을 먹지 않았다.

① 지훈 – 라면, 상식 – 어묵
② 지훈 – 쫄면, 민하 – 라면
③ 은주 – 어묵, 상식 – 김밥
④ 은주 – 쫄면, 민하 – 김밥
⑤ 민하 – 어묵, 상식 – 라면

10 S사에 근무하는 직원 네 명은 함께 5인승 택시를 타고 대리점으로 가고 있다. 다음 〈조건〉을 참고할 때, 항상 참인 것은?

〈조건〉

〈택시 좌석〉

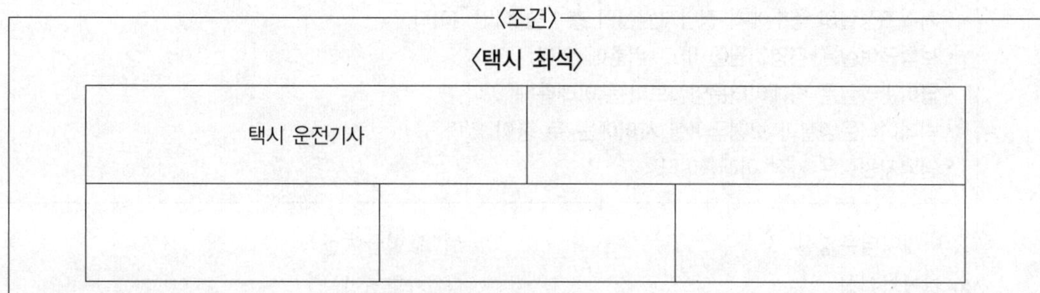

- 직원은 각각 부장, 과장, 대리, 사원의 직책을 갖고 있음
- 직원은 각각 흰색, 검은색, 노란색, 연두색 신발을 신었음
- 직원은 각각 기획팀, 연구팀, 디자인팀, 홍보팀 소속임
- 대리와 사원은 옆으로 붙어 앉지 않음
- 과장 옆에는 직원이 앉지 않음
- 부장은 홍보팀이고 검은색 신발을 신음
- 디자인팀 직원은 조수석에 앉았고 노란색 신발을 신음
- 사원은 기획팀 소속임

① 택시 운전기사 바로 뒤에는 사원이 앉는다.
② 부장은 조수석에 앉는다.
③ 과장은 노란색 신발을 신었다.
④ 부장 옆에는 과장이 앉는다.
⑤ 사원은 흰색 신발을 신었다.

11 다음과 같은 〈조건〉의 서로 다른 무게의 공 5개가 있다. 무거운 순서대로 나열한 것은?

〈조건〉

- 파란공은 가장 무겁지도 않고, 세 번째로 무겁지도 않다.
- 빨간공은 가장 무겁지도 않고, 두 번째로 무겁지도 않다.
- 흰공은 세 번째로 무겁지도 않고, 네 번째로 무겁지도 않다.
- 검은공은 파란공과 빨간공보다는 가볍다.
- 노란공은 파란공보다 무겁고, 흰공보다는 가볍다.

① 흰공 – 빨간공 – 노란공 – 파란공 – 검은공
② 흰공 – 노란공 – 빨간공 – 검은공 – 파란공
③ 흰공 – 노란공 – 검은공 – 빨간공 – 파란공
④ 흰공 – 노란공 – 빨간공 – 파란공 – 검은공
⑤ 흰공 – 빨간공 – 노란공 – 검은공 – 파란공

12 **다음 〈조건〉을 바탕으로 했을 때, 5층에 있는 부서로 옳은 것은?(단, 한 층에 한 부서씩 있다)**

〈조건〉

- 기획조정실의 층수에서 경영지원실의 층수를 빼면 3이다.
- 보험급여실은 경영지원실 바로 위층에 있다.
- 급여관리실은 빅데이터운영실보다는 아래층에 있다.
- 빅데이터운영실과 보험급여실 사이에는 두 층이 있다.
- 경영지원실은 가장 아래층이다.

① 빅데이터운영실
② 보험급여실
③ 경영지원실
④ 기획조정실
⑤ 급여관리실

13 **6명의 학생이 아침, 점심, 저녁을 먹는데, 메뉴는 김치찌개와 된장찌개뿐이다. 주어진 〈조건〉이 모두 참일 때, 옳지 않은 것은?**

〈조건〉

- 아침과 저녁은 다른 메뉴를 먹는다.
- 점심과 저녁에 같은 메뉴를 먹은 사람은 4명이다.
- 아침에 된장찌개를 먹은 사람은 3명이다.
- 하루에 된장찌개를 한 번만 먹은 사람은 3명이다.

① 아침에 된장찌개를 먹은 사람은 모두 저녁에 김치찌개를 먹었다.
② 된장찌개는 총 9그릇이 필요하다.
③ 저녁에 된장찌개를 먹은 사람들은 모두 아침에 김치찌개를 먹었다.
④ 점심에 된장찌개를 먹은 사람은 아침이나 저녁 중 한 번은 된장찌개를 먹었다.
⑤ 김치찌개는 총 10그릇이 필요하다.

14 환경부의 인사실무 담당자는 환경정책과 관련된 특별위원회를 구성하는 과정에서 외부 환경전문가를 위촉하려 한다. 현재 거론되고 있는 외부 전문가는 A～F 6명으로, 인사실무 담당자는 다음 〈조건〉에 따라 외부 환경전문가를 위촉해야 한다. 만약 B가 위촉되지 않는다면, 총 몇 명의 환경전문가가 위촉되는가?

〈조건〉

- 만약 A가 위촉되면, B와 C도 위촉되어야 한다.
- 만약 A가 위촉되지 않는다면, D가 위촉되어야 한다.
- 만약 B가 위촉되지 않는다면, C나 E가 위촉되어야 한다.
- 만약 C와 E가 위촉되면, D는 위촉되지 않는다.
- 만약 D나 E가 위촉되면, F도 위촉되어야 한다.

① 1명
② 2명
③ 3명
④ 4명
⑤ 5명

15 다음 제시된 단어의 대응 관계가 동일하도록 빈칸에 들어갈 가장 적절한 단어를 고르면?

미비 : 완구 = 진취 : ( )

① 완비
② 퇴각
③ 퇴출
④ 퇴로
⑤ 퇴영

16 다음 단어의 대응 관계가 나머지와 다른 하나는?

① 계획 – 의도
② 고심 – 고충
③ 과격 – 극성
④ 임의 – 강제
⑤ 공헌 – 기여

※ 다음 글의 내용이 참일 때 항상 참인 것을 고르시오. [17~18]

17

모듈러 주택이란 기본 골조와 전기 배선, 온돌, 현관문, 욕실 등 집의 70 ~ 80퍼센트를 공장에서 미리 만들고 주택이 들어설 부지에서는 '레고 블록'을 맞추듯 조립만 하는 방식으로 짓는 주택이다. 일반 철근콘크리트 주택에 비해 상대적으로 빨리 지을 수 있고, 철거가 쉽다는 게 모듈러 주택의 장점이다.
예컨대 5층짜리 소형 임대 주택을 철근콘크리트 제작 방식으로 지으면 공사 기간이 6개월가량 걸리지만 모듈러 공법을 적용할 경우 30 ~ 40일이면 조립과 마감이 가능하다. 주요 자재의 최대 80 ~ 90퍼센트 가량을 재활용할 수 있다는 것도 장점이다. 도시형 생활 주택뿐 아니라 대형 숙박 시설, 소규모 비즈니스호텔, 오피스텔 등도 모듈러 공법으로 건축이 가능하다.
한국에 모듈러 주택이 처음 등장한 것은 2003년으로 이는 모듈러 주택 시장이 활성화되어 있는 해외에 비하면 늦은 편이다. 도입은 늦었지만 모듈러 주택의 설계 방식이 표준화되고 대규모 양산 체제가 갖추어지면 비용이 적게 들기 때문에 모듈러 주택 시장이 급속하게 팽창할 것으로 예측이 많다.
하지만 모듈러 주택 시장 전망이 불확실하다는 전망도 있다. 목재나 철골 등이 주로 사용되는 조립식 주택의 특성상 콘크리트 건물보다 소음이나 진동, 화재에 약해 소비자들이 심리적으로 거부감을 가질 수 있다는 게 이유다. 아파트 생활에 길들여진 한국인들의 의식도 모듈러 주택이 넘어야 할 난관으로 거론된다. 소득 수준이 높아지고 '탈 아파트' 바람이 일면서 성냥갑 같은 아파트보다는 개성 있는 단독주택에서 살고 싶다는 욕구를 가진 사람들이 증가하고 있다지만 아파트가 주는 편안한 생활을 포기할 사람이 많지 않을 것이라는 분석인 셈이다.

① 일반 콘크리트 주택 건설비용은 모듈러 주택의 3배 이상이다.
② 모듈러 주택제작에 조립과 마감에 소요되는 기간은 6개월이다.
③ 일반 철근콘크리트 주택은 재활용이 불가하다.
④ 모듈러 주택이 처음 한국에 등장한 시기는 해외대비 늦지만, 이에 소요되는 비용은 해외대비 적다.
⑤ 모듈러 공법으로 주택뿐만 아니라 다양한 형태의 건축이 가능하다.

18

NASA 보고에 따르면 지구 주변 우주 쓰레기는 약 3만여 개에 달한다고 한다. 이러한 우주 쓰레기는 노후한 인공위성이나 우주인이 놓친 연장 가방에서 나온 파편, 역할을 다한 로켓 부스터 등인데, 때로는 이것들이 서로 충돌하면서 작은 조각으로 부서지기도 한다.
이러한 우주 쓰레기가 심각한 이유는 연간 3 ~ 4개의 우주 시설이 이와 같은 우주 쓰레기 탓에 파괴되고 있는 탓이다. 이대로라면 GPS를 포함한 우주 기술사용이 불가능해질 수도 있다는 전망이다. 또 아주 큰 우주 쓰레기가 지상에 떨어지는 경우가 있어 각국에서는 잇따른 피해가 계속 보고되고 있다.
이에 우주 쓰레기를 치우기 위한 논의가 각국에서 지속되고 있으며, 2007년 유엔에서는 '우주 쓰레기 경감 가이드라인'을 만들기에 이르렀고, 유럽우주국은 2025년에 우주 쓰레기 수거 로봇을 발사할 계획임을 밝혔다. 이 우주 쓰레기 수거 로봇은 스위스에서 개발한 것으로 4개의 팔을 뻗어 지구 위 800km에 있는 소형 위성 폐기물을 감싸 쥐고 대기권으로 진입하는 방식으로 우주 쓰레기를 수거하는데, 이 때 진입하는 과정에서 마찰열에 의해 우주선과 쓰레기가 함께 소각되어지게 된다.
이 외에도 고열을 이용해 우주 쓰레기를 태우는 방법, 자석으로 쓰레기를 끌어들여 궤도로 떨어뜨리는 방법, 쓰레기에 레이저를 발사해 경로를 바꾼 뒤 지구로 떨어뜨리는 방법, 위성 제작 시 수명이 다 하면 분해에 가깝게 자체 파괴되도록 제작하는 방법 등이 있다.
실제로 2018년 영국에서 작살과 그물을 이용해 우주 쓰레기를 수거하는 실험에 성공한 적이 있다. 하지만, 한 번에 100kg 정도의 쓰레기밖에 처치하지 못해 여러 번 발사해야 한다는 점, 비용이 많이 든다는 점, 자칫 쓰레기 폭발을 유도해 파편 숫자만 늘어난다는 점 등이 단점이었다.
이러한 우주 쓰레기 처리는 전 국가의 과제이지만, 천문학적 세금이 투입되는 사업이라 누구도 선뜻 나서지 못하는 것이 현 상황이다. 하루 빨리 우주개발 국가 공동의 기금을 마련해 대책을 마련하지 않는다면, 인류의 꿈은 이러한 우주 쓰레기에 발목 잡힌다 해도 과언이 아닐 것이다.

① 우주 쓰레기들이 서로 충돌하게 되면 우주쓰레기의 개수는 더 적어질 것이다.
② 우주 쓰레기는 우주에서 떠돌아 지구 내에는 피해가 없다.
③ 우주 쓰레기 수거 로봇은 유럽에서 개발되었으며 성공적인 결과를 얻었다.
④ 우주 쓰레기를 청소하는 방법은 여러 가지가 있지만 성공한 사례는 아직까지 없다.
⑤ 우주 쓰레기 청소는 저소득 국가에서는 하기 힘든 사업이다.

19 甲과 乙의 주장을 도출할 수 있는 질문으로 가장 적절한 것은?

甲 : 미적 속성 p에 관한 진술인 미적 판단 J가 객관적으로 참일 때, 미적 속성 p는 실재한다. 즉, '베토벤의 운명 교향곡이 웅장하다.'는 판단이 객관적 참이라면, '웅장함'이라는 미적 속성은 실재하는 것이다. 이 경우 '웅장하다'는 미적 판단은 '웅장함'이라는 객관적으로 실재하는 미적 속성에 대한 기술이다. 동일한 미적 대상에 대한 감상자들 간의 판단이 일치하지 않는 것은 그 미적 판단 간에 옳고 그름이 존재한다는 것이며, 그 옳고 그름의 여부는 실재하는 미적 속성에 대한 확인을 통해 밝힐 수 있다.

乙 : 미적 판단에는 이미 주관적 평가가 개입된 경우가 많다. 미적 판단은 감상자의 주관적 반응에 의존하는 것으로, '웅장함'이라는 미적 속성은 '웅장하다'는 미적 판단을 내리는 감상자에 의해 발견되는 것이다. 즉, 미적 판단의 주관성과 경험성에 주목해야 한다. 따라서 미적 판단의 불일치란 굳이 해소해야 하는 문제적 현상이라기보다는 개인의 다양한 경험, 취미와 감수성의 차이에 따라 발생하는 자연스러운 현상이다.

① 감상자들이 가장 중요하게 여기는 것은 무엇인가?
② 감상자들 간의 미적 판단이 일치하지 않는 이유는 무엇인가?
③ 감상자들 간의 미적 판단 불일치를 해소할 수 있는가?
④ 대상에 대해 다양한 경험을 할수록 미적 판단이 더 정확해지는가?
⑤ 올바른 미적 판단을 하기 위해 감상자에게 필요한 자질은 무엇인가?

20 다음 글의 주장에 대한 비판으로 가장 적절한 것은?

전통적인 경제학에 따른 통화 정책에서는 정책 금리를 활용하여 물가를 안정시키고 경제 안정을 도모하는 것을 목표로 한다. 중앙은행은 경기가 과열되었을 때 정책 금리 인상을 통해 경기를 진정시키고자 한다. 정책 금리 인상으로 시장 금리도 높아지면 가계 및 기업에 대한 대출 감소로 신용 공급이 축소된다. 신용 공급의 축소는 경제 내 수요를 줄여 물가를 안정시키고 경기를 진정시킨다. 반면 경기가 침체되었을 때는 반대의 과정을 통해 경기를 부양시키고자 한다.

금융을 통화 정책의 전달 경로로만 보는 전통적인 경제학에서는 금융감독 정책이 개별 금융 회사의 건전성 확보를 통해 금융 안정을 달성하고자 하는 미시 건전성 정책에 집중해야 한다고 보았다. 이러한 관점은 금융이 직접적인 생산 수단이 아니므로 단기적일 때와는 달리 장기적으로는 경제 성장에 영향을 미치지 못한다는 인식과 자산 시장에서는 가격이 본질적 가치를 초과하여 폭등하는 버블이 존재하지 않는다는 효율적 시장 가설에 기인한다. 미시 건전성 정책은 개별 금융 회사의 건전성에 대한 예방적 규제 성격을 가진 정책 수단을 활용하는데, 그 예로는 향후 손실에 대비하여 금융 회사의 자기자본 하한을 설정하는 최저 자기자본 규제를 들 수 있다.

① 중앙은행의 정책이 자산 가격 버블에 따른 금융 불안을 야기하여 경제 안정이 훼손될 수 있다.
② 시장의 물가가 지나치게 상승할 경우 국가는 적극적으로 개입하여 물가를 안정시켜야 한다.
③ 경기가 침체된 상황에서는 처방적 규제보다 예방적 규제에 힘써야 한다.
④ 금융은 단기적일 때와 달리 장기적으로는 경제 성장에 별다른 영향을 미치지 못한다.
⑤ 금융 회사에 대한 최저 자기자본 규제를 통해 금융 회사의 건전성을 확보할 수 있다.

21 다음 글의 내용은 어떤 주장을 비판하는 논거로 가장 적절한가?

> '모래언덕'이나 '바람' 같은 개념은 매우 모호해 보인다. 작은 모래 무더기가 모래언덕이라고 불리려면 얼마나 높이 쌓여야 하는가? 바람이 되려면 공기는 얼마나 빨리 움직여야 하는가?
> 그러나 지질학자들이 관심이 있는 대부분의 문제 상황에서 이런 개념들은 아무 문제 없이 작동한다. 더 높은 수준의 세분화가 요구될 만한 맥락에서는 그때마다 '30m에서 40m 사이의 높이를 가진 모래언덕'이나 '시속 20km와 시속 40km 사이의 바람'처럼 수식어구가 달린 표현이 과학적 용어의 객관적인 사용을 뒷받침한다.
> 물리학 같은 정밀과학에서도 사정은 비슷하다. 물리학의 한 연구 분야인 저온물리학은 저온현상, 즉 초전도현상을 비롯하여 절대온도 0도인 −273.16℃ 부근의 저온에서 나타나는 흥미로운 현상들을 연구한다. 그렇다면 정확히 몇 도부터 저온인가? 물리학자들은 이 문제를 놓고 다투지 않는다. 때로는 이 말이 헬륨의 끓는점(−268.6℃) 같은 극저온 근방을 가리키는가 하면, 질소의 끓는점(−195.8℃)이 기준이 되기도 한다.
> 과학자들은 모호한 것을 싫어한다. 모호성은 과학의 정밀성을 훼손할 뿐만 아니라 궁극적으로 과학의 객관성을 약화하기 때문이다. 그러나 모호성에 대응하는 길은 모든 측정의 오차를 0으로 만드는 데 있는 것이 아니라 대화를 통해 그 상황에 적절한 합의를 하는 데 있다.

① 과학의 정확성은 측정기술의 정확성에 달려 있다.
② 물리학 같은 정밀과학에서도 오차는 발생하기 마련이다.
③ 과학의 발달은 과학적 용어체계의 변화를 유발할 수 있다.
④ 과학적 언어의 객관성은 그 언어가 사용되는 맥락 속에서 확보된다.
⑤ 과학적 언어의 객관성은 용어의 엄밀하고 보편적인 정의에 의해서만 보장된다.

22 다음 제시문의 주장에 대한 반박으로 가장 적절한 것은?

> 인간은 사회 속에서만 자신을 더 나은 존재로 느낄 수 있기 때문에 자신을 사회화하고자 한다. 인간은 사회 속에서만 자신의 자연적 소질을 실현할 수 있는 것이다. 그러나 인간은 자신을 개별화하거나 고립시키려는 성향도 강하다. 이는 자신의 의도에 따라서만 행위하려는 반사회적인 특성을 의미한다. 그리고 저항하려는 성향이 자신뿐만 아니라 다른 사람에게도 있다는 사실을 알기 때문에, 그 자신도 곳곳에서 저항에 부딪히게 되리라 예상한다.
>
> 이러한 저항을 통하여 인간은 모든 능력을 일깨우고, 나태해지려는 성향을 극복하며, 명예욕이나 지배욕, 소유욕 등에 따라 행동하게 된다. 그리하여 동시대인들 가운데에서 자신의 위치를 확보하게 된다. 이렇게 하여 인간은 야만의 상태에서 벗어나 문화를 이룩하기 위한 진정한 진보의 첫걸음을 내딛게 된다. 이때부터 모든 능력이 점차 계발되고 아름다움을 판정하는 능력도 형성된다. 나아가 자연적 소질에 의해 도덕성을 어렴풋하게 느끼기만 하던 상태에서 벗어나, 지속적인 계몽을 통하여 구체적인 실천 원리를 명료하게 인식할 수 있는 성숙한 단계로 접어든다. 그 결과 자연적인 감정을 기반으로 결합된 사회를 도덕적인 전체로 바꿀 수 있는 사유 방식이 확립된다.
>
> 인간에게 이러한 반사회성이 없다면, 인간의 모든 재능은 꽃피지 못하고 만족감과 사랑으로 가득 찬 목가적인 삶 속에서 영원히 묻혀 버리고 말 것이다. 그리고 양처럼 선량한 기질의 사람들은 가축 이상의 가치를 자신의 삶에 부여하기 힘들 것이다. 자연 상태에 머물지 않고 스스로의 목적을 성취하기 위해 자연적 소질을 계발하여 창조의 공백을 메울 때, 인간의 가치는 상승되기 때문이다.

① 사회성만으로도 충분히 목가적 삶을 영위할 수 있다.
② 반사회성만으로는 자신의 재능을 계발하기 어렵다.
③ 인간은 타인과의 갈등을 통해서도 사회성을 기를 수 있다.
④ 인간은 사회성만 가지고도 자신의 재능을 키워나갈 수 있다.
⑤ 인간의 자연적인 성질은 사회화를 방해한다.

23 다음 글을 통해 추론할 수 있는 것은?

> 전 세계적 금융위기로 인해 그 위기의 근원지였던 미국의 경제가 상당한 피해를 입었다. 미국에서는 경제회복을 위해 통화량을 확대하는 양적완화 정책을 실시할 것인지를 두고 논란이 있었다. 미국의 양적완화는 미국 경제회복에 효과가 있겠지만, 국제 경제에 적지 않은 영향을 줄 수 있기 때문이다. 미국이 양적완화를 실시하면, 달러화의 가치가 하락하고 우리나라의 달러 환율도 하락한다. 우리나라의 달러 환율이 하락하면 우리나라의 수출이 감소한다. 우리나라 경제는 대외 의존도가 높기 때문에 경제의 주요지표들이 개선되기 위해서는 수출이 감소하면 안 된다. 또 미국이 양적완화를 중단하면 미국 금리가 상승한다. 미국 금리가 상승하면 우리나라 금리가 상승하고, 우리나라 금리가 상승하면 우리나라에 대한 외국인 투자가 증가한다. 또한 우리나라 금리가 상승하면 우리나라의 가계부채 문제가 심화된다. 가계부채 문제가 심화되는 나라의 국내소비는 감소한다. 국내소비가 감소하면, 경제의 전망이 어두워진다.

① 우리나라의 수출이 증가했다면 달러화 가치가 하락했을 것이다.
② 우리나라의 가계부채 문제가 심화되었다면 미국이 양적완화를 중단했을 것이다.
③ 우리나라에 대한 외국인 투자가 감소하면 우리나라 경제의 전망이 어두워질 것이다.
④ 우리나라 경제의 주요지표들이 개선되었다면 우리나라의 달러 환율이 하락하지 않았을 것이다.
⑤ 우리나라의 국내소비가 감소하지 않았다면 우리나라에 대한 외국인 투자가 감소하지 않았을 것이다.

※ 다음 제시된 도형의 규칙을 보고 물음표에 들어갈 알맞은 것을 고르시오. **[24~26]**

24

① 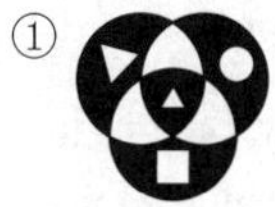

② 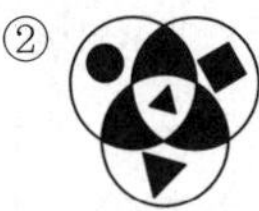

③ 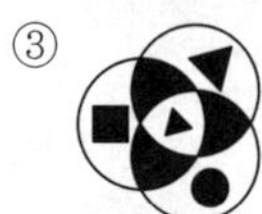

④ 

⑤ 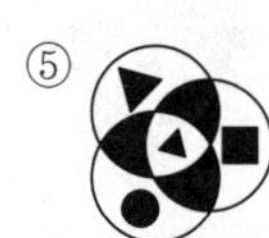

25

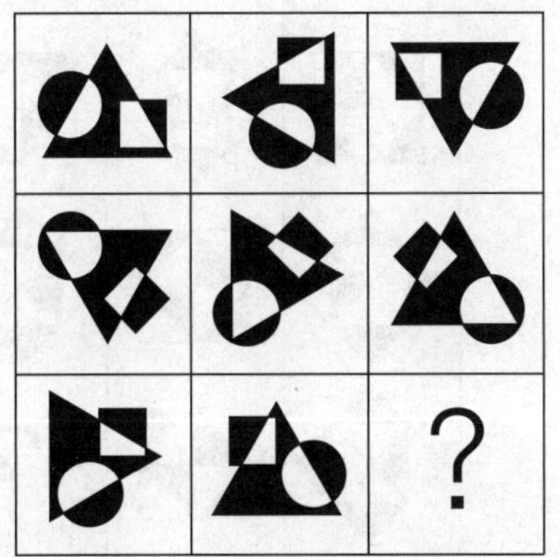

① 

② 

③ 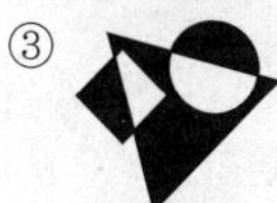

④ 

⑤ 

26

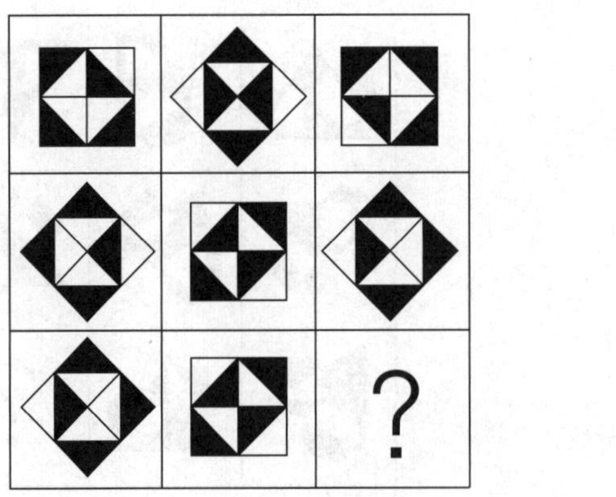

①

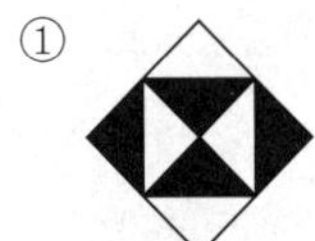

②

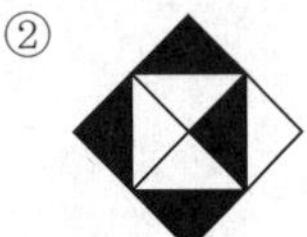

③

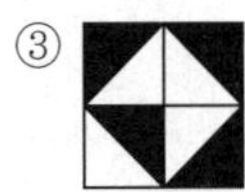

④

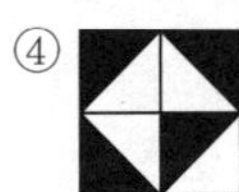

⑤

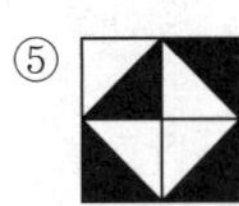

※ 다음 도식에서 기호들은 일정한 규칙에 따라 문자를 변화시킨다. 물음표에 들어갈 알맞은 문자를 고르시오(단, 규칙은 가로와 세로 중 한 방향으로만 적용된다). **[27~30]**

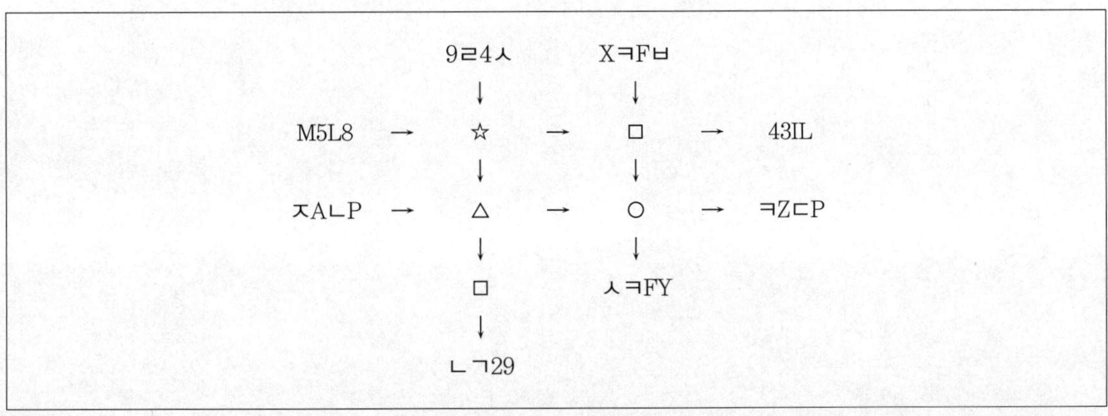

27

LIKE → ○ → □ → ?

① MHLD
② MIKF
③ NHLE
④ FIKM
⑤ DHLM

28

7288 → □ → ☆ → ?

① 7053
② 9288
③ 8287
④ 7278
⑤ 7055

29

MJㅊㅍ → ☆ → ○ → ?

① ㅎJㅊN
② MGㅋㅇ
③ MHㅅㅊ
④ OIㅋㅎ
⑤ NJㅊㅎ

30

ㅂㄷ53 → □ → △ → ?

① 3ㄷ6ㅁ
② 4ㄴ6ㅁ
③ 2ㅎ5ㄷ
④ 4ㄴ7ㅂ
⑤ ㄹ3ㅌ2

4권

제2회 온라인 GSAT 삼성직무적성검사

〈문항 수 및 시험시간〉

평가 영역	문항 수	시험시간	도서 동형 온라인 모의고사 쿠폰번호
수리	20문항	30분	APBQ-00000-E7F5A
추리	30문항	30분	

온라인 GSAT 삼성직무적성검사

※ 문제를 풀기 전에 문제풀이 용지를 다운받아 인쇄하여 실제 시험에 응시하는 것처럼 연습하기 바랍니다.

〈문제풀이 용지 다운받는 방법〉

▶ SD에듀 도서 홈페이지 접속(www.sdedu.co.kr/book)

▶ 상단 카테고리 「도서업데이트」 클릭

▶ 「온라인 GSAT 문제풀이 용지」 검색 후 다운로드

제 1 영역 수리

01 지난 달 A대리의 휴대폰 요금과 B과장의 휴대폰 요금을 합한 금액은 14만 원이었다. 이번 달의 휴대폰 요금은 지난달과 비교해 A대리는 10% 감소하고, B과장은 20% 증가하여 두 사람의 휴대폰 요금은 같아졌다. 이번 달 B과장의 휴대폰 요금은?

① 65,000원
② 72,000원
③ 75,000원
④ 81,000원
⑤ 83,000원

02 소금물 160g에 물 40g을 넣었더니 농도가 8%인 소금물이 되었다. 물을 넣기 전 처음 소금물의 농도는?

① 30%
② 25%
③ 20%
④ 15%
⑤ 10%

03 다음은 최근 5개년동안 아동의 비만율을 나타낸 표이다. 이에 대한 설명으로 옳은 것을 〈보기〉에서 모두 고르면?

〈연도별 아동 비만율〉

구분	2018년	2019년	2020년	2021년	2022년
유아(만 6세 미만)	11%	10.80%	10.20%	7.40%	5.80%
어린이(만 6세 이상 만 13세 미만)	9.80%	11.90%	14.50%	18.20%	19.70%
청소년(만 13세 이상 만 19세 미만)	18%	19.20%	21.50%	24.70%	26.10%

〈보기〉

ㄱ. 모든 아동의 비만율은 전년 대비 증가하고 있다.
ㄴ. 어린이 비만율은 유아 비만율보다 크고, 청소년 비만율보다 작다.
ㄷ. 2018년 대비 2022년 청소년 비만율의 증가율은 45%이다.
ㄹ. 2022년과 2020년의 비만율 차이가 가장 큰 아동은 어린이이다.

① ㄱ, ㄷ
② ㄱ, ㄹ
③ ㄴ, ㄷ
④ ㄴ, ㄹ
⑤ ㄷ, ㄹ

04 다음은 가구의 자녀 수 및 민영생명보험 가입여부에 따른 가입 보험 비율에 대한 표이다. 다음 자료에 대한 설명으로 옳지 않은 것은?

〈가구의 자녀 수 및 민영생명보험 가입여부에 따른 가입 보험 비율〉

(단위 : %)

구분		상해 / 재해 보장보험	질병보장 보험	연금 보험	저축성 보험	사망보장 보험	변액 보험	실손의료 보험	기타 보험
전체		46.6	81.8	24.3	8.6	19.8	8.4	56.8	4.8
자녀 수	0명	37.7	77.9	16.7	4.1	12.2	4.8	49.2	3.3
	1명	52.1	84.8	27.9	7.8	18.5	9.5	56.5	5.8
	2명	49.6	83	28.9	12.2	27.2	10.9	62.1	4.8
	3명 이상	64.2	86	24.7	20.6	26.1	10.1	80.3	11.9
민영생명 보험	가입	47.4	82.7	24.8	8.8	20.5	8.8	58.2	4.8
	비가입	27.5	60.2	13.1	3.6	3.6	0	24.7	4.5

※ '전체'에 해당하는 비율은 전체 가구 수에서 각 보험에 가입한 비율임

※ 민영생명보험 가입에 해당하는 비율은 민영생명보험에 가입한 가구들 중 보험에 가입한 가구 수의 비율임(비가입 비율도 동일하다)

① 전체 가구 중 질병보장보험에 가입한 가구 수는 사망보장보험에 가입한 가구 수의 4배 이상이다.

② 자녀 수가 1명인 가구 중에는 3개 이상의 보험에 중복 가입한 가구가 있다.

③ 민영생명보험에 가입한 가구 중 실손의료보험에 가입한 비율은 민영생명보험에 가입하지 않은 가구 중 실손의료보험에 가입한 가구 수 비율의 2배 이상이다.

④ 자녀 수가 2명 이상인 가구 중 변액보험에 가입한 가구의 수는 10.0% 이상이다.

⑤ 자녀가 없는 가구 중 상해 / 재해보장보험에 가입한 가구 수는 자녀가 2명인 가구 중 연금보험에 가입한 가구 수보다 많다.

05 다음은 자동차 생산 · 내수 · 수출 현황에 대한 표이다. 이에 대한 해석으로 옳지 않은 것은?

〈자동차 생산 · 내수 · 수출 현황〉

(단위 : 대, %)

구분		2018년	2019년	2020년	2021년	2022년
생산	차량 대수	4,086,308	3,826,682	3,512,926	4,271,741	4,657,094
	증감률	(6.4)	(▽6.4)	(▽8.2)	(21.6)	(9.0)
내수	차량 대수	1,219,335	1,154,483	1,394,000	1,465,426	1,474,637
	증감률	(4.7)	(▽5.3)	(20.7)	(5.1)	(0.6)
수출	차량 대수	2,847,138	2,683,965	2,148,862	2,772,107	3,151,708
	증감률	(7.5)	(▽5.7)	(▽19.9)	(29.0)	(13.7)

① 2018년에는 전년 대비 생산, 내수, 수출이 모두 증가했다.
② 내수가 가장 큰 폭으로 증가한 해에는 생산과 수출이 모두 감소했다.
③ 수출이 증가했던 해는 생산과 내수 모두 증가했다.
④ 내수는 증가했지만 생산과 수출이 모두 감소한 해도 있다.
⑤ 생산이 증가했지만 내수나 수출이 감소한 해가 있다.

06 다음은 인터넷 공유활동 참여 현황을 정리한 표이다. 이를 올바르게 이해하지 못한 사람은?

〈인터넷 공유활동 참여율(복수응답)〉

(단위 : %)

구분		커뮤니티 이용	퍼나르기	블로그 운영	댓글달기	UCC게시
성별	남성	79.1	64.1	49.9	52.2	46.1
	여성	76.4	59.6	55.1	38.4	40.1
연령	10대	75.1	63.9	54.7	44.3	51.3
	20대	88.8	74.4	76.3	47.3	54.4
	30대	77.3	58.5	46.3	44.0	37.5
	40대	66.0	48.6	27.0	48.2	29.6

※ 성별, 연령별 조사인원은 동일함

① A사원 : 자료에 의하면 20대가 다른 연령대에 비해 인터넷상에서 공유활동을 활발히 참여하고 있네요.

② B주임 : 대체로 남성이 여성에 비해 상대적으로 활발한 활동을 하고 있는 것 같아요. 그런데 블로그 운영 활동은 여성이 더 많네요.

③ C대리 : 남녀 간의 참여율 격차가 가장 큰 영역은 댓글달기이네요. 반면에 커뮤니티 이용은 남녀 간의 참여율 격차가 가장 적네요.

④ D사원 : 10대와 30대의 공유활동 참여율을 크기 순서로 나열하면 재미있게도 두 연령대의 활동 순위가 동일하네요.

⑤ E사원 : 40대는 대부분의 공유활동에서 모든 연령대의 참여율보다 낮지만, 댓글달기에서는 가장 높은 참여율을 보이고 있네요.

07 다음은 사교육의 과목별 동향에 대한 표이다. 다음 중 〈보기〉에 대한 설명으로 옳은 것을 모두 고르면?

〈과목별 동향〉

(단위 : 명, 원)

구분		2017년	2018년	2019년	2020년	2021년	2022년
국·영·수	월 최대 수강자 수	368	388	379	366	359	381
	월 평균 수강자 수	312	369	371	343	341	366
	월 평균 수업료	550,000	650,000	700,000	700,000	700,000	750,000
탐구	월 최대 수강자 수	241	229	281	315	332	301
	월 평균 수강자 수	218	199	253	289	288	265
	월 평균 수업료	350,000	350,000	400,000	450,000	500,000	500,000

〈보기〉

ㄱ. 국·영·수의 월 최대 수강자 수와 월 평균 수강자 수는 같은 증감 추이를 보인다.
ㄴ. 국·영·수의 월 평균 수업료는 월 최대 수강자 수와 같은 증감 추이를 보인다.
ㄷ. 2018년부터 2022년까지 국·영·수의 월 최대 수강자 수의 전년 대비 증가율은 2022년이 가장 높다.
ㄹ. 2017년부터 2022년까지 월 평균 수강자 수가 국·영·수 과목이 최대였을 때는 탐구 과목이 최소였고, 국·영·수 과목이 최소였을 때는 탐구 과목이 최대였다.

① ㄱ
② ㄷ
③ ㄱ, ㄷ
④ ㄱ, ㄹ
⑤ ㄴ, ㄹ

08 다음은 국내 산업별 대출금에 대한 표이다. 이에 대한 설명으로 옳은 것은?

〈국내 산업별 대출금〉

(단위 : 십억 원)

구분	2020년	2021년	2022년
합계	985,510.2	1,051,546.7	1,121,295.8
농업, 임업 및 어업	35,772.9	37,782.0	40,389.3
광업	1,538.1	1,085.5	1,067.6
제조업	324,278.0	337,520.4	344,772.7
전기, 가스, 증기 및 공기조절 공급업	10,875.1	11,242.6	12,432.1
수도·하수 및 폐기물 처리, 원료재생업	6,265.5	6,213.4	6,451.9
건설업	37,660.4	39,395.6	39,176.5
도매 및 소매업	122,415.0	130,537.4	144,542.4
운수 및 창고업	25,333.5	26,685.2	28,413.3
숙박 및 음식점업	45,801.2	50,363.7	55,630.0
정보통신업, 예술, 스포츠, 여가 관련	25,777.2	27,070.9	28,164.5
금융 및 보험업	70,222.7	70,805.4	68,659.9
부동산업	171,325.5	201,151.6	231,859.9
전문, 과학 및 기술 서비스업	14,635.3	12,961.5	15,874.7
사업시설관리, 사업지원 및 임대서비스업	8,975.0	9,242.6	9,736.8
교육서비스업	7,143.0	7,812.5	8,337.2
보건 및 사회복지서비스업	23,843.2	25,798.4	28,207.5
공공행정 등 기타서비스	53,648.6	55,878.0	57,579.5

① 국내 산업별 총대출금은 2020년 대비 2022년에 20% 이상 증가하였다.
② 2022년 대출금이 전년 대비 감소한 산업분야의 개수는 증가한 산업분야의 개수보다 많다.
③ 2021년 대출금의 전년 대비 증가율은 교육서비스업이 금융 및 보험업보다 크다.
④ 2021년과 2022년에 모두 대출금이 전년 대비 증가한 산업은 총 5개이다.
⑤ 광업과 제조업, 부동산업의 2021년과 2022년 대출금의 전년 대비 증감 추이는 동일하다.

09 다음은 연령별 3월 및 4월 코로나 신규 확진자 수 현황을 지역별로 조사한 표이다. 이에 대한 설명으로 옳은 것은?(단, 비율은 소수점 둘째 자리에서 반올림한다)

〈연령별 코로나 신규 확진자 수 현황〉

(단위 : 명)

구분		10대 미만	10대	20대	30대	40대	50대	60대	70대 이상	전체
지역	기간									
A	3월	7	29	34	41	33	19	28	35	226
	4월	5	18	16	23	21	2	22	14	121
B	3월	6	20	22	33	22	35	12	27	177
	4월	1	5	10	12	18	14	5	13	78
C	3월	2	26	28	25	17	55	46	29	228
	4월	2	14	22	19	2	15	26	22	122
D	3월	3	11	22	20	9	21	54	19	159
	4월	1	2	21	11	5	2	41	12	95
E	3월	4	58	30	37	27	41	22	57	276
	4월	2	14	15	21	13	22	11	44	142
F	3월	9	39	38	59	44	45	54	32	320
	4월	2	29	33	31	22	31	36	12	196
G	3월	–	8	10	29	48	22	29	39	185
	4월	–	3	2	22	11	8	2	13	61
H	3월	4	15	11	52	21	31	34	48	216
	4월	3	9	4	14	9	20	12	22	93
I	3월	2	11	18	35	4	33	21	19	143
	4월	–	4	4	12	4	21	7	2	54

① 각 지역의 10대 미만 4월 신규 확진자 수는 전월 대비 감소하였다.

② 20대 신규 확진자 수가 10대 신규 확진자 수보다 적은 지역 수는 3월과 4월이 동일하다.

③ 3월 신규 확진자 수가 세 번째로 많은 지역의 4월 신규 확진자 수가 가장 많은 연령대는 20대이다.

④ H지역의 4월 신규 확진자 수가 4월 전체 지역의 신규 확진자 수에서 차지하는 비율은 10% 이상이다.

⑤ 3월 대비 4월 신규 확진자 수의 비율은 F지역이 G지역의 2배 이상이다.

10 다음은 2021년과 2022년도의 업종별 자영업자와 신규사업자 및 폐업자 수 현황을 나타낸 표이다. 이에 대한 〈보기〉의 설명 중 옳은 것을 모두 고르면?(단 비율은 소수점 둘째 자리에서 반올림한다)

〈업종별 자영업자, 신규사업자 및 폐업자 수 현황〉

(단위 : 천 명)

구분	2021년			2022년		
	자영업자	신규사업자	폐업자	자영업자	신규사업자	폐업자
도소매업	122	52	36	(마)	45	21
숙박업	79	48	(가)	86	44	37
음식점업	92	28	16	104	30	20
출판업	27	8	(나)	35	5	2
교육업	33	3	8	28	7	4
부동산업	31	3	7	27	2	8
제조업	72	11	(다)	80	8	12
복지업	61	7	(라)	66	15	7
예술업	17	4	6	15	1	4
시설업	11	1	3	9	2	1

※ 해당연도 자영업자 수=(전년도 자영업자 수)+(전년도 신규사업자 수)−(전년도 폐업자 수)

〈보기〉

ㄱ. 10개 업종 중 2022년 전년 대비 자영업자 수가 감소한 업종보다 증가한 업종이 많다.
ㄴ. (마)의 수치는 (가)의 수치의 3배 이상이다.
ㄷ. (나), (다), (라) 중 가장 적은 인원은 (나)이다.
ㄹ. 2022년 폐업자가 세 번째로 많은 업종의 2021년 대비 2022년 자영업자 증가율은 25% 이상이다.

① ㄱ, ㄴ
② ㄴ, ㄷ
③ ㄱ, ㄴ, ㄷ
④ ㄱ, ㄷ, ㄹ
⑤ ㄴ, ㄷ, ㄹ

11 다음은 주요 SNS 관련 회사의 분기별 매출액 및 영업이익에 대한 표이다. 이에 대한 설명으로 옳은 것은? (단, 소수점 둘째 자리에서 반올림한다)

〈분기별 매출액 및 영업이익 현황〉

(단위 : 억 원)

구분		2021년				2022년	
		1분기	2분기	3분기	4분기	1분기	2분기
A사	매출액	5,748	5,902	6,204	6,584	6,890	7,152
	영업이익	509	583	611	652	690	711
B사	매출액	8,082	8,221	8,298	8,492	8,550	8,592
	영업이익	787	790	840	859	888	905
C사	매출액	3,410	3,560	3,981	4,201	4,852	4,656
	영업이익	291	302	341	355	369	302
D사	매출액	2,810	3,303	3,210	3,031	3,482	3,287
	영업이익	285	293	300	328	320	305
E사	매출액	4,830	5,020	5,520	5,921	5,520	6,102
	영업이익	849	902	920	915	882	894

※ 영업이익률 $=\frac{(\text{영업이익})}{(\text{매출액})}\times 100$

① C사의 2022년 2분기 영업이익률은 직전 분기 대비 증가하였다.

② 2021년 1분기에서 2022년 2분기까지 D사의 매출액이 가장 높은 분기는 영업이익도 가장 높다.

③ 2022년 1분기 매출액이 가장 높은 회사와 가장 낮은 회사의 매출액의 차이는 영업이익 차이의 10배 이상이다.

④ 2021년 E사의 매출액이 가장 높은 분기의 영업이익률은 매출액이 가장 낮은 분기의 영업이익률보다 낮다.

⑤ 2022년 1분기 매출액이 전년도 동분기 대비 가장 많이 증가한 곳은 A사이다.

※ 다음은 지역별 에너지원별 소비량을 나타낸 표이다. 이를 보고 이어지는 질문에 답하시오. **[12~13]**

〈지역별 에너지원별 소비량〉

[단위 : 만 톤(ton), 만 토(toe)]

구분	석탄	석유	천연가스	수력·풍력	원자력
서울	885	2,849	583	2	574
인천	1,210	3,120	482	4	662
경기	2,332	2,225	559	3	328
대전	1,004	998	382	0.5	112
강원	3,120	1,552	101	28	53
부산	988	1,110	220	6	190
충청	589	1,289	88	4	62
전라	535	1,421	48	2	48
경상	857	1,385	58	2	55
대구	1,008	1,885	266	1	258
울산	552	888	53	1.6	65
광주	338	725	31	1	40
제주	102	1,420	442	41	221
합계	13,520	20,867	3,313	96	2,668

12 지역별 에너지원별 소비량에 대한 〈보기〉의 설명 중 옳은 것을 모두 고르면?

〈보기〉

ㄱ. 석유와 천연가스, 원자력의 소비량 상위 3개 지역은 동일하다.
ㄴ. 강원의 소비량 1위인 에너지원은 총 2가지이다.
ㄷ. 석유의 소비량이 가장 많은 지역의 소비량은 가장 적은 지역의 소비량의 4배 이상이다.
ㄹ. 수력·풍력의 소비량 상위 5개 지역의 소비량의 합은 전체 소비량의 90% 이상을 차지한다.

① ㄱ, ㄴ
② ㄱ, ㄷ
③ ㄱ, ㄹ
④ ㄴ, ㄷ
⑤ ㄷ, ㄹ

13 에너지원별 소비량이 가장 적은 지역의 소비량이 전체 소비량에서 차지하는 비율을 구해 그 비율이 큰 순서대로 에너지원을 나열하면?(단, 소수점 셋째 자리에서 반올림한다)

① 원자력 – 석유 – 천연가스 – 석탄 – 수력·풍력
② 석유 – 천연가스 – 원자력 – 석탄 – 수력·풍력
③ 석유 – 원자력 – 석탄 – 천연가스 – 수력·풍력
④ 석유 – 원자력 – 천연가스 – 수력·풍력 – 석탄
⑤ 석유 – 원자력 – 천연가스 – 석탄 – 수력·풍력

※ 다음은 2020 ~ 2022년 영화 범주별 자료를 나타낸 표이다. 이를 보고 이어지는 질문에 답하시오. **[14~15]**

〈2020 ~ 2022년 영화 범주별 자료〉

구분		상업영화	예술영화	다큐멘터리	애니메이션
평균 제작비 (억 원)	2020년	138	27.6	3	69
	2021년	160	40	3.2	96
	2022년	180	41.4	3.8	99
평균 손익분기점 (만 명)	2020년	420	96.6	5	125
	2021년	450	104	8	158
	2022년	495	103.5	7	172
평균 총 관객 수 (만 명)	2020년	550	95	11	185
	2021년	700	130	8	166
	2022년	660	115	6	154

※ (티켓값)×(평균 손익분기점)=(극장 · 영진위 등 평균지급비용)+(투자배급사 평균 수익)

※ (평균 제작비)=(투자배급사 평균 수익)

14 다음 표를 참고하여 〈보기〉에서 옳은 것을 모두 고르면?

• 2019년 평균 제작비
상업영화 120억 원, 예술영화 18억 원, 다큐멘터리 5억 원, 애니메이션 66억 원

〈보기〉

ㄱ. 2020 ~ 2022년 사이 영화 범주별 평균 제작비는 매년 전년 대비 증가하고 있다.

ㄴ. 상업영화의 전년 대비 평균 제작비 상승률은 2020년도가 2022년보다 3%p 높다.

ㄷ. 1만 명당 비용을 1억 원으로 계산할 때, 2022년 상업영화의 평균 손익분기점 수치는 평균 제작비 수치의 2.8배 미만이다.

ㄹ. 2021년의 상업영화 티켓값이 10,000원이라면 극장 · 영진위 등 평균 지급비용은 290억 원이다.

① ㄱ, ㄴ
② ㄱ, ㄷ
③ ㄴ, ㄷ
④ ㄴ, ㄹ
⑤ ㄷ, ㄹ

15 다음 중 표에 대한 설명으로 옳지 않은 것은?

① 2021 ~ 2022년에 영화의 평균 제작비는 전년 대비 증가하였다.
② 2021년 애니메이션의 평균 제작비는 상업영화의 60%이며, 다큐멘터리 평균 제작비의 30배이다.
③ 2021년 다큐멘터리의 평균 제작비는 상업영화의 평균 제작비의 2%이다.
④ 2020년에 개봉한 모든 예술영화는 손익분기점을 넘지 못하였다.
⑤ 2022년 상업영화와 예술영화의 평균 총 관객 수는 평균 손익분기점을 넘어섰지만, 다큐멘터리와 애니메이션은 넘지 못하였다.

※ 다음은 2022년 7월 하반기 0시부터 11시까지의 인천공항의 풍향통계에 대한 표이다. 이를 보고 이어지는 질문에 답하시오. **[16~17]**

〈2022년 7월 하반기 인천공항의 풍향통계(0시 ~ 11시)〉

(단위 : 10deg)

일자＼시간	0시	1시	2시	3시	4시	5시	6시	7시	8시	9시	10시	11시
16일	32	25	24	22	21	23	23	19	17	16	21	28
17일	27	25	27	28	29	29	28	33	5	14	21	21
18일	22	24	25	30	27	10	19	16	23	19	17	17
19일	6	6	10	14	13	14	14	13	11	11	12	13
20일	17	18	19	19	19	20	21	20	21	23	23	24
21일	22	23	26	25	28	25	25	25	24	29	34	13
22일	32	8	32	35	33	31	20	24	26	31	33	32
23일	12	13	23	11	12	11	9	12	9	11	12	13
24일	7	7	8	7	7	5	5	5	5	4	4	4
25일	2	3	3	3	3	3	3	3	3	3	3	4
26일	5	4	5	5	5	5	5	6	5	5	4	5
27일	27	27	31	27	3	10	7	6	5	6	5	24
28일	5	5	6	6	5	5	6	5	5	4	7	12
29일	9	5	6	7	6	5	5	5	11	12	15	16
30일	30	32	4	28	30	27	25	31	28	30	31	24
31일	27	32	9	3	5	10	6	5	6	12	16	17

16 다음 중 표에 나타난 풍향 데이터에 대한 설명으로 옳지 않은 것은?

① 18일 3시와 4시 사이에 풍향각은 10% 감소하였다.
② 20일과 24일의 5시부터 8시까지 풍향각의 증감 추이는 동일하다.
③ 24일부터 31일까지 2시 대비 6시의 풍향각 증감률이 가장 큰 날짜는 30일이다.
④ 29일에 1시부터 11시까지 직전시간 대비 풍향각의 증감폭이 가장 큰 시간은 8시이다.
⑤ 10시에 풍향각이 가장 컸던 날짜는 21일이다.

17 다음 〈보기〉에서 위 표에 나타난 풍향 데이터에 대한 설명으로 옳은 것을 모두 고르면?

〈보기〉

ㄱ. 24일에 동일한 풍향각이 가장 오래 연속하여 유지된 시간은 4시간이다.
ㄴ. 23일 10시와 11시의 직전시간 대비 풍향각의 증가율은 모두 10%를 넘는다.
ㄷ. 31일 6시의 풍향각의 직전시간 대비 증감률은 22일 같은 시각의 풍향각의 직전시간 대비 증감률보다 작다.
ㄹ. 19일에는 11시 풍향각은 같은 날 0시 풍향각의 2배 이상이다.

① ㄱ, ㄴ
② ㄱ, ㄹ
③ ㄴ, ㄷ
④ ㄴ, ㄹ
⑤ ㄷ, ㄹ

18 다음은 2018년부터 2022년까지 S기업의 매출액과 원가 그리고 판관비를 나타낸 표이다. 자료를 참고하여 그래프로 나타낸 것으로 옳은 것은?

(단위 : 억 원)

구분	2018년	2019년	2020년	2021년	2022년
매출액	1,485	1,630	1,410	1,860	2,055
매출원가	1,360	1,515	1,280	1,675	1,810
판관비	30	34	41	62	38

※ 영업이익=매출액−(매출원가+판관비)

※ 영업이익률=영업이익÷매출액×100

① 2018 ~ 2022년 영업이익

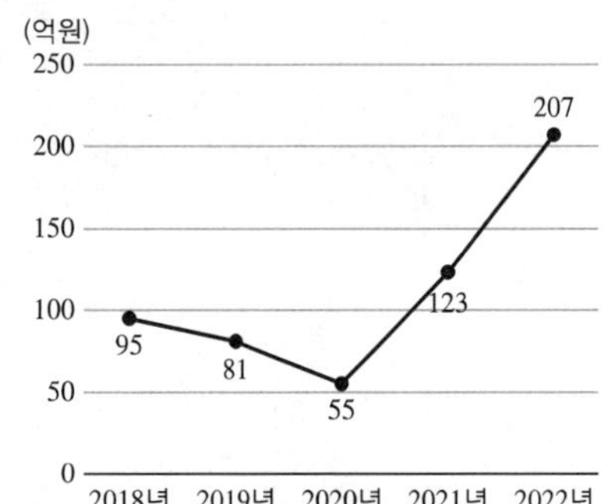

② 2018 ~ 2022년 영업이익

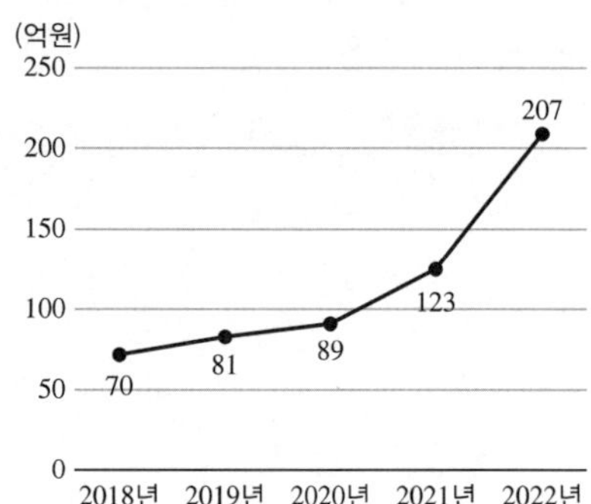

③ 2018 ~ 2022년 영업이익률

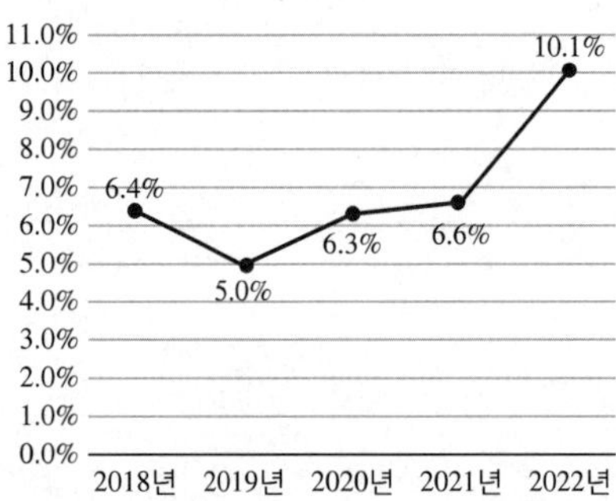

④ 2018 ~ 2022년 영업이익률

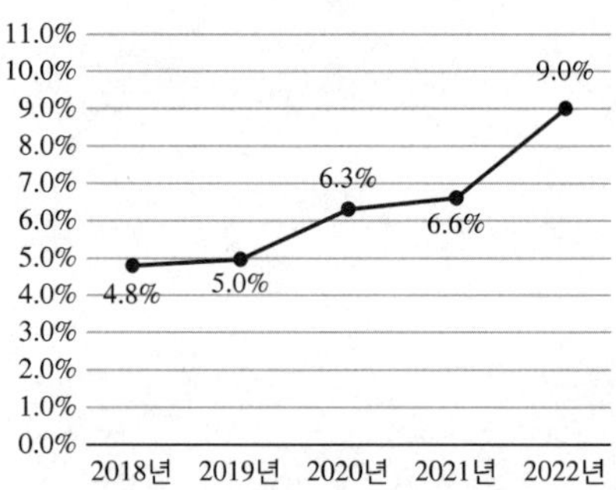

⑤ 2018 ~ 2022년 영업이익률

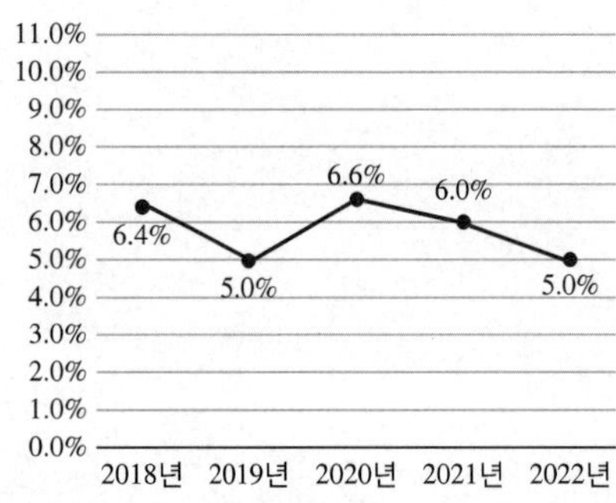

19 다음은 실내공간 $1m^3$ 당 환기시간에 따른 미세먼지 양을 나타낸 자료이다. 미세먼지와 환기시간의 관계가 주어진 자료와 식과 같을 때 ㉠과 ㉡에 들어갈 숫자로 알맞은 것은?

〈환기시간에 따른 미세먼지〉

환기시간(시간)	1	2	3	4
미세먼지($\mu g/m^3$)	363	192	㉠	㉡

※ $(\text{미세먼지}) = a \times (\text{환기시간})^2 + \frac{b}{(\text{환기시간})}$

	㉠	㉡
①	143	130
②	145	138
③	145	130
④	147	138
⑤	147	130

20 다음은 S기업의 분야별 투자 현황이다. 다음과 같이 일정한 변화가 지속될 때, 2028년 제조업과 소재/부품 분야의 투자는 모두 얼마인가?

(단위 : 억 원)

구분	2017년	2018년	2019년	2020년	2021년	2022년
제조업	1	3	7	13	21	31
소재/부품	3	5	9	17	33	65

① 1,158억 원
② 2,384억 원
③ 4,208억 원
④ 4,230억 원
⑤ 4,254억 원

제2영역 추리

※ 제시된 명제가 모두 참일 때, 다음 중 빈칸에 들어갈 명제로 가장 적절한 것을 고르시오. [1~3]

01

- 전제1. 의사 표현이 분명한 사람은 진취적인 삶을 산다.
- 전제2. 적극적인 사람은 의사 표현이 분명하다.
- 결론. ________________

① 적극적인 사람은 진취적인 삶을 산다.

② 진취적인 삶을 사는 사람은 적극적인 사람이다.

③ 의사 표현이 분명한 사람은 적극적인 사람이다.

④ 적극적이지 않은 사람은 의사 표현이 분명하지 않다.

⑤ 진취적인 삶을 사는 사람은 적극적이지 않은 사람이다.

02

- 전제1. 스나크가 아니면 앨리스이다.
- 전제2. ________________
- 결론. 앨리스가 아니면 부점이다.

① 앨리스는 부점이다.

② 앨리스이면 스나크가 아니다.

③ 부점이면 스나크이다.

④ 부점이 아니면 스나크가 아니다.

⑤ 스나크는 부점이 아니다.

03

- 전제1. 금값이 오르면 어떤 사람은 X매물을 매도한다.
- 전제2. X매물을 매도한 모든 사람은 Y매물을 매수한다.
- 결론. ________________

① 금값이 오르면 모든 사람은 Y매물을 매수한다.

② 금값이 오르면 어떤 사람은 Y매물을 매수한다.

③ 모든 사람이 X매물을 매도하면 금값이 오른다.

④ 모든 사람이 Y매물을 매수하면 금값이 오른다.

⑤ Y매물을 매도한 모든 사람은 X매물을 매수한다.

04 〈조건〉에 따라 5명 중 2명만 합격한다고 했을 때, 합격한 사람은?

〈조건〉

- 점수가 높은 사람이 합격한다.
- A와 B는 같이 합격하거나 같이 불합격한다.
- C는 D보다 점수가 높다.
- C와 E의 점수가 같다.
- B와 D의 점수가 같다.

① A, B ② A, C
③ C, D ④ C, E
⑤ D, E

05 S회사 영업부서 직원들은 사장님의 지시에 따라 금일 건강검진을 받으러 병원에 갔다. 영업부서는 A사원, B사원, C대리, D과장, E부장 총 5명으로 이루어져 있고, 다음 〈조건〉에 따라 이들의 건강검진 순서를 정하려고 할 때, C대리는 몇 번째로 검진을 받을 수 있는가?

〈조건〉

- A사원과 B사원은 이웃하여 있다.
- B사원은 E부장보다 뒤에 있다.
- D과장은 A사원보다 앞에 있다.
- E부장과 B사원 사이에는 2명이 있다.
- C대리와 A사원 사이에는 2명이 있다.

① 첫 번째 또는 두 번째 ② 두 번째 또는 세 번째
③ 세 번째 또는 네 번째 ④ 네 번째 또는 다섯 번째
⑤ 첫 번째 또는 세 번째

06 3학년 1반에서는 학생들의 투표를 통해 득표수에 따라 학급 대표를 선출하기로 하였고, 학급 대표 후보로 A, B, C, D, E가 나왔다. 투표 결과 A～E의 득표수가 다음과 같을 때, 바르게 추론한 것은?(단, 1반 학생들은 총 30명이며, 다섯 후보의 득표수는 서로 다르다)

- A는 15표를 얻었다.
- B는 C보다 2표를 더 얻었지만, A보다는 낮은 표를 얻었다.
- D는 A보다 낮은 표를 얻었지만, C보다는 높은 표를 얻었다.
- E는 1표를 얻어 가장 낮은 득표수를 기록했다.

① A가 학급 대표로 선출된다. ② B보다 D의 득표수가 높다.
③ D보다 B의 득표수가 높다. ④ 5명 중 2명이 10표 이상을 얻었다.
⑤ 최다 득표자는 과반수 이상의 표를 얻었다.

07 재무팀 A과장, 개발팀 B부장, 영업팀 C대리, 홍보팀 D차장, 디자인팀 E사원은 봄, 여름, 가을, 겨울에 중국, 일본, 러시아 중 한 나라로 출장을 간다. 다음 주어진 〈조건〉을 바탕으로 항상 옳은 것은?(단, A～E는 중국, 일본, 러시아 중 반드시 한 국가에 출장을 가며, 아무도 가지 않은 국가와 계절은 없다)

〈조건〉

- 중국은 2명이 출장을 가고, 각각 여름 혹은 겨울에 출장을 간다.
- 러시아에 출장 가는 사람은 봄 혹은 여름에 출장을 간다.
- 재무팀 A과장은 반드시 개발팀 B부장과 함께 출장 간다.
- 홍보팀 D차장은 혼자서 봄에 출장을 간다.
- 개발팀 B부장은 가을에 일본으로 출장을 간다.

① 홍보팀 D차장은 혼자서 중국으로 출장을 간다.
② 영업팀 C대리와 디자인팀 E사원은 함께 일본으로 출장을 간다.
③ 재무팀 A과장과 개발팀 B부장은 함께 중국으로 출장을 간다.
④ 영업팀 C대리가 여름에 중국 출장을 가면, 디자인팀 E사원은 겨울에 중국 출장을 간다.
⑤ 홍보팀 D차장이 어디로 출장을 가는지는 주어진 조건만으로 알 수 없다.

08 8조각의 피자를 A～D가 나눠 먹는다고 할 때, 다음 중 참이 아닌 것은?

- 네 사람 중 피자를 한 조각도 먹지 않은 사람은 없다.
- A는 피자 두 조각을 먹었다.
- 피자를 가장 적게 먹은 사람은 B이다.
- C는 D보다 피자 한 조각을 더 많이 먹었다.

① 피자 한 조각이 남는다.
② 두 명이 짝수 조각의 피자를 먹었다.
③ A와 D가 먹은 피자 조각 수는 같다.
④ C가 가장 많은 조각의 피자를 먹었다.
⑤ B는 D보다 피자 한 조각을 덜 먹었다.

09 S사의 사내 체육대회에서 A ~ F 여섯 명은 키가 큰 순서에 따라 두 명씩 1팀, 2팀, 3팀으로 나뉘어 배치된다. 다음 〈조건〉에 따라 배치된다고 할 때, 키가 가장 큰 사람은?

〈조건〉

- A, B, C, D, E, F의 키는 서로 다르다.
- 2팀의 B는 A보다 키가 작다.
- D보다 키가 작은 사람은 4명이다.
- A는 1팀에 배치되지 않는다.
- E와 F는 한 팀에 배치된다.

① A
② B
③ C
④ D
⑤ E

10 S사의 영업팀 팀장은 팀원들의 근태를 평가하기 위하여 영업팀 직원 A ~ F의 출근 시각을 확인하였다. 확인한 결과가 다음과 같을 때, 다음 중 항상 옳은 것은?(단, A ~ F의 출근 시각은 모두 다르며, 먼저 출근한 사람만 늦게 출근한 사람의 시간을 알 수 있다)

- C는 E보다 먼저 출근하였다.
- D는 A와 B보다 먼저 출근하였다.
- E는 A가 도착하기 직전 또는 직후에 출근하였다.
- E는 F보다 늦게 출근하였지만, 꼴찌는 아니다.
- F는 B가 도착하기 바로 직전에 출근하였다.

① A는 B의 출근 시각을 알 수 있다.
② B는 C의 출근 시각을 알 수 있다.
③ C는 A ~ F의 출근 순서를 알 수 있다.
④ D가 C보다 먼저 출근했다면, A ~ F의 출근 순서를 알 수 있다.
⑤ F가 C보다 먼저 출근했다면, D의 출근 시각을 알 수 있다.

11 **S사의 부산 지점에서 근무 중인 A과장, B대리, C대리, D대리, E사원은 2명 또는 3명으로 팀을 이루어 세종특별시, 서울특별시, 광주광역시, 인천광역시 네 지역으로 출장을 가야 한다. 각 지역별로 출장을 가는 팀을 구성한 결과가 다음과 같을 때, 항상 옳은 것은?(단, 모든 직원은 1회 이상의 출장을 가며, 지역별 출장일은 서로 다르다)**

- A과장은 네 지역으로 모두 출장을 간다.
- B대리는 모든 특별시로 출장을 간다.
- C대리와 D대리가 함께 출장을 가는 경우는 단 한 번뿐이다.
- 광주광역시에는 E사원을 포함한 두 명의 직원이 출장을 간다.
- 한 지역으로만 출장을 가는 사람은 E사원뿐이다.

① B대리는 D대리와 함께 출장을 가지 않는다.
② B대리는 C대리와 함께 출장을 가지 않는다.
③ C대리는 특별시로 출장을 가지 않는다.
④ D대리는 특별시로 출장을 가지 않는다.
⑤ D대리는 E사원과 함께 출장을 가지 않는다.

12 S사 재무팀 직원들은 회의를 위해 회의실에 모였다. 회의실의 테이블은 원형이고, 다음 〈조건〉에 따라 자리 배치를 하려고 할 때, 김팀장을 기준으로 시계 방향으로 앉은 사람을 순서대로 나열한 것은?

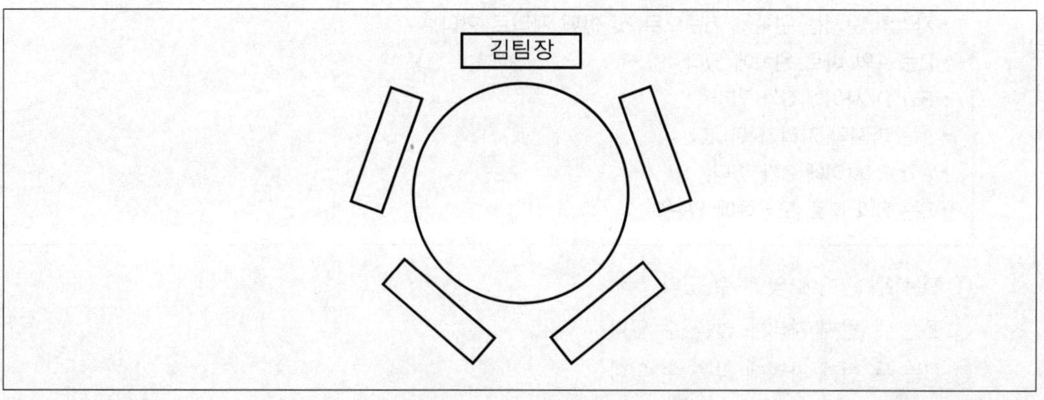

〈조건〉

- 정차장과 오과장은 서로 사이가 좋지 않아서 나란히 앉지 않는다.
- 김팀장은 정차장이 바로 오른쪽에 앉기를 바란다.
- 한대리는 오른쪽 귀가 좋지 않아서 양사원이 왼쪽에 앉기를 바란다.

① 김팀장 – 정차장 – 양사원 – 한대리 – 오과장
② 김팀장 – 한대리 – 오과장 – 정차장 – 양사원
③ 김팀장 – 양사원 – 정차장 – 오과장 – 한대리
④ 김팀장 – 오과장 – 양사원 – 한대리 – 정차장
⑤ 김팀장 – 오과장 – 한대리 – 양사원 – 정차장

13 A～E 5명이 다음 〈조건〉에 따라 일렬로 나란히 자리에 앉는다고 할 때, 다음 중 옳은 것은?

〈조건〉

- 자리의 순서는 왼쪽을 기준으로 첫 번째 자리로 한다.
- D는 A의 바로 왼쪽에 있다.
- B와 D 사이에 C가 있다.
- A는 마지막 자리가 아니다.
- A와 B 사이에 C가 있다.
- B는 E의 바로 오른쪽에 앉는다.

① D는 두 번째에 앉을 수 있다.
② E는 네 번째 자리에 앉을 수 있다.
③ C는 두 번째 자리에 앉을 수 있다.
④ C는 E의 오른쪽에 앉을 수 있다.
⑤ B는 다섯 번째 자리에 앉을 수 없다.

14 기획부 부서회의에 최부장, 김과장, 이대리, 조대리, 한사원, 박사원 중 일부만 회의에 참석할 예정이다. 다음 〈조건〉을 바탕으로 최부장이 회의에 참석했을 때, 회의에 반드시 참석하는 직원의 인원 수는?

〈조건〉

- 한사원이 회의에 참석하지 않으면 박사원도 참석하지 않는다.
- 조대리가 회의에 참석하면 이대리는 참석하지 않는다.
- 최부장이 회의에 참석하면 이대리도 참석한다.
- 박사원이 회의에 참석하지 않으면 최부장도 참석하지 않는다.

① 1명
② 2명
③ 3명
④ 4명
⑤ 5명

15 다음 제시된 단어의 대응 관계가 동일하도록 빈칸에 들어갈 가장 적절한 단어를 고르면?

낱말 : 문장 = ( ) : 태양계

① 우주
② 인공위성
③ 행성
④ 은하계
⑤ 블랙홀

16 다음 단어의 대응 관계가 나머지와 다른 하나는?

① 거부 – 거절
② 격려 – 고무
③ 결의 – 결정
④ 각오 – 결심
⑤ 치욕 – 영예

17 다음 글을 읽고 추론한 내용으로 가장 적절한 것은?

> 미적인 것이란 내재적이고 선험적인 예술 작품의 특성을 밝히는 데서 더 나아가 삶의 풍부하고 생동적인 양상과 가치, 목표를 예술 형식으로 변환한 것이다. 미(美)는 어떤 맥락으로부터도 자율적이기도 하지만 타율적이다. 미에 대한 자율적 견해를 지닌 칸트도 일견 타당하지만, 미를 도덕이나 목적론과 연관시킨 톨스토이나 마르크스도 타당하다. 우리가 길을 지나다 이름 모를 곡을 듣고서 아름답다고 느끼는 것처럼 순수미의 영역이 없는 것은 아니다. 하지만 그 곡이 독재자를 열렬히 지지하기 위한 선전곡이었음을 안 다음부터 그 곡을 혐오하듯 미(美) 또한 사회 경제적, 문화적 맥락의 영향을 받기도 한다.

① 작품의 구조 자체에 주목하여 문학작품을 감상해야 한다는 절대주의적 관점은 칸트의 견해와 유사하다.
② 칸트는 현실과 동떨어진 작품보다 부조리한 사회 현실을 고발하는 작품의 가치를 더 높게 평가하였을 것이다.
③ 칸트의 견해에 따르면 예술 작품이 독자에게 어떠한 영향을 미치느냐에 따라 작품의 가치가 달라질 수 있다.
④ 톨스토이의 견해에 따라 시를 감상한다면 운율과 이미지, 시상 전개 등을 중심으로 감상해야 한다.
⑤ 톨스토이와 마르크스는 예술 작품이 내재하고 있는 고유한 특성이 감상에 중요하지 않다고 주장했다.

18 다음 글의 내용이 참일 때 항상 참이 아닌 것은?

스마트폰, 태블릿 등의 각종 스마트기기가 우리 생활 속으로 들어옴에 따라 회사에 굳이 출근하지 않아도 업무 수행이 가능해졌다. 이에 따라 기업들은 일하는 시간과 공간에 제약이 없는 유연근무제를 통해 업무 생산성을 향상시켜 경쟁력을 키워가고 있다. 유연근무제는 근로자와 사용자가 근로시간이나 근로 장소 등을 선택·조정하여 일과 생활을 조화롭게(Work-Life Balance) 하고, 인력 활용의 효율성을 높일 수 있는 제도를 말한다.

젊은 인재들은 승진이나 금전적 보상과 같은 전통적인 동기부여 요소보다 조직으로부터의 인정, 성장 기회, 업무에 대한 자기 주도성, 일과 삶의 균형 등에서 더 큰 몰입과 충성도를 느낀다. 결국 유연근무제는 그 자체만으로도 큰 유인 요소로 작용할 수 있다.

유연근무제는 시차출퇴근제, 선택근무제, 재량근무제, 원격근무제, 재택근무제 등의 다양한 형태로 운영될 수 있다. 시차출퇴근제는 주5일, 1일 8시간, 주당 40시간이라는 기존의 소정근로시간을 준수하면서 출퇴근 시간을 조정할 수 있다. 선택근무제 역시 출퇴근 시간을 근로자가 자유롭게 선택할 수 있으나, 시차출퇴근제와 달리 1일 8시간이라는 근로시간에 구애받지 않고 주당 40시간의 범위 내에서 1일 근무시간을 자율적으로 조정할 수 있다. 선택근무제는 기업 상황과 여건에 따라 연구직, 일반 사무관리직, 생산직 등 다양한 직무에 도입할 수 있으나, 근로시간이나 근로일에 따라 업무량의 편차가 발생할 수 있으므로 업무 조율이 가능한 소프트웨어 개발, 사무관리, 연구, 디자인, 설계 등의 직무에 적용이 용이하다.

재량근무제는 근로시간 및 업무수행 방식을 근로자 스스로 결정하여 근무하는 형태로, 고도의 전문 지식과 기술이 필요하여 업무수행 방법이나 시간 배분을 업무수행자의 재량에 맡길 필요가 있는 분야에 적합하다. 재량근무제 적용이 가능한 업무는 신기술의 연구개발이나 방송 프로그램·영화 등의 감독 업무 등 법으로 규정되어 있으므로 그 외의 업무는 근로자와 합의하여도 재량근무제를 실시할 수 없다.

원격근무제는 주1일 이상 원격근무용 사무실이나 사무실이 아닌 장소에서 모바일 기기를 이용하여 근무하는 형태로, 크게 위성 사무실형 원격근무와 이동형 원격근무 두 가지 유형으로 구분할 수 있다. 위성 사무실형 원격근무는 주거지, 출장지 등과 가까운 원격근무용 사무실에 출근하여 근무하는 형태로, 출퇴근 거리 감소와 업무 효율성 증진의 효과를 얻을 수 있다. 이동형 원격근무는 사무실이 아닌 장소에서 모바일 기기를 이용하여 장소적 제약 없이 근무하는 형태로, 현장 업무를 신속하게 처리하고 메일이나 결재 처리를 단축시킬 수 있다는 장점이 있다. 원격근무제는 재량근무제와 달리 적용 가능한 직무의 제한을 두지 않으나, 위성 사무실형 원격근무는 개별적·독립적으로 업무수행이 가능한 직무에, 이동형 원격근무는 물리적 작업공간이 필요하지 않는 직무에 용이하다.

마지막으로 재택근무제는 근로자가 정보통신기술을 활용하여 자택에 업무공간을 마련하고, 업무와 필요한 시설과 장비를 구축한 환경에서 근무하는 형태로, 대부분의 근무를 재택으로 하는 상시형 재택근무와 일주일 중 일부만 재택근무를 하는 수시형 재택근무로 구분할 수 있다.

① 시차출퇴근제는 반드시 하루 8시간의 근무 형태로 운영되어야 한다.
② 선택근무제는 반드시 주5일의 근무 형태로 운영되어야 한다.
③ 일반 사무 업무에서는 근로자와 사용자가 합의하여도 재량근무제를 운영할 수 없다.
④ 현장에서 직접 처리해야 하는 업무가 많은 직무라면 이동형 원격근무제를 운영할 수 있다.
⑤ 근로자를 일주일 중 며칠만 자택에서 근무하게 하더라도 재택근무를 운영하고 있다고 볼 수 있다.

19 다음 글의 내용이 참일 때 항상 참인 것은?

우리는 물놀이를 할 때는 구명조끼, 오토바이를 탈 때는 보호대를 착용한다. 이외에도 각종 작업 및 스포츠 활동을 할 때 안전을 위해 보호 장치를 착용하는데, 위험성이 높을수록 이러한 안전장치의 필요성이 높아진다. 특히 자칫 잘못하면 생명을 위협할 수 있는 송배전 계통에선 감전 등의 전기사고를 방지하기 위한 안전장치가 필요한데 그중에 하나가 '접지'이다.

접지란, 감전 등의 전기사고 예방 목적으로 전기회로 또는 전기기기, 전기설비의 어느 한쪽을 대지에 연결하여 기기와 대지와의 전위차가 0V가 되도록 하는 것으로 전류는 전위차가 있을 때에만 흐르므로 접지가 되어 있는 전기회로 및 설비에는 사람의 몸이 닿아도 감전되지 않게 된다.

접지를 하는 가장 큰 목적은 사람과 가축의 감전을 방지하기 위해서이다. 전기설비의 전선 피복이 벗겨지거나 노출된 상태에서 사람이나 가축이 전선이나 설비의 케이스를 만지면 감전사고로 인한 부상 및 사망 등의 위험이 높아지기 때문이다.

접지의 또 다른 목적 중 하나는 폭발 및 화재방지이다. 마찰 등에 의한 정전기 발생 위험이 있는 장치 및 물질을 취급하는 전기설비들은 자칫하면 정전기 발생이 화재 및 폭발로 이어질 수 있기 때문에 정전기 발생을 사전에 예방하기 위해 접지를 해둬야 한다.

그 외에도 송전선으로부터 인근 통신선의 유도장해 방지, 전기설비의 절연파괴 방지에 따른 신뢰도 향상 등을 위해 접지를 사용하기도 한다.

접지방식에는 비접지방식, 직접 접지방식, 저항 접지방식, 리액터 접지방식이 있다. 비접지방식의 경우 접지를 위해 중성점에 따로 금속선을 연결할 필요는 없으나, 송배전 계통의 전압이 높고 선로의 전압이 높으면 송전선로, 배전선로의 일부가 대지와 전기적으로 연결되는 지락사고를 발생시킬 수 있는 것이 단점이다. 반대로 우리나라에서 가장 많이 사용하는 직접 접지방식은 중성점에 금속선을 연결한 것으로 절연비를 절감할 수 있지만, 금속선을 타고 지락 전류가 많이 흐르므로 계통의 안정도가 나쁘다.

그 밖에도 저항 접지방식은 중성점에 연결하는 선의 저항 크기에 따라 고저항 접지방식과 저저항 접지방식이 있으며, 접지 저항이 너무 작으면 송배전선 인근 통신선에 유도장애가 커지고, 반대로 너무 크면 평상시 대지 전압이 높아진다.

리액터 접지방식도 저항 접지방식과 같이 임피던스의 크기에 따라 저임피던스 접지방식과 고임피던스 접지방식이 있고, 임피던스가 너무 작으면 인근 통신선에 유도장애가 커지고, 너무 크면 평상시 대지 전압이 높아진다.

이처럼 각 접지 종류별로 장단점이 있어 모든 전기사고를 완벽히 방지할 수는 없기에, 더 안전하고 완벽한 접지에 대한 연구의 필요성이 높아진다.

① 위험성이 낮을 경우 안정장치는 필요치 않게 된다.
② 전기사고를 방지하는 안정장치는 접지 외에도 다른 방법이 있다.
③ 전위차가 없더라도 전류가 흐를 수도 있다.
④ 접지를 하지 않으면 정전기가 발생한다.
⑤ 중성점에 연결하는 선의 저항 크기와 임피던스의 크기는 상관관계가 있다.

20 다음 글을 읽고 인조를 비판할 수 있는 내용으로 적절하지 않은 것은?

1636년(인조 14년) 4월 국세를 확장한 후금의 홍타이지(태종)는 스스로 황제라 칭하고, 국호를 청으로, 수도는 심양으로 정하였다. 심양으로의 천도는 명나라를 완전히 압박하여 중원 장악의 기틀을 마련하기 위함이었다. 후금은 명 정벌에 앞서 그 배후가 될 수 있는 조선을 확실히 장악하기 위해 조선에 군신 관계를 맺을 것도 요구해 왔다. 이러한 청 태종의 요구는 인조와 조선 조정을 격분시켰다.

결국, 강화 회담의 성립으로 전쟁은 종료되었지만, 정묘호란 이후에도 후금에 대한 강경책의 목소리가 높았다. 1627년 정묘호란을 겪으면서 맺은 형제 관계조차도 무효로 하고자 하는 상황에서, 청 태종을 황제로 섬길 것을 요구하는 무례에 분노했던 것이다. 이제껏 오랑캐라고 무시했던 후금을 명나라와 동등하게 대우하여야 한다는 조처는 인조와 서인 정권의 생리에 절대 맞지가 않았다. 특히 후금이 통상적인 조건의 10배가 넘는 무역을 요구해 오자 인조의 분노는 폭발하였다.

전쟁의 여운이 어느 정도 사라진 1634년 인조는 "이기고 짐은 병가의 상사이다. 금나라 사람이 강하긴 하지만 싸울 때마다 반드시 이기지는 못할 것이며, 아군이 약하지만 싸울 때마다 반드시 패하지도 않을 것이다. 옛말에 '의지가 있는 용사는 목이 떨어질 각오를 한다.'고 하였고, 또 '군사가 교만하면 패한다.'고 하였다. 오늘날 무사들이 만약 자신을 잊고 순국한다면 이 교만한 오랑캐를 무찌르기는 어려운 일이 아니다."는 하교를 내리면서 전쟁을 결코 피하지 않을 것임을 선언하였다. 조선은 또다시 전시 체제에 돌입했다.

신흥 강국 후금에 대한 현실적인 힘을 무시하고 의리와 명분을 고집한 집권층의 닫힌 의식은 스스로 병란을 자초한 꼴이 되었다. 정묘호란 때 그렇게 당했으면서도 내부의 국방력에 대한 철저한 점검 없이 맞불 작전으로 후금에 맞서는 최악의 길을 택한 것이다.

① 오랑캐의 나라인 후금을 명나라와 동등하게 대우한다는 것은 있을 수 없습니다.
② 감정 따로 현실 따로인 법, 힘과 국력이 문제입니다. 현실을 직시해야 합니다.
③ 그들의 요구를 물리친다면 승산 없는 전쟁으로 결과는 불 보듯 뻔합니다.
④ 명분만 내세워 준비 없이 수행하는 전쟁은 더 큰 피해를 입게 될 것입니다.
⑤ 후금은 전쟁을 피해야 할 북방의 최고 강자로 성장한 나라입니다.

21 다음 글을 읽고, 뒤르켐이 헤겔에게 비판할 수 있는 주장으로 적절한 것은?

시민 사회라는 용어는 17세기에 등장했지만 19세기 초에 이를 국가와 구분하여 개념적으로 정교화한 인물이 헤겔이다. 그가 활동하던 시기에 유럽의 후진국인 프러시아에는 절대주의 시대의 잔재가 아직 남아 있었다. 산업 자본주의도 미성숙했던 때여서 산업화를 추진하고 자본가들을 육성하며 심각한 빈부 격차나 계급 갈등 등의 사회문제를 해결해야 하는 시대적 과제가 있었다. 그는 사익의 극대화가 국부를 증대해준다는 점에서 공리주의를 긍정했으나 그것이 시민 사회 내에서 개인들의 무한한 사익 추구가 일으키는 빈부 격차나 계급 갈등을 해결할 수는 없다고 보았다. 그는 시민 사회가 개인들의 사적 욕구를 추구하며 살아가는 생활 영역이자 그 욕구를 사회적 의존 관계 속에서 추구하게 하는 공동체적 윤리성의 영역이어야 한다고 생각했다. 특히 시민 사회 내에서 사익 조정과 공익 실현에 기여하는 직업 단체와 복지 및 치안 문제를 해결하는 복지 행정 조직의 역할을 설정 하면서, 이 두 기구가 시민 사회를 이상적인 국가로 이끌 연결 고리가 될 것으로 기대했다. 하지만 빈곤과 계급 갈등은 시민 사회 내에서 근원적으로 해결될 수 없는 것이었다. 따라서 그는 국가를 사회 문제를 해결하고 공적 질서를 확립할 최종 주체로 설정하면서 시민 사회가 국가에 협력해야 한다고 생각했다.

한편 1789년 프랑스 혁명 이후 프랑스 사회는 혁명을 이끌었던 계몽주의자들의 기대와는 다른 모습을 보이고 있었다. 사회는 사익을 추구하는 파편화된 개인들의 각축장이 되어 있었고 빈부 격차와 계급 갈등은 격화된 상태였다. 이러한 혼란을 극복하기 위해 노동자 단체와 고용주 단체 모두를 불법으로 규정한 르샤폴리에법이 1791년부터 약 90년간 시행되었으나, 이 법은 분출되는 사익의 추구를 억제하지도 못하면서 오히려 프랑스 시민 사회를 극도로 위축시켰다.

뒤르켐은 이러한 상황을 아노미, 곧 무규범 상태로 파악하고 최대 다수의 최대 행복을 표방하는 공리주의가 사실은 개인의 이기심을 전제로 하고 있기에 아노미를 조장할 뿐이라고 생각했다. 그는 사익을 조정하고 공익과 공동체적 연대를 실현할 도덕적 개인주의의 규범에 주목하면서, 이를 수행할 주체로서 직업 단체의 역할을 강조하였다. 뒤르켐은 직업 단체가 정치적 중간 집단으로서 구성원의 이해관계를 국가에 전달하는 한편 국가를 견제해야 한다고 보았던 것이다.

① 직업 단체는 정치적 중간집단의 역할로 빈곤과 계급 갈등을 근원적으로 해결하지 못해요.
② 직업 단체와 복지행정조직이 시민 사회를 이상적인 국가로 이끌어줄 열쇠에요.
③ 국가가 주체이기는 하지만 공동체적 연대의 실현을 수행할 중간 집단으로서의 주체가 필요해요.
④ 국가는 최종 주체로 설정한다면 사익을 조정할 수 있고, 공적 질서를 확립할 수 있어요.
⑤ 공리주의는 개인의 이기심을 전제로 하고 있기 때문에 아노미를 조장할 뿐이에요.

※ 다음 지문을 토대로 〈보기〉를 바르게 해석한 것을 고르시오. **[22~23]**

22

제2차 세계대전이 끝나고 나서 미국과 소련 및 그 동맹국들 사이에서 공공연하게 전개된 제한적 대결 상태를 냉전이라고 한다. 냉전의 기원에 관한 논의는 냉전이 시작된 직후부터 최근까지 계속 진행되었다. 이는 단순히 냉전의 발발 시기와 이유에 대한 논의만이 아니라, 그 책임 소재를 묻는 것이기도 하다. 그 연구의 결과를 편의상 세 가지로 나누어 볼 수 있다.

가장 먼저 나타난 전통주의는 냉전을 유발한 근본적 책임이 소련의 팽창주의에 있다고 보았다. 소련은 세계를 공산화하기 위한 계획을 수립했고, 이 계획을 실행하기 위해 특히 동유럽 지역을 시작으로 적극적인 팽창 정책을 수행하였다. 그리고 미국이 자유 민주주의 세계를 지켜야 한다는 도덕적 책임감에 기초하여 그에 대한 봉쇄 정책을 추구하는 와중에 냉전이 발생했다고 본다. 그리고 미국의 봉쇄 정책이 성공적으로 수행된 결과 냉전이 종식되었다는 것이 이들의 입장이다.

여기에 비판을 가한 수정주의는 기본적으로 냉전의 책임이 미국 쪽에 있고, 미국의 정책은 경제적 동기에서 비롯했다고 주장했다. 즉, 미국은 전후 세계를 자신들이 주도해 나가야 한다고 생각했고, 전쟁 중에 급증한 생산력을 유지할 수 있는 시장을 얻기 위해 세계를 개방 경제 체제로 만들고자 했다. 그러므로 미국 정책 수립의 기저에 깔린 것은 이념이 아니라는 것이다. 무엇보다 소련은 미국에 비해 국력이 미약했으므로 적극적 팽창 정책을 수행할 능력이 없었다는 것이 수정주의의 기본적 입장이었다. 오히려 미국이 유럽에서 공격적인 정책을 수행했고, 소련은 이에 대응했다는 것이다.

〈보기〉

탈수정주의는 냉전의 책임을 일방적으로 어느 한쪽에 부과해서는 안 된다고 보았다. 즉, 냉전은 양국이 추진한 정책의 '상호 작용'에 의해 발생했다는 것이다. 또 경제를 중심으로만 냉전을 보아서는 안 되며 안보 문제 등도 같이 고려하여 파악해야 한다고 보았다. 소련의 목적은 주로 안보 면에서 제한적으로 추구되었는데, 미국은 소련의 행동에 과잉 반응했고, 이것이 상황을 악화시켰다는 것이다. 이로 인해 냉전 책임론은 크게 후퇴하고 구체적인 정책 형성에 대한 연구가 부각되었다.

① 탈수정주의는 전통주의와 마찬가지로 냉전의 책임을 소련에게 부여하고 있다.
② 탈수정주의는 수정주의와 마찬가지로 냉전의 책임을 미국에게 부여하고 있다.
③ 탈수정주의와 달리 전통주의는 미국의 봉쇄 정책으로 인해 냉전이 발생했다고 본다.
④ 탈수정주의와 달리 수정주의는 소련의 적극적인 팽창 정책을 냉전의 원인으로 본다.
⑤ 수정주의와 탈수정주의 모두 냉전을 파악하는 데 있어 경제적인 측면을 고려한다.

23

음식이 상한 것과 가스가 새는 것을 쉽게 알아차릴 수 있는 것은 우리에게 냄새를 맡을 수 있는 후각이 있기 때문이다. 이처럼 후각은 우리 몸에 해로운 물질을 탐지하는 문지기 역할을 하는 중요한 감각이다. 어떤 냄새를 일으키는 물질을 '취기재(臭氣材)'라 부르는데, 우리가 어떤 냄새가 난다고 탐지할 수 있는 것은 취기재의 분자가 코의 내벽에 있는 후각 수용기를 자극하기 때문이다.

일반적으로 인간은 동물만큼 후각이 예민하지 않다. 물론 인간도 다른 동물과 마찬가지로 취기재의 분자 하나에도 민감하게 반응하는 후각 수용기를 갖고 있다. 하지만 개[犬]가 10억 개에 이르는 후각 수용기를 갖고 있는 것에 비해 인간의 후각 수용기는 1천만 개에 불과하여 인간의 후각이 개의 후각보다 둔한 것이다.

우리가 냄새를 맡으려면 공기 중에 취기재의 분자가 충분히 많아야 한다. 다시 말해, 취기재의 농도가 어느 정도에 이르러야 냄새를 탐지할 수 있다. 이처럼 냄새를 탐지할 수 있는 최저 농도를 '탐지 역치'라 한다. 탐지 역치는 취기재에 따라 차이가 있다. 우리가 메탄올보다 박하 냄새를 더 쉽게 알아챌 수 있는 까닭은 메탄올의 탐지 역치가 박하향에 비해 약 3,500배 가량 높기 때문이다.

취기재의 농도가 탐지 역치 정도의 수준에서는 냄새가 나는지 안 나는지 정도를 탐지할 수는 있지만 그 냄새가 무슨 냄새인지 인식하지 못한다. 즉 냄새의 존재 유무를 탐지할 수는 있어도 냄새를 풍기는 취기재의 정체를 인식하지는 못하는 상태가 된다. 취기재의 정체를 인식하려면 취기재의 농도가 탐지 역치보다 3배 가량은 높아야 한다. 즉 취기재의 농도가 탐지 역치 수준으로 낮은 상태에서는 그 냄새가 꽃향기인지 비린내인지 알 수 없는 것이다. 한편 같은 취기재들 사이에서는 농도가 평균 11% 정도 차이가 나야 냄새의 세기 차이를 구별할 수 있다고 알려져 있다.

연구에 따르면 인간이 구별할 수 있는 냄새의 가짓수는 10만 개가 넘는다. 하지만 그 취기재가 무엇인지 다 인식해 내지는 못한다. 그것은 우리가 모든 냄새에 대응되는 명명 체계를 갖고 있지 못할 뿐만 아니라 특정한 냄새와 그것에 해당하는 이름을 연결하는 능력이 부족하기 때문이다. 즉 인간의 후각은 기억과 밀접한 관련이 있는 것이다. 이에 따르면 어떤 냄새를 맡았을 때 그 냄새와 관련된 과거의 경험이나 감정이 떠오르는 일은 매우 자연스러운 현상이다.

〈보기〉

한 실험에서 실험 참여자에게 실험에 쓰일 모든 취기재의 이름을 미리 알려 준 다음, 임의로 선택한 취기재의 냄새를 맡게 하고 그 종류를 맞히게 했다. 이때 실험 참여자가 틀린 답을 하면 그때마다 정정해 주었다. 그 결과 취기재의 이름을 알아맞히는 능력이 거의 두 배로 향상되었다.

① 인간은 동물과 비슷한 수준의 후각 수용기를 가지고 있다.
② 참여자가 취기재를 구별할 수 있는 것은 후각 수용기의 수가 10억 개에 이르기 때문이다.
③ 취기재 구별 능력이 향상된 것은 취기채의 농도가 탐지 역치보다 낮아졌기 때문이다.
④ 참여자의 구별 능력이 점차 나아지는 것은 냄새에 대응되는 이름을 기억했기 때문이다.
⑤ 실험 참여자가 지금보다 냄새를 더 잘 맡기 위해선 취기재의 농도를 탐지 역치보다 3배로 높여야 한다.

※ 다음 제시된 도형의 규칙을 보고 물음표에 들어갈 알맞은 것을 고르시오. **[24~26]**

24

①

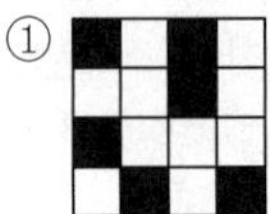

②

③

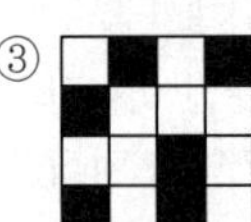

④

⑤

25

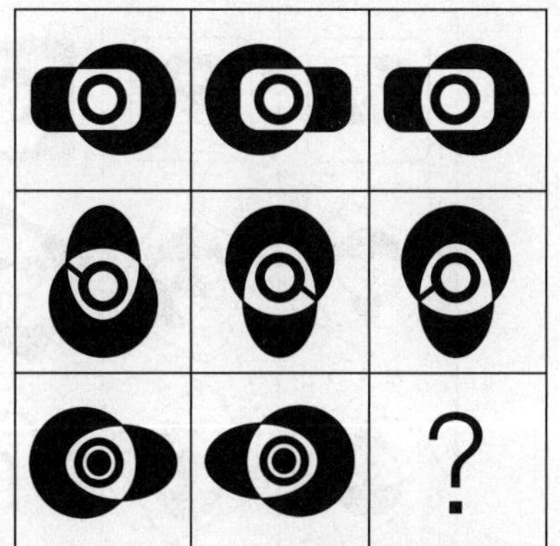

① 

② 

③ 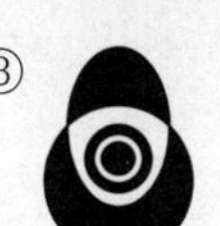

④ 

⑤ 

26

① 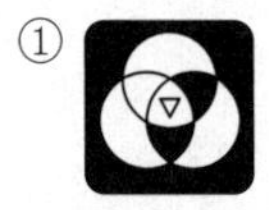

② 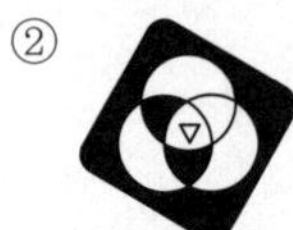

③ 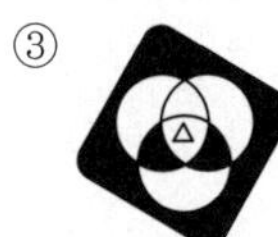

④ 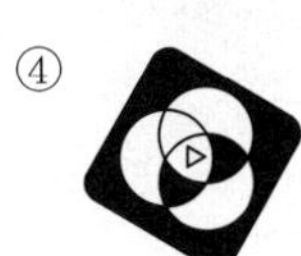

⑤ 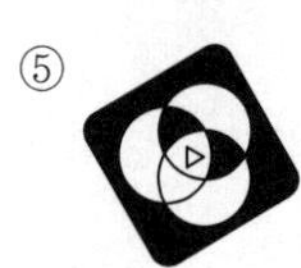

※ 다음 도식에서 기호들은 일정한 규칙에 따라 문자를 변화시킨다. 물음표에 들어갈 알맞은 문자를 고르시오 (단, 규칙은 가로와 세로 중 한 방향으로만 적용된다). **[27~30]**

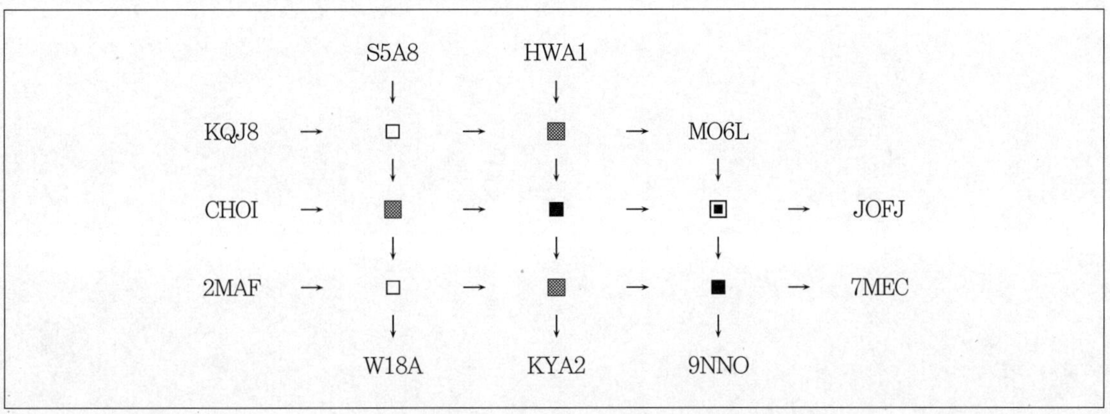

27

VEN8 → ▣ → ▩ → ?

① N8VE　② 8NEV
③ N8EV　④ 8ENV
⑤ 8NVE

28

OK15 → ■ → □ → ?

① 52RM　② RM52
③ 43TK　④ TK43
⑤ 42RK

29

? → □ → ▣ → 55DQ

① BS37　② BS55
③ DQ37　④ DQ55
⑤ QD55

30

? → □ → ■ → PZHK

① XGKM　② MXGK
③ KZEM　④ KEMZ
⑤ ZEMK

5권

제3회
온라인 GSAT
삼성직무적성검사

〈문항 수 및 시험시간〉

평가 영역	문항 수	시험시간	도서 동형 온라인 모의고사 쿠폰번호
수리	20문항	30분	APBR-00000-F306D
추리	30문항	30분	

온라인 GSAT 삼성직무적성검사

※ 문제를 풀기 전에 문제풀이 용지를 다운받아 인쇄하여 실제 시험에 응시하는 것처럼 연습하기 바랍니다.

〈문제풀이 용지 다운받는 방법〉

▶ SD에듀 도서 홈페이지 접속(www.sdedu.co.kr/book)

▶ 상단 카테고리 「도서업데이트」 클릭

▶ 「온라인 GSAT 문제풀이 용지」 검색 후 다운로드

제 1 영역 수리

01 S사는 제품 a, b에 대한 상품성을 조사하기 위해 임의로 400명을 선정하여 선호도 조사를 하였다. 응답률은 25%였고 복수 응답이 가능했다. 제품 a를 선호하는 사람은 41명, 제품 b를 선호하는 사람은 57명으로 집계되었다. 제품 a, b 둘 다 선호하지 않는 사람은 제품 a, b 둘 다 선호하는 사람의 두 배보다 3명이 적을 때 제품 a, b 둘 다 선호하지 않는 사람은 몇 명인가?

① 5명 ② 6명

③ 7명 ④ 8명

⑤ 9명

02 S사의 체육대회에서 올해 운영을 위한 임원진(운영위원장 1명, 운영위원 2명)을 새롭게 선출하려고 한다. 추천받은 인원은 20명이며, 임원진으로 남자와 여자가 1명 이상씩 선출되어야 한다. 추천 인원 남녀 성비가 6 : 4일 때, 올해 임원을 선출할 수 있는 경우의 수는?

① 916가지 ② 1,374가지

③ 1,568가지 ④ 2,464가지

⑤ 2,592가지

03 다음은 연도별 주요 국가의 커피 수입량을 나타낸 표이다. 이에 대해 〈보기〉에서 옳은 것을 모두 고르면? (단, 소수점 둘째 자리에서 반올림한다)

〈연도별 주요 국가의 커피 수입량〉

(단위 : 1,000kg)

순위	국가	2022년	2017년	2012년	합계
1	유럽	48,510	44,221	40,392	133,123
2	미국	25,482	26,423	26,228	78,133
3	일본	13,288	14,382	13,882	41,552
4	러시아	11,382	10,922	10,541	32,845
5	캐나다	8,842	7,481	7,992	24,315
6	한국	4,982	4,881	4,922	14,785
7	호주	1,350	1,288	1,384	4,022
전체		113,836	109,598	105,341	328,775

〈보기〉

ㄱ. 2012년에 비해 2022년에 커피 수입량이 증가한 국가 수가 감소한 국가 수보다 많다.
ㄴ. 커피 수입량이 가장 많은 상위 2개 국가의 커피 수입량의 합계는 항상 전체 수입량의 65% 이하이다.
ㄷ. 한국의 커피 수입량은 항상 호주의 3.5배 이상이다.
ㄹ. 2012년 대비 2022년의 커피 수입량의 증가율과 증가량 모두 캐나다가 러시아보다 높다.

① ㄱ, ㄷ
② ㄴ, ㄹ
③ ㄱ, ㄴ, ㄹ
④ ㄴ, ㄷ, ㄹ
⑤ ㄱ, ㄴ, ㄷ, ㄹ

04 다음은 업종별 매출액 대비 수출액 비중을 나타낸 표이다. 〈보기〉 중 이에 대해 옳은 설명을 한 사람을 모두 고르면?

〈업종별 매출액 대비 수출액 비중〉

구분	사례 수 (개)	5% 미만 (%)	5% 이상 10% 미만 (%)	10% 이상 20% 미만 (%)	20% 이상 50% 미만 (%)	50% 이상 80% 미만 (%)	80% 이상 (%)
소계	2,537	17.2	14.1	15.0	28.7	11.1	13.9
주조	127	25.4	26.5	8.3	16.9	14.9	8.0
금형	830	10.2	9.9	15.5	35.1	7.9	21.4
소성가공	625	25.7	11.5	14.5	25.7	13.6	9.0
용접	597	18.5	18.6	13.4	23.7	11.0	14.8
표면처리	298	16.1	15.5	19.0	32.3	12.2	4.9
열처리	60	2.6	20.3	24.6	28.8	15.8	7.9

〈보기〉

은하 : 주조 업체의 경우, 매출액 대비 수출액 비중이 5% 미만인 업체가 가장 많아.

장원 : 매출액 대비 수출액 비중이 50% 이상 80% 미만인 열처리 업체의 수가 매출액 대비 수출액 비중이 10% 이상 20% 미만인 용접 업체의 수보다 적어.

인석 : 매출액 대비 수출액 비중이 20% 이상 50% 미만인 업체 중 주조 업체가 차지하는 비중이 가장 커.

도원 : 금형 업체 중 매출액 대비 수출액 비중이 5% 이상 10% 미만인 업체 수가 주조 업체 중 매출액 대비 수출액 비중이 5% 미만인 업체의 수 보다 많아.

① 은하, 장원　　② 은하, 인석
③ 장원, 인석　　④ 장원, 도원
⑤ 인석, 도원

05 다음은 S사의 부채 현황에 대한 표이다. 이에 대한 설명으로 옳지 않은 것은?

〈S사 부채 현황〉

(단위 : 조 원)

회계연도		2013년	2014년	2015년	2016년	2017년	2018년	2019년	2020년	2021년	2022년
자산		65.6	66.9	70.0	92.3	94.8	96.2	98.2	99.7	106.3	105.3
부채	금융부채	14.6	19.0	22.0	26.4	30.0	34.2	35.4	32.8	26.5	22.4
	비금융부채	7.0	6.9	6.9	17.8	20.3	20.7	21.2	23.5	26.6	27.5
	합계	21.6	25.9	28.9	44.2	50.3	54.9	56.6	56.3	53.1	49.9
자본		44	41	41.1	48.1	44.5	41.3	41.6	43.4	53.2	55.4

※ [부채비율(%)]=(부채합계)÷(자본)×100

① 2019년도의 부채비율은 약 136%로 다른 연도에 비해 부채비율이 가장 높다.

② 2014년도부터 2021년도까지 자산은 전년 대비 꾸준히 증가해왔다.

③ 2013년도부터 2020년도까지 금융부채는 비금융부채보다 1.5배 이상 많다.

④ 부채는 2019년도 이후 줄어들고 있다.

⑤ 자본은 비금융부채보다 매년 1.5배 이상 많다.

06 다음은 항목별 상위 7개 동의 자산규모를 나타낸 표이다. 이에 대한 설명으로 옳은 것은?

〈항목별 상위 7개 동의 자산규모〉

순위 \ 구분	총자산(조 원)		부동산자산(조 원)		예금자산(조 원)		가구당 총자산(억 원)	
	동명	규모	동명	규모	동명	규모	동명	규모
1	여의도동	24.9	대치동	17.7	여의도동	9.6	을지로동	51.2
2	대치동	23.0	서초동	16.8	태평로동	7.0	여의도동	26.7
3	서초동	22.6	압구정동	14.3	을지로동	4.5	압구정동	12.8
4	반포동	15.6	목동	13.7	서초동	4.3	도곡동	9.2
5	목동	15.5	신정동	13.6	역삼동	3.9	잠원동	8.7
6	도곡동	15.0	반포동	12.5	대치동	3.1	이촌동	7.4
7	압구정동	14.4	도곡동	12.3	반포동	2.5	서초동	6.4

※ (총자산)=(부동산자산)+(예금자산)+(증권자산)

※ (가구 수)=$\frac{\text{(총자산)}}{\text{(가구당 총자산)}}$

① 압구정동의 가구 수는 여의도동의 가구 수보다 적다.

② 이촌동의 가구 수는 2만 가구 이상이다.

③ 대치동의 증권자산은 서초동의 증권자산보다 많다.

④ 여의도동의 증권자산은 최소 4조 원 이상이다.

⑤ 총자산 대비 부동산자산의 비율은 도곡동이 목동보다 높다.

07 다음은 대형마트 이용자를 대상으로 소비자 만족도를 조사한 결과이다. 다음 중 귀하가 이해한 내용으로 옳은 것은?

〈대형마트 업체별 소비자 만족도〉

(단위 : 점/5점 만점)

업체명	종합만족도	서비스 품질					서비스 쇼핑 체험
		쇼핑 체험 편리성	상품 경쟁력	매장환경/시설	고객접점 직원	고객관리	
A마트	3.72	3.97	3.83	3.94	3.70	3.64	3.48
B마트	3.53	3.84	3.54	3.72	3.57	3.58	3.37
C마트	3.64	3.96	3.73	3.87	3.63	3.66	3.45
D마트	3.56	3.77	3.75	3.44	3.61	3.42	3.33

〈대형마트 인터넷/모바일쇼핑 소비자 만족도〉

(단위 : 점/5점 만점)

분야별 이용 만족도	이용률	A마트	B마트	C마트	D마트
인터넷쇼핑	65.4%	3.88	3.80	3.88	3.64
모바일쇼핑	34.6%	3.95	3.83	3.91	3.69

① 종합만족도는 5점 만점에 평균 3.61점이며, 업체별로는 A마트가 가장 높고, C마트, B마트 순서로 나타났다.

② 인터넷쇼핑과 모바일쇼핑의 소비자 만족도가 가장 큰 차이를 보이는 곳은 D마트이다.

③ 서비스 품질 부문에 있어 대형마트는 평균적으로 쇼핑 체험 편리성에 대한 만족도가 상대적으로 가장 높게 평가되었으며, 반대로 고객접점직원 서비스가 가장 낮게 평가되었다.

④ 대형마트를 이용하면서 느낀 감정이나 기분을 반영한 서비스 쇼핑 체험 부문의 만족도는 평균 3.41점 정도로 서비스 품질 부문들보다 낮았다.

⑤ 대형마트 인터넷쇼핑 이용률이 65.4%로 모바일쇼핑에 비해 높으나, 만족도에서는 모바일쇼핑이 평균 0.1점 정도 더 높게 평가되었다.

08 다음은 2021년부터 2022년까지 시도별 화재발생현황 총괄자료이다. 다음 중 자료에 대한 설명으로 옳지 않은 것은?

〈시도별 화재발생건수 및 피해자 수 현황〉

(단위 : 건, 명)

행정구역별	2021년			2022년		
	화재건수	사망자	부상자	화재건수	사망자	부상자
전국	43,413	306	1,718	44,178	345	1,852
서울특별시	6,443	40	236	5,978	37	246
부산광역시	2,199	17	128	2,609	19	102
대구광역시	1,739	11	83	1,612	8	61
인천광역시	1,790	10	94	1,608	7	90
광주광역시	956	7	23	923	9	27
대전광역시	974	7	40	1,059	9	46
울산광역시	928	16	53	959	2	39
세종특별자치시	300	2	12	316	2	8
경기도	10,147	70	510	9,799	78	573
강원도	2,315	20	99	2,364	24	123
충청북도	1,379	12	38	1,554	41	107
충청남도	2,825	12	46	2,775	19	30
전라북도	1,983	17	39	1,974	15	69
전라남도	2,454	21	89	2,963	19	99
경상북도	2,651	14	113	2,817	27	127
경상남도	3,756	29	101	4,117	24	86
제주도	574	1	14	751	5	19

① 2021년 화재건수 대비 사망자 수는 경기도가 강원도보다 크다.
② 2022년 화재로 인한 부상자 수는 충청남도가 충청북도의 30% 미만이다.
③ 대구광역시의 2022년 화재건수는 경상북도의 50% 이상이다.
④ 부산광역시의 경우, 화재로 인한 부상자 수가 2022년에 전년 대비 10% 이상 감소하였다.
⑤ 화재발생건수가 가장 많은 시・도는 2021년과 2022년에 동일하다.

09 다음은 자영업 종사자를 대상으로 실시한 업종 전환 의향에 대한 설문 조사 결과이다. 다음 중 자료에 대한 설명으로 옳은 것은?

〈업종 전환 의향 및 전환 이유에 대한 설문 조사 결과〉

(단위 : %)

구분		전환 의향		전환 이유					
		있음	없음	영업 이익 감소	동일 업종 내 경쟁 심화	권리금 수취	구인의 어려움	외식 산업 내 경쟁 심화	제도적 규제
전체		2.1	97.9	56.3	21.1	0.7	2.3	15.1	4.5
운영 형태별	프랜차이즈	1.3	98.7	45.1	20.2	6.0	10.6	13.1	5.0
	비(非)프랜차이즈	2.3	97.7	57.9	21.2	-	1.1	15.3	4.5
매출액 규모별	5천만 원 미만	7.4	92.6	54.9	36.1	-	-	3.8	5.2
	5천만 원 이상 1억 원 미만	3.3	96.7	56.0	19.2	-	-	22.8	2.0
	1억 원 이상 5억 원 미만	1.2	98.8	57.4	12.0	2.1	6.5	14.7	7.3
	5억 원 이상	0.8	99.2	61.4	28.4	-	6.3	3.9	-

① 프랜차이즈 형태로 운영하는 경우, 그렇지 않은 경우보다 업종 전환 의향에 대한 긍정적 응답 비율이 높다.
② 매출액 규모가 클수록 업종 전환 이유에 대해 영업이익 감소의 응답 비율이 높다.
③ 구인난은 매출액 규모와 관계없이 업종 전환에 대한 이유가 될 수 있다.
④ 비(非)프랜차이즈 형태로 운영하는 경우, 업종 전환의 가장 큰 이유는 외식 산업 내 경쟁 심화이다.
⑤ 매출액이 5억 원 이상인 경우, 업종 전환의 가장 큰 이유는 제도적 규제이다.

10 다음은 2002년, 2012년 및 2022년의 범죄별 범죄 건수 현황과 범죄 건수 중 친인척과 지인 관련 범죄 건수를 정리한 표이다. 이에 대한 〈보기〉의 설명 중 옳은 것을 모두 고르면?(단, 증감률은 소수점 둘째 자리에서 반올림한다)

〈연도별 범죄 건수〉

(단위 : 건)

구분	2002년			2012년			2022년		
	범죄 건수	친인척 관련	지인 관련	범죄 건수	친인척 관련	지인 관련	범죄 건수	친인척 관련	지인 관련
방화	332	28	41	298	32	30	226	12	22
강도	1,390	108	198	1,280	112	242	1,552	183	228
사기	1,580	482	724	2,324	683	1,222	3,292	920	1,488
협박	848	212	228	736	188	242	669	146	215
폭행	2,840	876	472	2,920	902	582	3,210	888	880
성폭행	882	395	428	922	402	468	904	448	418
살인	188	39	21	172	33	28	158	28	29
전체	8,060	2,140	2,112	8,652	2,352	2,814	10,011	2,625	3,280

※ 친인척 범위 : 8촌 이내의 혈족, 4촌 이내의 인척, 배우자 포함

※ 지인 : 친구 및 선후배와 직장 동료 등 이와 유사한 자 포함

〈보기〉

ㄱ. 2002년부터 2022년까지 10년마다 범죄 건수가 지속적으로 감소하고 있는 범죄 종류는 2가지이다.

ㄴ. 2012년 대비 2022년 사기의 범죄 건수 증가량은 2002년 대비 2012년 사기의 범죄 건수 증가량보다 높지만 증가율은 낮다.

ㄷ. 2022년 성폭행 범죄의 친인척 및 지인 관련 범죄율은 95% 이상 차지한다.

ㄹ. 2012년 대비 2022년 전체 범죄 건수 증가율은 2002년 대비 2012년 전체 범죄 건수 증가율의 2배 미만이다.

① ㄴ　　② ㄹ

③ ㄱ, ㄴ　　④ ㄴ, ㄷ

⑤ ㄴ, ㄷ, ㄹ

11 다음은 2022년 3월부터 7월까지 주요 국가별 코로나19 현황에 대한 표이다. 이에 대한 설명으로 옳은 것은?(단, 소수점 첫째 자리에서 반올림한다)

〈주요 국가별 코로나19 현황〉

(단위 : 명)

구분		3월	4월	5월	6월	7월
한국	확진자	1,120	2,485	5,482	4,622	1,840
	완치자	54	882	1,850	3,552	6,842
	사망자	3	44	128	180	41
중국	확진자	12,490	48,302	125,448	100,231	55,482
	완치자	1,203	22,484	59,212	88,820	120,322
	사망자	88	594	1,884	2,210	942
일본	확진자	884	2,920	11,239	56,492	33,581
	완치자	88	211	1,952	33,952	52,392
	사망자	28	119	1,818	682	214
미국	확진자	5,582	28,684	122,428	88,482	42,651
	완치자	1,002	12,294	46,482	68,885	55,483
	사망자	55	284	1,029	1,850	881
인도	확진자	4,482	28,883	111,283	77,593	42,182
	완치자	21	112	789	1,885	46,482
	사망자	112	488	1,320	1,120	1,008

① 한국의 4월 대비 5월 확진자 수 증가율은 121%이고, 6월 대비 7월 확진자 수 감소율은 50%이다.

② 각 국가의 4월부터 7월까지 매월 완치자 수는 전월 대비 증가하고 있다.

③ 각 국가의 확진자 수는 5월까지 증가하다가 그 이후 감소하며, 사망자 수는 6월까지 증가하다가 그 이후 감소하고 있다.

④ 중국의 확진자 수가 가장 많은 달의 완치자 수 대비 사망자 수의 비율은 인도의 7월 완치자 수 대비 사망자 수의 비율보다 높다.

⑤ 3월부터 7월까지 각 국가의 매월 완치자 수는 사망자 수보다 많다.

※ 다음은 2021 ~ 2022년 범죄 발생 및 검거 현황에 대한 표이다. 이를 보고 이어지는 질문에 답하시오. **[12~13]**

〈2021년 범죄 발생 및 검거 현황〉

구분	발생건수 (건)	검거건수 (건)	발생건수 대비 검거건수(%)	검거인원 (명)	남자 검거인원(명)	여자 검거인원(명)	불상 검거인원(명)	법인체 (개)
총계	1,580,751	1,328,609	84.0	1,728,602	1,286,156	329,007	113,439	12,302
강력범죄	26,787	25,811	96.4	28,859	27,339	1,196	324	-
절도범죄	176,809	106,669	60.3	100,392	74,348	24,369	1,675	8
폭력범죄	287,611	251,586	87.5	357,264	291,787	59,445	6,032	30
지능범죄	344,698	245,413	71.2	383,560	238,233	70,997	74,330	872
풍속범죄	20,162	18,390	91.2	34,347	28,720	4,115	1,512	73
특별경제범죄	53,994	46,222	85.6	82,135	58,096	18,643	5,396	3,391
마약범죄	6,513	6,168	94.7	8,099	5,951	2,036	112	8
보건범죄	11,033	10,724	97.2	17,378	7,748	9,385	245	480
환경범죄	4,791	4,662	97.3	4,188	3,654	438	96	1,427
교통범죄	408,371	397,277	97.3	423,483	347,858	68,570	7,055	869
노동범죄	1,883	1,851	98.3	2,097	1,294	790	13	73
안보범죄	69	50	72.5	243	167	38	38	-
선거범죄	1,897	1,746	92.0	3,415	2,508	774	133	12
병역범죄	14,271	13,137	92.1	14,965	14,778	184	3	9
기타범죄	221,862	198,903	89.7	268,177	183,675	68,027	16,475	5,050

〈2022년 범죄 발생 및 검거 현황〉

구분	발생건수 (건)	검거건수 (건)	발생건수 대비 검거건수(%)	검거인원 (명)	남자 검거인원(명)	여자 검거인원(명)	불상 검거인원(명)	법인체 (개)
총계	1,611,906	1,342,854	83.3	1,749,015	1,273,899	347,112	128,004	12,620
강력범죄	26,476	25,507	96.3	29,462	27,833	1,333	296	2
절도범죄	186,957	113,673	60.8	104,696	76,112	26,603	1,981	6
폭력범죄	287,913	252,877	87.8	354,679	286,513	62,294	5,872	17
지능범죄	381,533	267,063	70.0	418,364	250,497	76,693	91,174	948
풍속범죄	21,153	19,279	91.1	35,901	30,342	4,082	1,477	43
특별경제범죄	51,400	44,878	87.3	85,013	59,521	21,014	4,478	3,162
마약범죄	8,038	7,588	94.4	10,395	7,679	2,491	225	12
보건범죄	12,570	12,289	97.8	18,503	8,277	9,932	294	383
환경범죄	3,877	3,716	95.8	5,254	4,474	648	132	1,612
교통범죄	377,354	367,602	97.4	392,429	318,373	69,431	4,625	557
노동범죄	975	932	95.6	910	706	176	28	55
안보범죄	169	156	92.3	657	506	104	47	-
선거범죄	611	587	96.1	1,190	1,019	162	9	7
병역범죄	12,712	11,742	92.4	13,288	13,125	162	1	5
기타범죄	240,168	214,965	89.5	278,274	188,922	71,987	17,365	5,811

12 다음 중 2021년 범죄 발생 및 검거 현황에 대한 설명으로 옳은 것은?

① 지능범죄 검거인원 중 불상검거인원의 비율은 20%를 초과한다.

② 노동범죄 검거인원은 선거범죄 검거인원의 80% 이상이다.

③ 풍속범죄 검거인원의 남자 검거인원 대비 여자 검거인원의 성비는 10 : 1을 초과한다.

④ 마약범죄의 불상검거인원의 수는 검거된 법인체 수의 12배 이상이다.

⑤ 발생건수 대비 검거건수의 비율이 전체범죄의 발생건수 대비 검거건수 비율보다 낮은 범죄유형은 4가지이다.

13 다음 〈보기〉에서 자료에 대한 설명으로 옳지 않은 것을 모두 고르면?

〈보기〉

ㄱ. 2022년의 기타범죄로 검거된 법인체 수는 전년 대비 10% 이상 증가하였다.
ㄴ. 2022년의 지능범죄와 교통범죄의 발생건수에 대한 전년 대비 증감 추이는 동일하다.
ㄷ. 발생건수 대비 검거건수 비율이 가장 높은 범죄유형은 2021년과 2022년에 동일하다.
ㄹ. 2022년 검거된 법인체 수의 전년 대비 감소율은 병역범죄가 절도범죄보다 높다.

① ㄱ, ㄴ
② ㄱ, ㄷ
③ ㄴ, ㄷ
④ ㄴ, ㄹ
⑤ ㄷ, ㄹ

※ 다음은 2020년 1월부터 2021년 6월까지 반기별 각 연령대의 코로나19 감염자 수에 대한 표이다. 이를 보고 이어지는 질문에 답하시오. **[14~15]**

〈2020년 1월부터 2021년 6월까지 반기별 각 연령대의 코로나19 감염자 수〉

(단위 : 명)

구분		2020년 상반기 (1 ~ 6월)	2020년 하반기 (7 ~ 12월)	2021년 상반기 (1 ~ 6월)
10세 미만	남	300	1,100	1,300
	여	200	900	1,200
10 ~ 19세	남	1,100	2,400	4,500
	여	900	2,600	4,000
20 ~ 29세	남	2,200	6,200	9,200
	여	2,300	6,800	8,800
30 ~ 39세	남	2,600	7,200	10,500
	여	2,400	6,800	9,500
40 ~ 49세	남	1,500	7,500	12,700
	여	2,000	5,500	7,300
50 ~ 59세	남	1,200	4,800	11,200
	여	800	2,200	7,800
60세 이상	남	900	1,800	3,400
	여	600	1,200	3,600
합계	남	9,800	31,000	52,800
	여	9,200	26,000	42,200
누적 합계		19,000	76,000	171,000

※ 코로나 첫 감염자 발생일은 2020년 1월 1일 이후임

14 다음 〈보기〉에서 표에 대한 설명으로 옳은 것을 모두 고르면?

〈보기〉

ㄱ. 2020년 하반기 감염자 수는 2020년 상반기 감염자 수 대비 300% 증가하였다.
ㄴ. 2020년 상반기와 하반기의 20대 여성 감염자 수는 20대 남성 감염자 수보다 많다.
ㄷ. 2020년 상반기부터 2021년 상반기까지 모든 연도의 상·하반기에서 남성 감염자 수는 40대가 가장 높고, 여성 감염자 수는 30대가 가장 높다.
ㄹ. 2021년 상반기의 10대 미만 감염자 수와 60세 이상 감염자 수는 전체 감염자 수의 10%이다.

① ㄱ, ㄴ
② ㄱ, ㄹ
③ ㄴ, ㄷ
④ ㄴ, ㄹ
⑤ ㄷ, ㄹ

15 다음 중 위 자료에 대한 그래프로 옳지 않은 것은?

① 2020년, 2021년 상반기 코로나19 감염자 수(명)

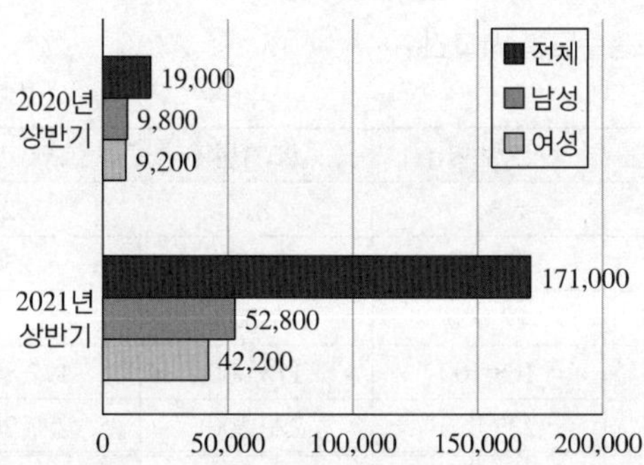

② 2020년 상반기부터 2021년 상반기까지의 코로나19 감염자 수 남녀 비율(%)

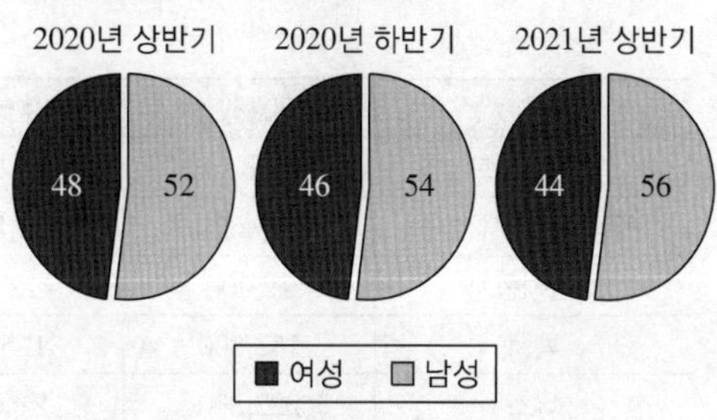

③ 2020년 전체 및 20·30·40대 감염자 수(명)

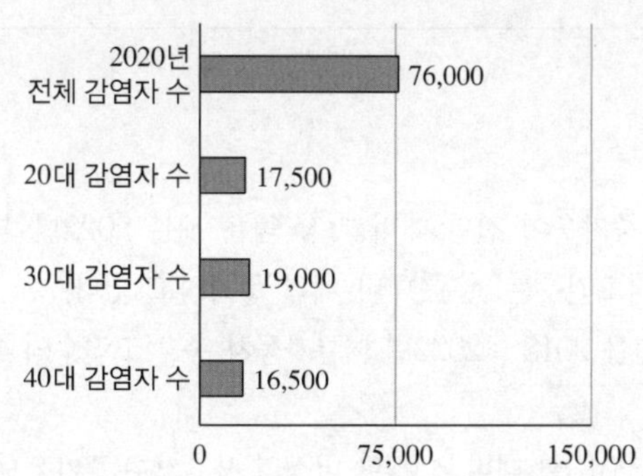

④ 2021년 상반기 연령대별 감염자 수(명)

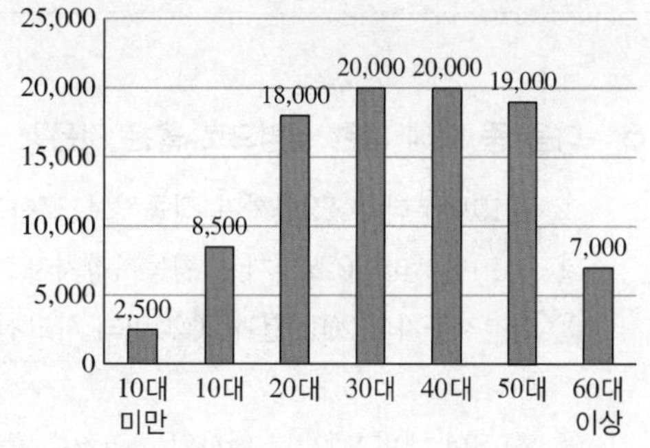

⑤ 2020년 상반기 대비 2021년 상반기의 연령대별 감염자 수 증가량(명)

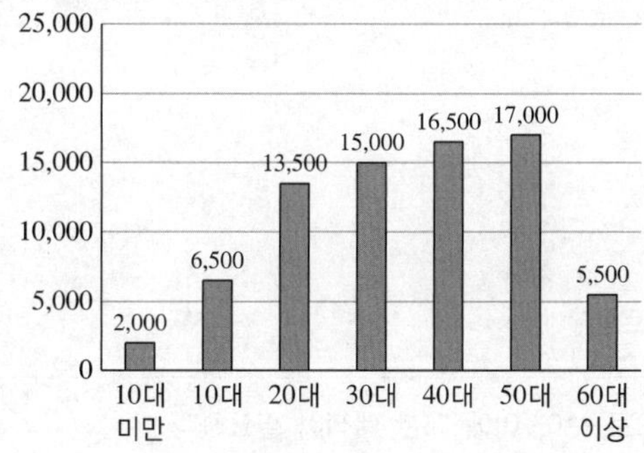

※ 다음은 2018 ~ 2022년의 교통수단별 사고건수를 나타낸 표이다. 이를 보고 이어지는 질문에 답하시오. **[16~17]**

〈2018 ~ 2022년 교통수단별 사고건수〉

(단위 : 건)

구분	2018년	2019년	2020년	2021년	2022년
전동킥보드	8	12	54	81	162
원동기장치자전거	5,450	6,580	7,480	7,110	8,250
이륜자동차	12,400	12,900	12,000	11,500	11,200
택시	158,800	175,200	168,100	173,000	177,856
버스	222,800	210,200	235,580	229,800	227,256
전체	399,458	404,892	423,214	421,491	424,724

※ 2018년에 이륜자동차 면허에 대한 법률이 개정되었고, 2019년부터 시행됨

16 다음 중 표에 대한 설명으로 옳은 것은?

① 2019년부터 2022년까지 전동킥보드 사고건수 증가율이 전년 대비 가장 높은 해는 2022년이다.

② 2019년부터 2022년까지 원동기장치자전거의 사고건수는 전년 대비 매년 증가하고 있다.

③ 이륜자동차의 2019년과 2020년의 사고건수의 합은 2018 ~ 2022년 이륜자동차 총 사고건수의 40% 이상이다.

④ 2018년 대비 2022년 택시의 사고건수 증가율은 2018년 대비 2022년 버스의 사고건수 증가율보다 낮다.

⑤ 이륜자동차를 제외하고 2018년부터 2022년까지 교통수단별 사고건수가 가장 많은 해는 2022년이다.

17 다음 중 표에 대한 판단으로 옳은 것을 모두 고르면?

ㄱ. 전동킥보드만 매년 사고건수가 증가하는 것으로 보아 이에 대한 대책이 필요하다.
ㄴ. 원동기장치자전거의 사고건수가 가장 적은 해에 이륜자동차의 사고건수는 가장 많았다.
ㄷ. 2019년부터 2022년까지 이륜자동차의 사고건수가 전년 대비 감소한 것에는 법률개정도 영향이 있었을 것이다.
ㄹ. 2019년부터 2022년까지 전년 대비 택시와 버스의 사고건수 증감 추이는 해마다 서로 반대이다.

① ㄱ
② ㄱ, ㄷ
③ ㄴ, ㄹ
④ ㄱ, ㄴ, ㄷ
⑤ ㄱ, ㄷ, ㄹ

18 다음은 2018년부터 2022년까지 연도별 동물찻길 사고를 나타낸 표이다. 이를 참고하여 그래프로 나타낸 것으로 적절하지 않은 것은?

〈연도별 동물찻길 사고〉

(단위 : 건)

구분	1월	2월	3월	4월	5월	6월	7월	8월	9월	10월	11월	12월
2018년	94	55	67	224	588	389	142	112	82	156	148	190
2019년	85	55	62	161	475	353	110	80	74	131	149	149
2020년	78	37	61	161	363	273	123	67	69	95	137	165
2021년	57	43	69	151	376	287	148	63	70	135	86	76
2022년	60	40	44	112	332	217	103	66	51	79	79	104

※ 1분기(1 ~ 3월), 2분기(4 ~ 6월), 3분기(7 ~ 9월), 4분기(10 ~ 12월)

① 1 ~ 6월 5개년 합(건)

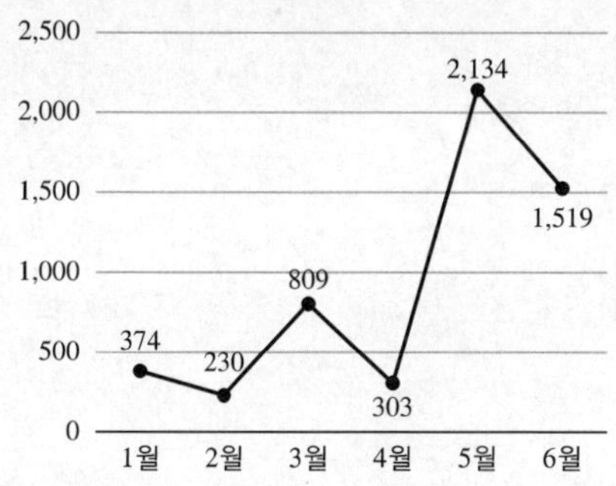

② 7 ~ 12월 5개년 합(건)

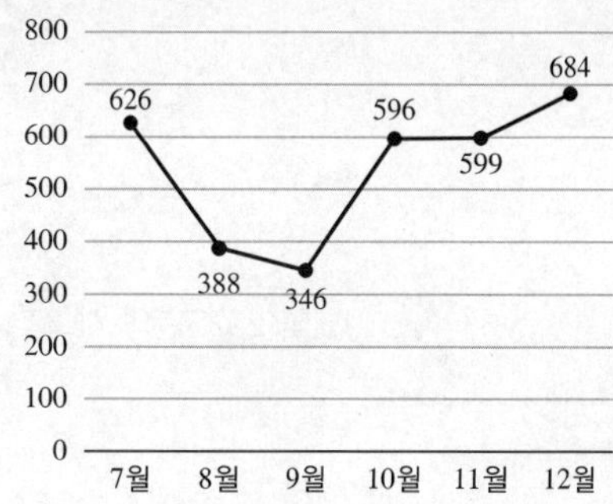

③ 연도별 건수 합(건)

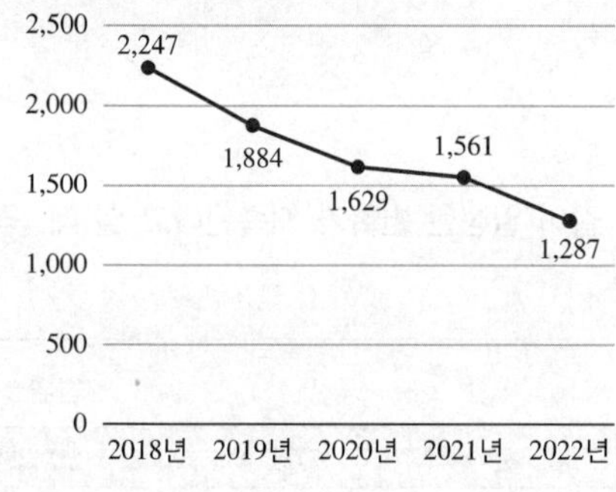

④ 연도별 1분기 합(건)

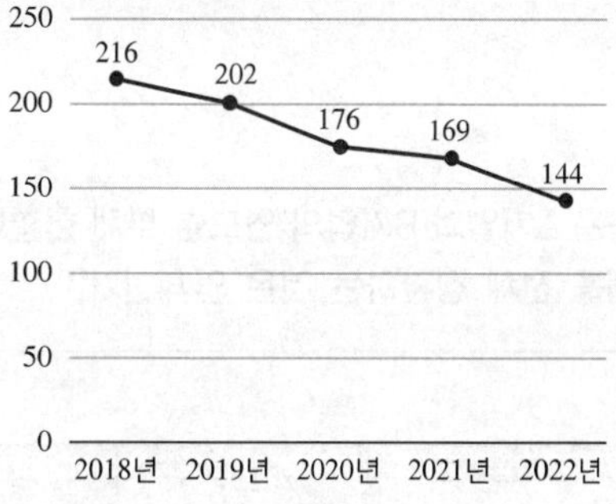

⑤ 연도별 3분기 합(건)

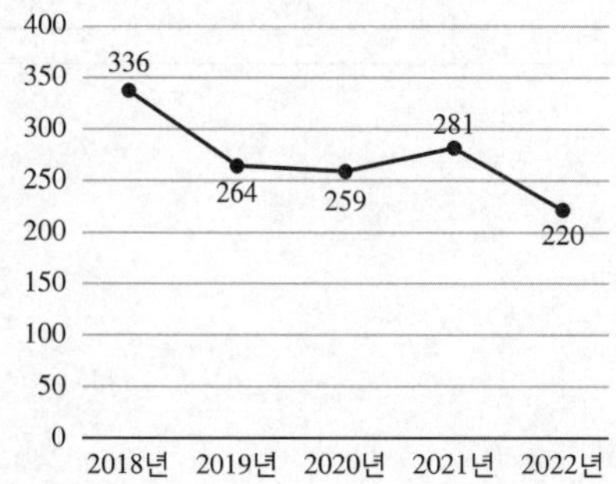

19 다음은 제30회 공인중개사 시험 응시자와 합격자를 나타낸 자료이다. 다음 자료에 따를 때, 제1차 시험 대비 제2차 시험 합격률의 증가율은?

〈제30회 공인중개사 시험 현황〉

구분	접수자	응시자	응시율	합격자
제1차 시험	250,000	155,000	62%	32,550
제2차 시험	120,000	75,000	62.5%	17,325

※ 응시율은 접수자 중 응시자의 비율을 의미하고, 합격률은 응시자 중 합격자의 비율을 의미함

① 0.1%
② 1%
③ 2%
④ 5%
⑤ 10%

20 다음은 A기업과 B기업의 연도별 부채 현황이다. 다음과 같이 일정한 변화가 지속된다고 할 때, 각 기업이 부채를 전체 상환하는 것은 언제인가?

(단위 : 억 원)

구분	2018년	2019년	2020년	2021년	2022년
A기업	100	96	88	76	60
B기업	147	134	120	105	89

	A기업	B기업
①	2024년	2027년
②	2024년	2028년
③	2025년	2027년
④	2025년	2026년
⑤	2023년	2029년

제2영역 추리

※ 제시된 명제가 모두 참일 때, 다음 중 빈칸에 들어갈 명제로 가장 적절한 것을 고르시오. [1~3]

01

- 전제1. A세포가 있는 동물은 물체의 상을 감지할 수 없다.
- 전제2. B세포가 없는 동물은 물체의 상을 감지할 수 있다.
- 전제3. ______________________________
- 결론. A세포가 있는 동물은 빛의 유무를 감지할 수 있다.

① 빛의 유무를 감지할 수 있는 동물은 B세포가 있다.
② B세포가 없는 동물은 빛의 유무를 감지할 수 없다.
③ B세포가 있는 동물은 빛의 유무를 감지할 수 있다.
④ 물체의 상을 감지할 수 있는 동물은 빛의 유무를 감지할 수 있다.
⑤ 빛의 유무를 감지할 수 없는 동물은 물체의 상을 감지할 수 없다.

02

- 전제1. 선생님에게 혼나지 않은 사람은 모두 떠들지 않은 것이다.
- 전제2. ______________________________
- 결론. 벌을 서지 않은 사람은 모두 떠들지 않은 것이다.

① 떠든 사람은 모두 벌을 서지 않는다.
② 벌을 선 사람은 모두 떠든 것이다.
③ 떠든 사람은 모두 선생님에게 혼이 난다.
④ 선생님에게 혼이 난 사람은 모두 벌을 선다.
⑤ 선생님은 떠들지 않는다.

03

- 전제1. A프로젝트에 참여하는 모든 사람은 B프로젝트에 참여한다.
- 전제2. ______________________________
- 결론. B프로젝트에 참여하는 어떤 사람은 C프로젝트에 참여한다.

① B프로젝트에 참여하지 않는 모든 사람은 C프로젝트에 참여하지 않는다.
② A프로젝트에 참여하지 않는 어떤 사람은 C프로젝트에 참여한다.
③ B프로젝트에 참여하는 어떤 사람은 A프로젝트에 참여한다.
④ A프로젝트에 참여하는 어떤 사람은 C프로젝트에 참여한다.
⑤ A프로젝트에 참여하는 모든 사람은 C프로젝트에 참여하지 않는다.

04 다음은 자동차 외판원인 A ~ F 여섯 명의 판매실적 비교에 대한 설명이다. 다음 중 옳은 것은?

- A는 B보다 실적이 높다.
- C는 D보다 실적이 낮다.
- E는 F보다 실적이 낮지만, A보다는 높다.
- B는 D보다 실적이 높지만, E보다는 낮다.

① 실적이 가장 높은 외판원은 F이다.
② 외판원 C의 실적은 꼴찌가 아니다.
③ B의 실적보다 낮은 외판원은 3명이다.
④ D보다 실적이 낮은 외판원은 2명이다.
⑤ A의 실적이 C의 실적보다 낮다.

05 12명의 사람이 모자, 상의, 하의를 착용하는데 모자, 상의, 하의는 빨간색 또는 파란색 중 하나이다. 12명이 모두 모자, 상의, 하의를 착용했을 때, 다음과 같은 모습이었다. 이때, 하의만 빨간색인 사람은 몇 명인가?

- 어떤 사람을 보아도 모자와 하의는 서로 다른 색이다.
- 같은 색의 상의와 하의를 입은 사람의 수는 6명이다.
- 빨간색 모자를 쓴 사람의 수는 5명이다.
- 모자, 상의, 하의 중 1가지만 빨간색인 사람은 7명이다.

① 1명　② 2명
③ 3명　④ 4명
⑤ 5명

06 A ~ F 여섯 명이 6층짜리 빌딩에 입주하려고 한다. 다음 〈조건〉을 만족할 때, 여섯 명이 빌딩에 입주하는 방법은 몇 가지인가?

〈조건〉

- A와 C는 고소공포증이 있어서 3층 위에서는 살 수 없다.
- B는 높은 경치를 좋아하기 때문에 6층에 살려고 한다.
- F는 D보다, D는 E보다 높은 곳에 살려고 한다.
- A, B, C, D, E, F는 같은 층에 거주하지 않는다.

① 2가지　② 4가지
③ 6가지　④ 8가지
⑤ 10가지

07 영업팀의 A, B, C, D, E사원은 출장으로 인해 S호텔에 투숙하게 되었다. S호텔은 5층 건물로 A ~ E사원이 서로 다른 층에 묵는다고 할 때, 다음 중 옳은 것은?

- A사원은 2층에 묵는다.
- B사원은 A사원보다 높은 층에 묵지만, C사원보다는 낮은 층에 묵는다.
- D사원은 C사원 바로 아래층에 묵는다.

① E사원은 1층에 묵는다.
② B사원은 4층에 묵는다.
③ E사원은 가장 높은 층에 묵는다.
④ C사원은 D사원보다 높은 층에 묵지만, E사원보다는 낮은 층에 묵는다.
⑤ 가장 높은 층에 묵는 사람은 알 수 없다.

08 S사에 근무 중인 A ~ E는 다음 사내 교육프로그램 일정에 따라 요일별로 하나의 프로그램에 참가한다. 제시된 〈조건〉이 모두 참일 때, 다음 중 항상 참인 것은?

월	화	수	목	금
필수1	필수2	선택1	선택2	선택3

〈조건〉

- A는 선택 프로그램에 참가한다.
- C는 필수 프로그램에 참가한다.
- D는 C보다 나중에 프로그램에 참가한다.
- E는 A보다 나중에 프로그램에 참가한다.

① D는 반드시 필수 프로그램에 참가한다.
② B가 필수 프로그램에 참가하면 C는 화요일 프로그램에 참가한다.
③ C가 화요일 프로그램에 참가하면 E는 선택2 프로그램에 참가한다.
④ A가 목요일 프로그램에 참가하면 E는 선택3 프로그램에 참가한다.
⑤ E는 반드시 목요일 프로그램에 참가한다.

09 **S사의 A ~ F팀은 월요일부터 토요일까지 하루에 2팀씩 함께 회의를 진행한다. 다음 〈조건〉을 참고할 때, 반드시 참인 것은?(단, 월요일부터 토요일까지 각 팀의 회의 진행 횟수는 서로 같다)**

〈조건〉

- 오늘은 목요일이고 A팀과 F팀이 함께 회의를 진행했다.
- B팀은 A팀과 연이은 요일에 회의를 진행하지 않는다.
- B팀은 오늘을 포함하여 이번 주에는 더 이상 회의를 진행하지 않는다.
- C팀은 월요일에 회의를 진행했다.
- D팀과 C팀은 이번 주에 B팀과 한 번씩 회의를 진행한다.
- A팀과 F팀은 이번 주에 이틀을 연이어 함께 회의를 진행한다.

① E팀은 수요일과 토요일 하루 중에만 회의를 진행한다.

② 화요일에 회의를 진행한 팀은 B팀과 E팀이다.

③ C팀과 E팀은 함께 회의를 진행하지 않는다.

④ C팀은 월요일과 수요일에 회의를 진행했다.

⑤ F팀은 목요일과 금요일에 회의를 진행한다.

10 **S사의 기획부서에는 사원 A ~ D와 대리 E ~ G가 소속되어 있으며, 이들 중 4명이 해외 진출 사업을 진행하기 위해 베트남으로 출장을 갈 예정이다. 다음 〈조건〉을 따를 때, 항상 참인 것은?**

〈조건〉

- 사원 중 적어도 한 사람은 출장을 간다.
- 대리 중 적어도 한 사람은 출장을 가지 않는다.
- A사원과 B사원 중 적어도 한 사람이 출장을 가면, D사원은 출장을 간다.
- C사원이 출장을 가면, E대리와 F대리는 출장을 가지 않는다.
- D사원이 출장을 가면, G대리도 출장을 간다.
- G대리가 출장을 가면, E대리도 출장을 간다.

① A사원은 출장을 간다.

② B사원은 출장을 간다.

③ C사원은 출장을 가지 않는다.

④ D사원은 출장을 가지 않는다.

⑤ G사원은 출장을 가지 않는다.

11 **콩쥐, 팥쥐, 향단, 춘향 네 사람은 함께 마을 잔치에 참석하기로 했다. 족두리, 치마, 고무신을 빨간색, 파란색, 노란색, 검은색 색깔별로 총 12개의 물품을 공동으로 구입하여, 다음 〈조건〉에 따라 각자 다른 색의 족두리, 치마, 고무신을 하나씩 빠짐없이 착용하기로 했다. 예를 들어, 어떤 사람이 빨간색 족두리, 파란색 치마를 착용한다면, 고무신은 노란색 또는 검은색으로 착용해야 한다. 다음 중 항상 참인 것은?**

〈조건〉

- 선호하는 것을 배정받고, 싫어하는 것은 배정받지 않는다.
- 콩쥐는 빨간색 치마를 선호하고, 파란색 고무신을 싫어한다.
- 팥쥐는 노란색을 싫어하고, 검은색 고무신을 선호한다.
- 향단이는 검은색 치마를 싫어한다.
- 춘향이는 빨간색을 싫어한다.

① 콩쥐는 검은색 족두리를 착용한다.
② 팥쥐는 노란색 족두리를 착용한다.
③ 향단이는 파란색 고무신을 착용한다.
④ 춘향이는 검은색 치마를 착용한다.
⑤ 빨간색 고무신을 착용하는 사람은 파란색 족두리를 착용한다.

12 **다음 내용에 따라 문항출제위원을 위촉하고자 한다. 〈조건〉에 따라 다음 중 반드시 참인 것은?**

위촉하고자 하는 문항출제위원은 총 6명이다. 후보자는 논리학자 4명, 수학자 6명, 과학자 5명으로 추려졌다. 논리학자 2명은 형식논리를 전공했고 다른 2명은 비형식논리를 전공했다. 수학자 2명은 통계학을 전공했고 3명은 기하학을 전공했으며 나머지 1명은 대수학을 전공했다. 과학자들은 각각 물리학, 생명과학, 화학, 천문학, 기계공학을 전공했다.

〈조건〉

- 형식논리 전공자가 선정되면 비형식논리 전공자도 같은 인원만큼 선정된다.
- 수학자 중에서 통계학자만 선정되는 경우는 없다.
- 과학자는 최소 2명은 선정되어야 한다.
- 논리학자, 수학자는 최소 1명씩은 선정되어야 한다.
- 기하학자는 천문학자와 함께 선정되고, 기계공학자는 통계학자와 함께 선정된다.

① 형식논리 전공자와 비형식논리 전공자가 1명씩 선정된다.
② 서로 다른 전공을 가진 수학자가 2명 선정된다.
③ 과학자는 최대 4명까지 선정될 수 있다.
④ 통계학 전공자를 포함하면 수학자는 3명이 선정될 수 없다.
⑤ 논리학자가 3명이 선정되는 경우는 없다.

13 S사는 R사업을 시행함에 따라 A ~ F 업체 중 3곳을 시공업체로 선정하고자 한다. 다음 〈조건〉을 바탕으로 B업체가 선정되지 않았다고 할 때, 다음 중 시공업체로 선정될 수 있는 업체를 모두 고르면?

〈조건〉

- A업체가 선정되면, B업체도 선정된다.
- A업체가 선정되지 않으면, D업체가 선정된다.
- B업체가 선정되지 않으면, C업체가 선정된다.
- E업체가 선정되면, D업체는 선정되지 않는다.
- D업체나 E업체가 선정되면, F업체도 선정된다.

① A, C, D
② A, C, F
③ C, D, F
④ C, E, F
⑤ D, E, F

14 A ~ E 중 1명이 테이블 위에 놓여있던 사탕을 먹었다. 이들 중 1명의 진술만 거짓일 때, 거짓을 말하는 사람은?

- A : D의 말은 거짓이다.
- B : A가 사탕을 먹었다.
- C : D의 말은 사실이다.
- D : B는 사탕을 먹지 않았다.
- E : D는 사탕을 먹지 않았다.

① A
② B
③ C
④ D
⑤ E

15 다음 제시된 단어의 대응 관계가 동일하도록 빈칸에 들어갈 가장 적절한 단어를 고르면?

가공 : 사실 = (　　) : 은폐

① 진리
② 허위
③ 토로
④ 은닉
⑤ 피력

16 다음 단어의 대응 관계가 나머지와 다른 하나는?

① 감염 – 전염
② 간병 – 간호
③ 고의 – 과실
④ 우호 – 친교
⑤ 성패 – 득실

17 다음 글을 읽고 추론한 내용으로 가장 적절한 것은?

> '쓰는 문화'가 책의 문화에서 가장 우선이다. 쓰는 이가 없이는 책이 나올 수가 없다. 그러나 지혜를 많이 갖고 있다는 것과 그것을 글로 옮길 줄 아는 것은 별개의 문제이다. 엄격하게 이야기해서 지혜는 어떤 한 가지 일에 지속적으로 매달린 사람이면 누구나 머릿속에 쌓아두고 있는 것이다. 하지만 그것을 글로 옮기기 위해서는 특별하고도 고통스러운 훈련이 필요하다. 생각을 명료하게 정리할 줄과 글 맥을 이어갈 줄 알아야 하며, 그리고 줄기찬 노력을 바칠 준비가 되어 있어야 한다. 모든 국민이 책 한 권을 남길 수 있을 만큼 쓰는 문화가 발달한 사회가 도래하면, 그때에는 지혜의 르네상스가 가능할 것이다.
> '읽는 문화'의 실종, 그것이 바로 현대의 특징이다. 신문의 판매 부수가 날로 떨어져 가는 반면에 텔레비전의 시청률은 날로 증가하고 있다. 깨알 같은 글로 구성된 200쪽 이상의 책보다 그림과 여백이 압도적으로 많이 들어간 만화책 같은 것이 늘어나고 있다. 보는 문화가 읽는 문화를 대체해 가고 있다. 읽는 일에는 피로가 동반되지만 보는 놀이에는 휴식이 따라온다. 일을 저버리고 놀이만 좇는 문화가 범람하고 있지 않는가. 보는 놀이가 머리를 비게 하는 것은 너무나 당연하다. 읽는 일이 장려되지 않는 한 생각 없는 사회로 치달을 수밖에 없다. 책의 문화는 바로 읽는 일과 직결되며, 생각하는 사회를 만드는 지름길이다.

① 지혜로운 사람이 그렇지 않은 사람보다 더 논리적으로 글을 쓸 수 있다.
② 고통스러운 훈련을 견뎌야 지혜로운 사람이 될 수 있다.
③ 텔레비전을 많이 보는 사람은 그렇지 않은 사람보다 신문을 적게 읽는다.
④ 만화책은 내용과 관계없이 그림의 수준이 높을수록 더 많이 판매된다.
⑤ 사람들이 텔레비전을 많이 볼수록 생각하는 시간이 적어진다.

18 다음 글의 내용이 참일 때 항상 거짓인 것은?

스마트시티란 크게는 첨단 정보통신기술을 이용해 도시 생활 속에서 유발되는 교통 문제, 환경 문제, 주거 문제, 시설 비효율 등을 해결하여 시민들이 편리하고 쾌적한 삶을 누릴 수 있도록 한 '똑똑한 도시'를 뜻한다. 하지만, 각국 경제 및 발전 수준, 도시 상황과 여건에 따라 매우 다양하게 정의 및 활용되고, 접근 전략에도 차이가 있다.

스페인의 경우, 2013년 초부터 노후된 바르셀로나 도시 중심지 본 지구를 재개발하면서 곳곳에 사물 인터넷 기술을 기반으로 한 '스마트시티' 솔루션을 시범 운영했다. 이 경험을 바탕으로 바르셀로나 곳곳이 스마트 환경으로 변화하고 있다. 가장 성공적인 프로젝트 중 하나는 센서가 움직임을 감지하여 에너지를 절약하는 스마트 LED 조명을 광범위하게 설치한 것이다. 이 스마트 가로등은 무선 인터넷의 공유기 역할을 하는 동시에 소음 수준과 공기 오염도를 분석하여 인구 밀집도까지 파악할 수 있다. 아울러 바르셀로나는 원격 관개 제어를 설치해 분수를 원격으로 제어하고, 빌딩을 스마트화해 에너지 모니터링을 시행하고 있다. 또 주차 공간에 차가 있는지 여부를 감지하는 센서를 설치한 '스마트 주차'를 도입하기도 했다.

또 항저우를 비롯한 중국의 여러 도시들은 블록체인 기술을 사물인터넷과 디지털 월렛 등에 적용하여 페이퍼리스 사회를 구현하고 있다. 알리바바의 알리페이를 통해 항저우 택시의 98%, 편의점의 95% 정도에서 모바일 결제가 가능하며, 정부 업무, 차량, 의료 등 60여 종에 달하는 서비스를 이용할 수 있다.

우리나라도 세종과 부산에 스마트시티 국가 시범도시를 조성하고 있다. 세종에서는 인공지능, 블록체인 기술을 기반으로 한 도시를 조성해 모빌리티, 헬스케어, 교육, 에너지환경, 거버넌스, 문화쇼핑, 일자리 등 7대 서비스를 구현한다. 이곳에서는 자율주행 셔틀버스, 전기공유차 등을 이용할 수 있고 개인 맞춤형 의료 서비스 등을 받을 수 있다. 또 부산에서는 고령화, 일자리 감소 등의 도시문제에 대응하기 위해 로봇, 물 관리 관련 신사업을 육성한다. 로봇이 주차를 하거나 물류를 나르는 등 일상생활에서 로봇 서비스를 이용할 수 있고 첨단 스마트 물 관리 기술을 적용해 한국형 물 특화 도시모델을 구축한다.

① 각 국에 따라 스마트시티에서 활용되는 기능을 다를 수 있다.

② 스페인의 스마트시티에서는 직접 인구조사를 하지 않더라도 인구 밀집도를 파악할 수 있다.

③ 스페인의 스마트시티에서는 '스마트 주차' 기능을 통해 대리주차가 가능하다.

④ 중국의 스마트시티에서는 지갑을 가지고 다니지 않더라도 일부 서비스를 이용할 수 있다.

⑤ 맞춤형 의료 서비스가 필요한 환자의 경우 부산보다는 세종 스마트시티가 더 적절하다.

19 다음 글의 내용이 참일 때 항상 참인 것은?

개인의 소득을 결정하는 데에는 다양한 요인들이 작용한다. 가장 중요한 변수가 어떤 직업일 것이다. 일반적으로 전문직의 경우 고소득이 보장되며 단순노무직의 경우 저소득층의 분포가 많다. 직업의 선택에 영향을 미치는 요인 가운데 가장 중요한 것이 개인의 학력과 능력일 것이다. 그러나 개인의 학력과 능력을 결정하는 배경변수로 무수히 많은 요인들이 작용한다. 그 가운데에서는 개인의 노력이나 선택과 관련된 요인들이 있고 그것과 무관한 환경적 요인들이 있다. 상급학교에 진학하기 위해 얼마나 공부를 열심히 했는가, 어떤 전공을 선택했는가, 직장에서 요구하는 숙련과 지식을 습득하기 위해 얼마나 노력을 했는가 하는 것들이 전자에 해당된다. 반면 부모가 얼마나 자식의 교육을 위해 투자했는가, 어떤 환경에서 성장했는가, 개인의 성이나 연령은 무엇인가 등은 개인의 선택과 무관한 대표적인 환경적 요인일 것이다. 심지어 운(불운)도 개인의 직업과 소득을 결정하는 데 직·간접적으로 작용한다.

환경적 요인에 대한 국가의 개입이 정당화될 수 있는 근거는 그러한 요인들이 개인의 통제를 벗어난(Beyond One's Control) 요인이라는 것이다. 따라서 개인이 어찌할 수 없는 이유로 발생한 불리함(저소득)에 대해 전적으로 개인에게 책임을 묻는 것은 분배정의론의 관점에서 정당하다고 보기 힘들다. 부모의 학력은 전적으로 개인(자녀)이 선택할 수 없는 변수이다. 그런데 부모의 학력은 부모의 소득과 직결되기 쉽고 따라서 자녀에 대한 교육비지출 등 교육투자의 격차를 발생시키기 쉽다. 가난한 부모에게서 태어나고 성자한 자녀들은 동일한 능력을 가지고 부유한 부모에게서 태어나서 성장한 사람에 비해 본인의 학력과 직업적 능력을 취득할 기회를 상대적으로 박탈당했다고 볼 수 있다. 그 결과 저소득층 자녀들은 고소득층 자녀에 비해 상대적으로 낮은 소득을 얻을 확률이 높다. 이러한 현상이 극단적으로 심화된다면 이른바 빈부격차의 대물림 현상이 나타날 것이다. 이와 같이 부모의 학력이 자녀 세대의 소득에 영향을 미친다면, 자녀세대의 입장에서는 본인의 노력과 무관한 요인에 의해 경제적 불이익을 당하는 것이다. 기회의 균등 원칙은 이러한 분배적 부정의를 해소하기 위한 정책적 개입을 정당화한다.

외국의 경우와 비교하여 볼 때, 사회민주주의 국가의 경우에는 이미 현재의 조세정책으로도 충분히 기회균등화 효과를 거두고 있음을 확인하였다. 반면 미국, 이태리, 스페인 등 영미권이나 남유럽 국가의 경우 우리나라의 경우와 유사하거나 더 심한 기회의 불평등 양상을 보여주었다.

따라서 부모의 학력이 자녀의 소득에 영향을 미치는 효과를 차단하기 위해서는 더욱 적극적인 재정정책이 필요하다. 세율을 보다 높이고 대신 이전지출의 크기를 늘리는 것이 세율을 낮추고 이전지출을 줄이는 것에 비해 재분배효과가 더욱 있으리라는 것은 자명한 사실이다. 기회 균등화란 관점에서 볼 때 우리나라의 재분배 정책은 훨씬 강화되어야 한다는 시사점을 얻을 수 있다.

① 개인의 학력과 능력은 개인의 노력이나 선택에 의해서 결정된다.
② 분배정의론의 관점에서 개인의 선택에 의한 불리함에 대해 개인에게 책임을 묻는 것은 정당하지 않다.
③ 부모의 학력이 자녀의 소득에 영향을 미치는 현상이 심화된다면 빈부격차의 대물림 현상이 나타날 것이다.
④ 사회민주주의 국가의 경우 더 심한 기회의 불평등 양상이 나타나는 것으로 확인된다.
⑤ 이전지출을 줄이는 것은 세율을 낮추는 것보다 재분배효과가 더욱 클 것으로 전망된다.

20 다음 주장에 대한 반박으로 가장 적절하지 않은 것은?

> 텔레비전은 어른이나 아이 모두 함께 보는 매체이다. 더구나 텔레비전을 보고 이해하는 데는 인쇄 문화처럼 어려운 문제 해득력이나 추상력이 필요 없다. 그래서 아이들은 어른에게서 보다 텔레비전이나 컴퓨터에서 더 많은 것을 배운다. 이 때문에 오늘날의 어린이나 젊은이들에게서 어른에 대한 두려움이나 존경을 찾는 것은 쉽지 않은 일이다. 전통적인 역할과 행동을 기대하는 어른들이 어린이나 젊은이의 불손, 거만, 경망, 무분별한 '반사회적' 행동에 대해 불평하게 되는 것도 이런 이유 때문일 것이다.

① 가족과 텔레비전을 함께 시청하며 나누는 대화를 통해 아이들은 사회적 행동을 기를 수 있다.
② 텔레비전의 교육적 프로그램은 아이들의 예절 교육에 도움이 된다.
③ 정보 사회를 선도하는 텔레비전은 인간의 다양한 필요성을 충족시켜준다.
④ 아이들은 텔레비전보다 학교의 선생님이나 친구들과 더 많은 시간을 보낸다.
⑤ 어린이나 젊은이의 반사회적 행동은 개방적인 사회 분위기에 더 많은 영향을 받았다.

21 다음 주장에 대한 반박으로 가장 적절한 것은?

> 우리는 우리가 생각한 것을 말로 나타낸다. 또 다른 사람의 말을 듣고, 그 사람이 무슨 생각을 가지고 있는가를 짐작한다. 그러므로 생각과 말은 서로 떨어질 수 없는 깊은 관계를 가지고 있다.
> 그러면 말과 생각이 얼마만큼 깊은 관계를 가지고 있을까? 이 문제를 놓고 사람들은 오랫동안 여러 가지 생각을 하였다. 그 가운데 가장 두드러진 것이 두 가지 있다. 그 하나는 말과 생각이 서로 꼭 달라붙은 쌍둥이인데 한 놈은 생각이 되어 속에 감추어져 있고 다른 한 놈은 말이 되어 사람 귀에 들리는 것이라는 생각이다. 다른 하나는 생각이 큰 그릇이고 말은 생각 속에 들어가는 작은 그릇이어서 생각에는 말 이외에도 다른 것이 더 있다는 생각이다.
> 이 두 가지 생각 가운데서 앞의 것은 조금만 깊이 생각해 보면 틀렸다는 것을 즉시 깨달을 수 있다. 우리가 생각한 것은 거의 대부분 말로 나타낼 수 있지만, 누구든지 가슴 속에 응어리진 어떤 생각이 분명히 있기는 한데 그것을 어떻게 말로 표현해야 할지 애태운 경험을 가지고 있을 것이다. 이것 한 가지만 보더라도 말과 생각이 서로 안팎을 이루는 쌍둥이가 아님은 쉽게 판명된다.
> 인간의 생각이라는 것은 매우 넓고 큰 것이며, 말이란 결국 생각의 일부분을 주워 담는 작은 그릇에 지나지 않는다. 그러나 아무리 인간의 생각이 말보다 범위가 넓고 큰 것이라고 하여도 그것을 가능한 한 말로 바꾸어 놓지 않으면 그 생각의 위대함이나 오묘함이 다른 사람에게 전달되지 않기 때문에 생각이 형님이요, 말이 동생이라고 할지라도 생각은 동생의 신세를 지지 않을 수가 없게 되어 있다.

① 말이 통하지 않아도 생각은 얼마든지 전달될 수 있다.
② 생각을 드러내는 가장 직접적인 수단은 말이다.
③ 말은 생각이 바탕이 되어야 생산될 수 있다.
④ 말과 생각은 서로 영향을 주고받는 긴밀한 관계를 유지한다.
⑤ 사회적 · 문화적 배경이 우리의 생각에 영향을 끼친다.

※ 다음 지문을 토대로 〈보기〉를 바르게 해석한 것을 고르시오. **[22~23]**

22

통화정책은 정부가 화폐 공급량이나 기준금리 등을 조절하여 경제의 안정성을 유지하려는 정책이다. 예를 들어 경기가 불황에 빠져 있을 때, 정부가 화폐 공급량을 늘리면 이자율이 낮아져 시중에 풍부한 자금이 공급되어 소비자들의 소비지출과 기업들의 투자지출이 늘어나면 *총수요에 영향을 주어 경제가 활성화된다. 재정정책은 정부가 지출이나 조세징수액을 변화시킴으로써 총수요에 영향을 주려는 정책이다. 재정정책에는 경기의 변동에 따라 자동적으로 작동되는 자동안정화장치와 정부의 의사결정과 국회의 동의 절차에 따라 이루어지는 재량적 재정정책이 있다.

이러한 안정화 정책의 효과는 다소간의 시차를 두고 나타나는데 이를 정책시차라고 한다. 정책시차는 내부시차와 외부시차로 구분된다. 내부시차는 정부가 경제에 발생한 문제를 인식하고 실제로 정책을 수립・집행하는 시점까지의 시간을, 외부시차는 시행된 정책이 경제에 영향을 끼쳐 그에 따른 효과가 나타나는 데까지 걸리는 시간을 의미한다.

재량적 재정정책의 경우 *추경예산을 편성하거나 조세제도를 변경해야 할 때 입법과정과 국회의 동의 절차를 거쳐야하기 때문에 내부시차가 길다. 이에 비해 통화정책은 별도의 입법 절차를 거칠 필요 없이 정부의 의지만으로 수립・집행될 수 있기 때문에 내부시차가 짧다. 또한 재량적 재정정책은 외부시차가 짧다. 예를 들어 경기 불황에 의해 실업률이 급격하게 증가할 때 정부는 공공근로사업 등에 대한 지출을 늘려 일자리를 창출하는데 이는 비교적 짧은 시간 안에 소비지출의 변화에 의해 총수요를 변화시킬 수 있다. 반면 통화정책은 정부가 이자율을 변화시켰다 하더라도 소비지출 및 투자지출의 변화가 즉각적으로 나타나지 않기 때문에 외부시차가 길다. 한편 자동안정화장치는 경기의 상황에 따라 재정지출이나 조세 징수액이 자동적으로 조절될 수 있도록 미리 재정제도 안에 마련된 재정정책이다. 따라서 재량적 재정정책과 마찬가지로 외부시차가 짧을 뿐만 아니라, 재량적 재정정책과는 달리 내부시차가 없어 경제 상황의 변화에 신속하게 대응할 수 있다는 장점이 있다. 이러한 자동안정화장치의 대표적인 예로는 누진적소득세와 실업보험제도가 있다.

* 총수요 : 한 나라의 경제 주체들이 일정 기간 동안 소비와 투자를 위해 사려고 하는 재화와 서비스의 총합
* 추경예산 : 예산을 집행하다 수입(세입)이 줄거나 예기치 못한 지출요인이 생길 때 고치는 예산

〈보기〉

누진적소득세는 납세자의 소득 금액에 따른 과세의 비율을 미리 정하여 소득이 커질수록 높은 세율을 적용하도록 정한 제도이다. 경기가 활성화되어 국민소득이 늘어날 경우 경기가 지나치게 과열될 우려가 있는데, 이때 소득 수준이 높을수록 더 높은 세율을 적용받게 되므로 전반적 소득 증가와 더불어 세금이 자동적으로 늘어나게 된다. 이는 소비지출의 억제로 이어져 경기가 심하게 과열되지 않도록 진정하는 효과를 얻게 된다.

① 누진적소득세를 통해 화폐 공급량을 조절할 수 있다.
② 누진적소득세 시행을 위해서는 국회의 동의 절차가 필요하다.
③ 누진적소득세는 변화하는 경제 상황에 신속하게 대응할 수 있다.
④ 누진적소득세는 입법 절차로 인해 내부시차가 길다.
⑤ 누진적소득세가 실시되어도 즉각적인 소비지출의 변화가 나타나지 않기 때문에 외부시차가 길다.

23

물질의 원자는 원자핵과 전자로 이루어져 있고, 원자핵을 중심으로 전자들이 각각의 에너지 준위를 따라 배열되어 있는데, 에너지의 준위는 에너지의 계단이나 사다리에 비유될 수 있다. 에너지 준위가 높아지면 전자가 보유하는 에너지도 높아지며, 보유 에너지가 낮은 전자부터 원자핵에 가까운 에너지 준위를 채워나간다. 전자가 외부의 에너지를 흡수하면 자신의 자리를 이탈하여 바깥쪽 에너지 준위로 올라가게 되는데, 전자가 자신의 자리에 있을 때를 '바닥 상태', 높은 에너지 준위로 올라갔을 때를 '들뜬 상태'라고 한다. 들뜬 상태의 전자들은 바닥 상태로 되돌아가려는 경향이 있고, 원래의 자리로 되돌아갈 때는 빛 등의 에너지를 방출하게 된다.

최초의 레이저 장치를 만든 매이먼은 루비의 전자를 이용하였다. 루비는 그 특성상 전자가 들뜬 상태가 될 때 그 상태에 머무는 시간이 길기 때문이었다. 매이먼은 빛을 쬐어 루비의 특정 전자들을 들뜨게 함으로써 바닥 상태의 전자수보다도 들뜬 상태의 전자수를 많게 만들었다. 이런 상태를 조성해 주면 적어도 한 개 이상의 들뜬 전자가 자연스럽게 원래의 준위로 되돌아가면서 빛을 내고, 다른 들뜬 전자에서도 같은 파장을 가진 빛이 차례차례 발생한다. 그러는 동안 들뜬 물질의 양쪽에 설치해 둔 거울 2개 사이에서는 생성된 빛이 그대로 반사되면서 몇 번씩 왕복하며 다른 들뜬 전자들이 빛을 방출하도록 유도한다. 그래서 빛은 자꾸만 증폭(增幅)된다. 이 때 2개의 거울 중 1개의 거울은 일부의 빛을 투과할 수 있게 하여 거울 사이에서 증폭된 빛의 일부가 외부에 레이저광선으로 발진된다.

〈보기〉

ㄱ. 전자가 이동할 때 에너지가 방출되었다면 전자가 바닥 상태로 돌아간 것이다.
ㄴ. 들뜬 상태의 전자는 원자핵에서 먼 에너지 준위로 이동하려는 경향이 있다.
ㄷ. 매이먼이 레이저 장치를 만들 때 루비를 이용한 것은 빛의 증폭에 유리한 조건을 만들기 위해서였다.
ㄹ. 매이먼의 레이저 장치에서는 바닥 상태의 전자가 들뜬 상태의 전자보다 많다.

① ㄱ, ㄴ
② ㄱ, ㄷ
③ ㄴ, ㄷ
④ ㄴ, ㄹ
⑤ ㄷ, ㄹ

※ 다음 제시된 도형의 규칙을 보고 물음표에 들어갈 알맞은 것을 고르시오. **[24~26]**

24

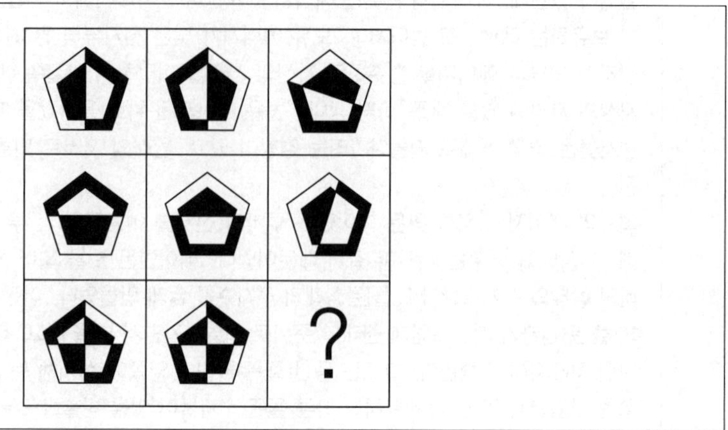

① 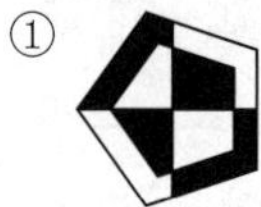

② 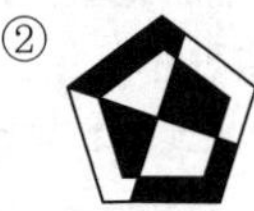

③ 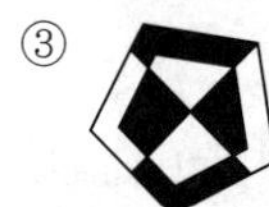

④ 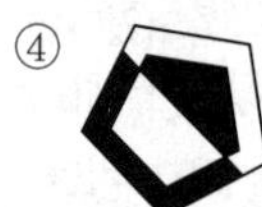

⑤ 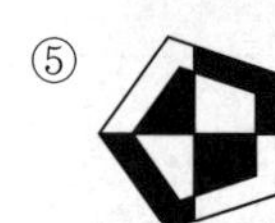

25

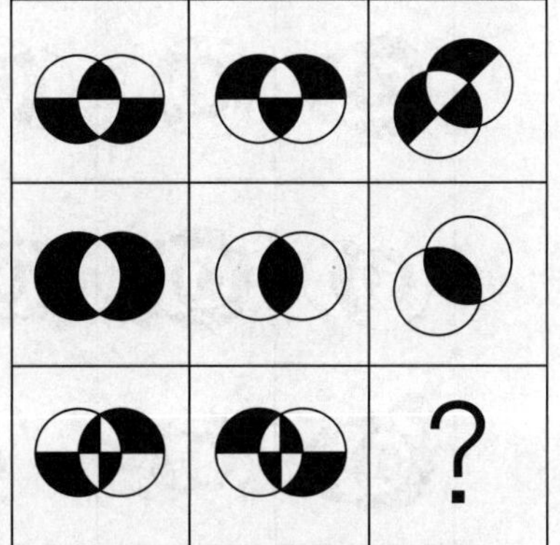

① 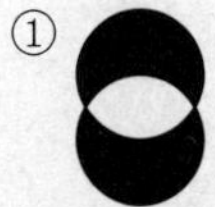

② 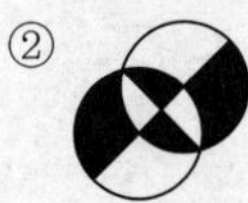

③ 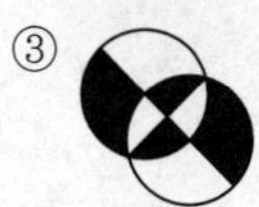

④ 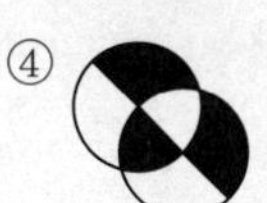

⑤ 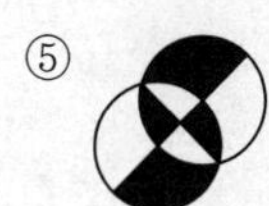

26

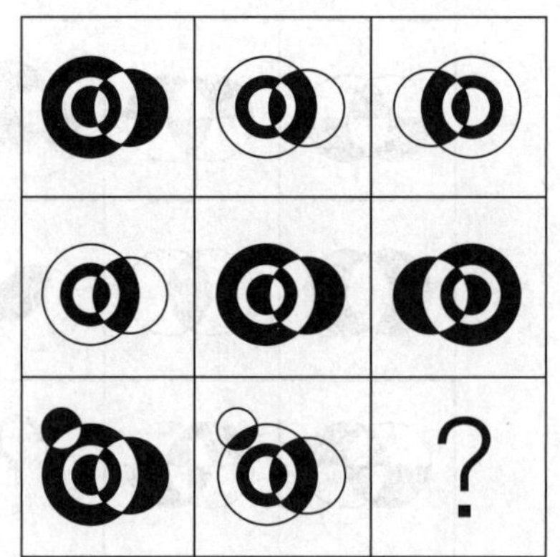

①
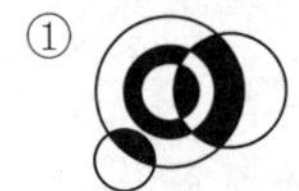

②

③
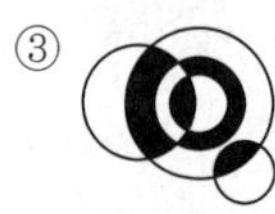

④

⑤
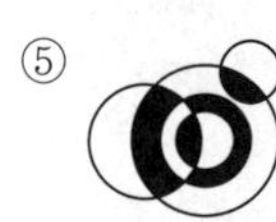

※ 다음 도식에서 기호들은 일정한 규칙에 따라 문자를 변화시킨다. 물음표에 들어갈 알맞은 문자를 고르시오 (단, 규칙은 가로와 세로 중 한 방향으로만 적용된다). **[27~30]**

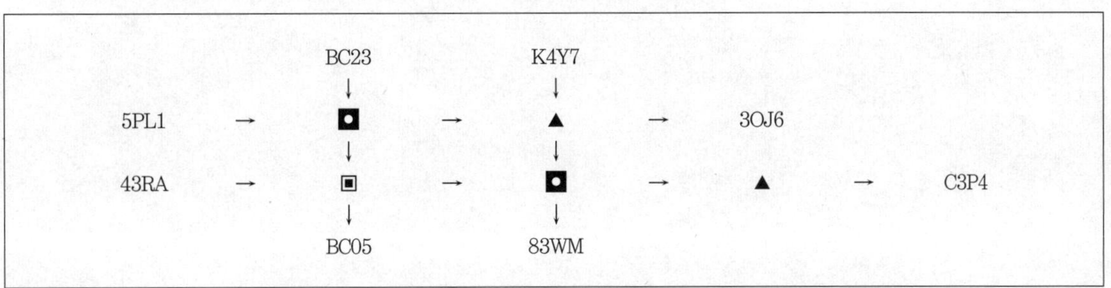

27

652P → ▣ → ▲ → ?

① P625
② W447
③ Q644
④ D525
⑤ 51R2

28

AT3C → ▲ → ◘ → ?

① GT1C
② H1TC
③ DS1C
④ A4ER
⑤ LJ1X

29

S4F3 → ▲ → ◘ → ▣ → ?

① 43DV
② 44TU
③ 5CD1
④ 34DU
⑤ F23K

30

1EB7 → ▣ → ◘ → ▣ → ?

① 0FY9
② 1FZ9
③ 0ZF9
④ 0FZ9
⑤ 1ZF9

6권

제4회 온라인 GSAT 삼성직무적성검사

〈문항 수 및 시험시간〉

평가 영역	문항 수	시험시간	도서 동형 온라인 모의고사 쿠폰번호
수리	20문항	30분	APBS-00000-80FA0
추리	30문항	30분	

온라인 GSAT 삼성직무적성검사

※ 문제를 풀기 전에 문제풀이 용지를 다운받아 인쇄하여 실제 시험에 응시하는 것처럼 연습하기 바랍니다.

〈문제풀이 용지 다운받는 방법〉

▶ SD에듀 도서 홈페이지 접속(www.sdedu.co.kr/book)

▶ 상단 카테고리 「도서업데이트」 클릭

▶ 「온라인 GSAT 문제풀이 용지」 검색 후 다운로드

제 1 영역 수리

01 영미가 매운 갈비찜을 하는 데에는 총 5시간이 걸리고 지윤이와 혜인이는 각각 2시간, 7시간이 걸린다고 한다. 영미가 2시간 동안 요리를 하고 그 후에 지윤이와 혜인이가 같이 요리를 한다고 할 때, 두 사람은 몇 시간 동안 요리를 해야 하는가?

① $\frac{13}{15}$시간　　② $\frac{14}{15}$시간

③ $\frac{16}{15}$시간　　④ $\frac{17}{15}$시간

⑤ $\frac{19}{15}$시간

02 다음과 같이 도로가 있고 P지점에서 R지점까지 이동하려고 한다. Q, S지점을 반드시 거쳐야 할 때, 최단거리로 가능한 경우의 수는?

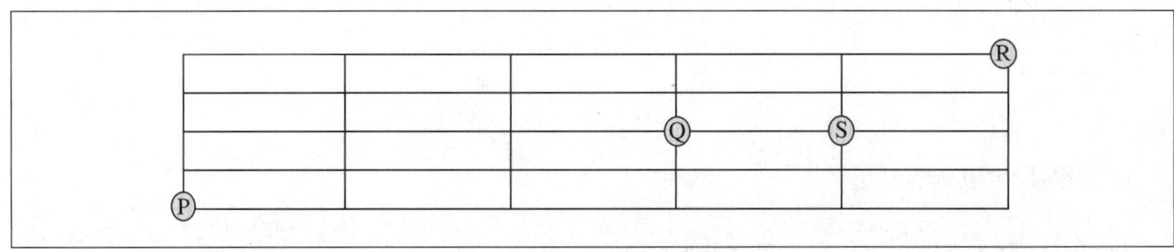

① 18가지　　② 30가지

③ 32가지　　④ 44가지

⑤ 48가지

03 다음은 연령대별 삶의 만족도에 대해 조사한 표이다. 이에 대한 〈보기〉의 설명 중 옳은 것을 모두 고르면?

〈연령대별 삶의 만족도〉

(단위 : %)

구분	매우만족	만족	보통	불만족	매우불만족
10대	8	11	34	28	19
20대	3	13	39	28	17
30대	5	10	36	39	10
40대	11	17	48	16	8
50대	14	18	42	23	3

※ 긍정적인 답변 : 매우만족, 만족, 보통

※ 부정적인 답변 : 불만족, 매우불만족

〈보기〉

ㄱ. 연령대가 높아질수록 '매우불만족'이라고 응답한 비율은 낮아진다.

ㄴ. 모든 연령대에서 '매우만족'과 '만족'이라고 응답한 비율이 가장 낮은 연령대는 20대이다.

ㄷ. 모든 연령대에서 긍정적인 답변을 한 비율은 50% 이상이다.

ㄹ. 50대에서 '불만족' 또는 '매우불만족'이라고 응답한 비율은 '만족' 또는 '매우만족'이라고 응답한 비율의 80% 이하이다.

① ㄱ, ㄷ
② ㄱ, ㄹ
③ ㄴ, ㄷ
④ ㄴ, ㄹ
⑤ ㄷ, ㄹ

04 다음은 출생 · 사망 추이를 나타낸 표이다. 이에 대한 해석으로 옳지 않은 것은?

〈출생 · 사망 추이〉

구분		2016년	2017년	2018년	2019년	2020년	2021년	2022년
출생아 수(명)		490,543	472,761	435,031	448,153	493,189	465,892	444,849
사망자 수(명)		244,506	244,217	243,883	242,266	244,874	246,113	246,942
기대수명(년)		77.44	78.04	78.63	79.18	79.56	80.08	80.55
수명(년)	남자	73.86	74.51	75.14	75.74	76.13	76.54	76.99
	여자	80.81	81.35	81.89	82.36	82.73	83.29	83.77

① 출생아 수는 2016년 이후 감소하다가 2019년, 2020년에 증가 이후 다시 감소하고 있다.

② 2017년부터 2022년까지의 전년 대비 기대수명은 증가하고 있다.

③ 남자와 여자의 수명은 매년 5년 이상의 차이를 보이고 있다.

④ 매년 출생아 수는 사망자 수보다 20만 명 이상 더 많으므로 매년 총 인구는 20만 명 이상씩 증가한다고 볼 수 있다.

⑤ 여자의 수명과 기대수명의 차이는 2020년이 가장 적다.

05 다음은 영농자재구매사업에 대한 자료이다. 이에 대한 설명으로 옳은 것은?

〈영농자재구매사업의 변화 양상〉

(단위 : %)

구분	비료	농약	농기계	면세 유류	종자 / 종묘	배합 사료	일반 자재	자동차	합계
1970년	74.1	12.6	5.4	-	3.7	2.5	1.7	-	100
1980년	59.7	10.8	8.6	-	0.5	12.3	8.1	-	100
1990년	48.5	12.7	19.6	0.3	0.2	7.1	11.6	-	100
2000년	30.6	9.4	7.3	7.8	0.7	31.6	12.6	-	100
2010년	31.1	12.2	8.5	13.0	-	19.2	16.0	-	100
2020년	23.6	11.0	4.3	29.7	-	20.5	10.8	0.1	100

① 일반자재는 10년 단위로 사용량이 증가하였다.

② 영농자재구매 중 비료는 항상 가장 높은 비율을 차지하였다.

③ 배합사료와 농기계는 조사연도마다 증가와 감소를 교대로 반복하였다.

④ 2020년 이후 자동차의 비율이 가장 크게 증가할 것이다.

⑤ 면세유류는 1990년부터 감소한 적이 없다.

06 다음은 A～E 5개국의 경제 및 사회 지표이다. 이에 대한 설명으로 옳지 않은 것은?

〈주요 5개국의 경제 및 사회 지표〉

구분	1인당 GDP(달러)	경제성장률(%)	수출(백만 달러)	수입(백만 달러)	총인구(백만 명)
A	27,214	2.6	526,757	436,499	50.6
B	32,477	0.5	624,787	648,315	126.6
C	55,837	2.4	1,504,580	2,315,300	321.8
D	25,832	3.2	277,423	304,315	46.1
E	56,328	2.3	188,445	208,414	24.0

※ (총 GDP)=(1인당 GDP)×(총인구)

① 경제성장률이 가장 큰 나라가 총 GDP는 가장 작다.
② 총 GDP는 가장 큰 나라가 가장 작은 나라보다 10배 이상 더 크다.
③ 5개국 중 수출과 수입에 있어서 규모에 따라 나열한 순위는 서로 일치한다.
④ A국이 E국보다 총 GDP가 더 크다.
⑤ 1인당 GDP에 따른 순위와 총 GDP에 따른 순위는 서로 일치한다.

07 다음은 세계 주요 터널 화재 사고 A～F에 대한 표이다. 이에 대한 설명으로 옳은 것은?

〈세계 주요 터널 화재 사고 통계〉

사고	터널 길이(km)	화재 규모(MW)	복구 비용(억 원)	복구 기간(개월)	사망자(명)
A	50.5	350	4,200	6	1
B	11.6	40	3,276	36	39
C	6.4	120	72	3	12
D	16.9	150	312	2	11
E	0.2	100	570	10	192
F	1.0	20	18	8	–

※ 사고 비용=복구 비용+사망자 수×5억 원

① 터널 길이가 길수록 사망자가 많다.
② 화재 규모가 클수록 복구 기간이 길다.
③ 사고 A를 제외하면 복구 기간이 길수록 복구 비용이 크다.
④ 사망자가 30명 이상인 사고를 제외하면 화재 규모가 클수록 복구 비용이 크다.
⑤ 사망자가 가장 많은 사고 E는 사고 비용도 가장 크다.

08 다음은 전국 시도의 인구 천 명당 지방자치단체 공무원 현원에 대한 표이다. 이에 대한 설명으로 옳은 것은?

〈시 · 도별 인구 천 명당 지방자치단체 공무원 현원〉

(단위 : 명)

시도별	2017년	2018년	2019년	2020년	2021년	2022년
전국	5.54	5.58	5.62	5.65	5.75	5.87
서울특별시	4.55	4.61	4.64	4.61	4.75	4.97
부산광역시	4.60	4.67	4.75	4.85	4.95	5.08
대구광역시	4.44	4.48	4.58	4.66	4.78	4.88
인천광역시	4.79	4.76	4.50	4.58	4.64	4.66
광주광역시	4.59	4.63	4.77	4.76	4.92	4.98
대전광역시	4.50	4.52	4.60	4.66	4.74	4.84
울산광역시	4.63	4.66	4.65	4.81	4.96	5.05
세종특별자치시	–	8.53	9.08	8.13	7.15	6.23
경기도	3.65	3.69	3.75	3.77	3.85	3.92
강원도	10.47	10.53	10.55	10.54	10.80	11.08
충청북도	7.80	7.85	7.98	8.07	8.17	8.33
충청남도	7.99	7.96	8.03	8.07	8.08	8.15
전라북도	8.33	8.42	8.44	8.51	8.66	8.87
전라남도	10.27	10.30	10.32	10.42	10.65	10.82
경상북도	8.82	8.94	9.12	9.13	9.24	9.41
경상남도	6.65	6.71	6.67	6.69	6.71	6.83
제주특별자치도	8.64	8.54	8.43	8.41	8.36	8.37

① 2021년 인구 천 명당 지방자치단체 공무원 수의 전년 대비 증가율은 충청북도가 충청남도보다 높다.
② 2018년부터 2022년까지 전년 대비 인천광역시와 제주특별자치도의 인구 천 명당 지방자치단체 공무원 수의 증감 추이는 동일하다.
③ 경상북도와 경상남도의 인구 천 명당 지방자치단체 공무원 수가 각각 두 번째로 적었던 해는 동일하다.
④ 강원도의 인구 천 명당 지방자치단체 공무원 수는 2022년에 2017년 대비 10% 이상 증가하였다.
⑤ 2018년부터 2020년까지 서울특별시 공무원 수가 전국 공무원 수에서 차지하는 비율은 매년 감소하였다.

09 다음은 S지역의 곡물 재배면적 및 생산량을 정리한 표이다. 이에 대한 설명으로 옳은 것은?

〈S지역의 곡물 재배면적 및 생산량〉

(단위 : ha, 백 톤)

구분		2018년	2019년	2020년	2021년	2022년
미곡	재배면적	1,148	1,100	998	1,118	1,164
	생산량	15,276	14,145	13,057	15,553	18,585
맥류	재배면적	1,146	773	829	963	1,034
	생산량	7,347	4,407	4,407	6,339	7,795
두류	재배면적	450	283	301	317	339
	생산량	1,940	1,140	1,143	1,215	1,362
잡곡	재배면적	334	224	264	215	208
	생산량	1,136	600	750	633	772
서류	재배면적	59	88	87	101	138
	생산량	821	1,093	1,228	1,436	2,612

① 잡곡의 생산량이 가장 적은 해와 잡곡의 재배면적이 가장 적은 해는 같다.

② 2018년부터 2022년까지 재배면적은 잡곡이 서류의 2배 이상이다.

③ 두류의 생산량이 가장 많은 해에 재배면적이 가장 큰 곡물은 맥류이다.

④ 2020년부터 2022년까지 미곡과 두류의 전년 대비 생산량 증감 추이는 동일하다.

⑤ 2018년부터 2022년까지 매년 생산량은 두류가 잡곡보다 많다.

10 다음은 2013년부터 2022년까지 연도별 감자 재배면적 및 생산량을 나타낸 표이다. 이에 대한 해석으로 옳지 않은 것은?

〈연도별 감자 재배면적 및 생산량〉

(단위 : ha, 톤)

구분	봄감자			고랭지감자			가을감자		
	재배 면적	10a당 생산량 (kg)	생산량	재배 면적	10a당 생산량 (kg)	생산량	재배 면적	10a당 생산량 (kg)	생산량
2013년	16,302	2,415	393,632	3,801	3,668	139,423	4,810	1,739	83,652
2014년	19,126	2,392	457,584	3,784	2,509	94,944	3,894	1,789	69,674
2015년	17,424	2,396	417,433	3,793	3,332	126,371	3,713	1,716	63,730
2016년	20,977	2,722	571,024	3,751	2,963	111,125	2,702	1,676	45,289
2017년	15,596	2,772	432,342	2,975	3,647	108,500	2,901	1,713	49,690
2018년	14,545	2,526	367,363	3,403	3,875	131,867	2,286	1,685	38,508
2019년	15,259	2,580	393,670	3,579	3,407	121,927	3,162	1,267	40,073
2020년	14,943	2,152	321,518	3,244	3,049	98,895	2,787	1,663	46,342
2021년	15,819	2,435	385,244	3,462	2,652	91,811	4,121	1,723	71,010
2022년	18,150	2,567	465,948	3,844	3,634	139,676	4,835	1,654	79,981

※ 1ha=100a

※ 10a당 생산량은 소수점 첫째 자리에서 반올림함

※ 봄감자, 고랭지감자, 가을감자 이외의 다른 감자는 없음

① 2012년부터 2021년까지 매년 봄감자는 가을감자보다 4배 이상 생산되었다.

② 감자 생산효율이 높은 순서는 매년 '고랭지감자 – 봄감자 – 가을감자' 순서로 동일하다.

③ 2015년부터 2018년까지 고랭지감자의 재배면적이 넓을수록 10a당 생산량도 많아졌다.

④ 2018년부터 2021년까지 전년 대비 모든 감자의 10a당 생산량 평균은 감소하는 추세이다.

⑤ 2013년부터 2022년까지 봄감자가 가장 많이 생산된 연도의 고랭지감자와 가을감자의 재배면적 차이는 1,049ha이다.

11 다음은 각종 암 환자의 육식률 대비 사망률을 나타내는 표이다. 이에 대한 설명으로 옳지 않은 것은?

〈각종 암 환자의 육식률 대비 사망률〉

암 구분	육식률 80% 이상	육식률 50% 이상 80% 미만	육식률 30% 이상 50% 미만	육식률 30% 미만	채식률 100%
전립선암	42%	33%	12%	5%	8%
신장암	62%	48%	22%	11%	5%
대장암	72%	64%	31%	15%	8%
방광암	66%	52%	19%	12%	6%
췌장암	68%	49%	21%	8%	5%
위암	85%	76%	27%	9%	4%
간암	62%	48%	21%	7%	3%
구강암	52%	42%	18%	11%	10%
폐암	48%	41%	17%	13%	11%
난소암	44%	37%	16%	14%	7%

※ '육식률 30% 미만'에는 '채식률 100%'가 속하지 않음

① '육식률 80% 이상'의 사망률과 '채식률 100%'에서의 사망률의 차이가 가장 큰 암은 '위암'이다.

② '육식률 80% 이상'에서의 사망률이 50% 미만인 암과 '육식률 50% 이상 80% 미만'에서 사망률이 50% 이상인 암의 수는 동일하다.

③ 채식률이 100%여도 육식하는 사람보다 사망률이 항상 낮지 않다.

④ '육식률 30% 이상' 구간에서의 사망률이 1위인 암은 모두 동일하다.

⑤ '채식률 100%'에서 사망률이 10%를 초과하는 암은 '폐암'뿐이다.

※ 다음은 연령대별 평균 TV시청시간을 조사한 표이다. 이를 보고 이어지는 질문에 답하시오. **[12~13]**

〈연령대별 평균 TV시청시간〉

(단위 : 시간)

구분	평일		주말	
	오전	오후	오전	오후
10대 미만	2.2	3.8	2.5	5.2
10대	0.8	1.7	1.5	3.4
20대	0.9	1.8	2.2	3.2
30대	0.3	1.5	1.8	2.2
40대	1.1	2.5	3.2	4.5
50대	1.4	3.8	2.5	4.6
60대	2.6	4.4	2.7	4.7
70대	2.4	5.2	3.1	5.2
80대 이상	2.5	5.3	3.2	5.5

※ 구분 : 청년층(20대), 장년층(30 · 40대), 중년층(50 · 60대), 노년층(70대 이후)

※ (장년층의 단순 평균 TV시청시간)$=\frac{\text{(30대 평균 TV시청시간)}+\text{(40대 평균 TV시청시간)}}{2}$

– 중년층, 노년층도 동일한 방식으로 계산함

※ (평일 / 주말 단순 평균 TV시청시간)$=\frac{\text{(오전 평균 TV시청시간)}+\text{(오후 평균 TV시청시간)}}{2}$

12 다음 중 자료에 대한 해석으로 옳은 것은?

① 10대 미만의 평일 오전 · 오후 평균 TV시청시간의 차는 1시간 30분이다.

② 30대 이후부터는 연령대가 높아질수록 평일 오후 평균 TV시청시간은 감소하고 주말 오후 평균 TV시청시간은 증가한다.

③ 주말 오전 장년층의 단순 평균 TV시청시간은 중년층보다 적다.

④ 청년층의 주말 단순 평균 TV시청시간은 평일의 2.2배이다.

⑤ 전 연령대에서 평일은 오후에 TV를 시청하는 시간이 길었지만, 주말에는 오전에 TV를 시청하는 시간이 길었다.

13 다음 중 표에 대한 설명으로 옳은 것을 〈보기〉에서 모두 고르면?

〈보기〉

ㄱ. 10대 미만의 평일 오전 평균 TV시청시간은 주말 오전 평균시청시간의 90% 미만이다.
ㄴ. 10대와 20대의 평일 오후 평균 TV시청시간의 차는 5분 미만이다.
ㄷ. 평일 오전 평균 TV시청시간이 가장 많은 연령대의 주말 단순 평균 TV시청시간은 4시간 이상이다.
ㄹ. 장년층・중년층・노년층 중 단순 평균 TV시청시간이 평일 오전과 오후의 차가 가장 큰 연령층은 노년층이다.

① ㄱ, ㄴ　　② ㄱ, ㄹ
③ ㄷ, ㄹ　　④ ㄱ, ㄴ, ㄷ
⑤ ㄱ, ㄷ, ㄹ

※ 다음은 2022년 법 관련 정보 획득처에 대한 설문조사 자료이다. 이를 보고 이어지는 질문에 답하시오. **[14~15]**

〈2022년 법 관련 정보 획득처〉

(단위 : %)

대구분	소구분	사례수(명)	TV/라디오	신문/잡지	포털사이트	SNS	주위사람	법원인터넷시스템	없음	기타
성별	남자	1,701	69.0	26.1	59.8	19.2	40.3	42.8	0.3	42.5
	여자	1,740	75.4	22.7	55.0	17.0	46.9	37.7	1.1	44.1
최종 학력별	중졸 이하	548	90.0	33.4	20.6	2.6	72.2	18.3	4.0	58.8
	고졸	1,427	74.8	24.6	59.0	18.9	46.4	37.8	0.2	38.4
	대졸 이상	1,466	63.2	20.0	69.5	23.0	30.2	50.8	0.0	42.3
직업별	사무직	686	60.5	18.8	69.2	23.3	30.7	54.0	0.0	43.5
	서비스 / 판매직	1,078	68.2	24.7	62.0	19.1	40.7	42.3	0.2	42.9
	기능직 / 단순노무	576	82.8	26.4	51.1	13.8	50.3	33.9	1.1	40.4
	학생	146	55.2	9.7	80.0	32.8	36.0	49.9	0.0	36.6
	주부	668	82.6	25.5	46.0	10.0	54.6	29.4	0.9	47.1
	기타	6	55.4	10.0	67.7	10.0	82.5	31.4	0.0	42.9
	무직	281	79.9	38.2	38.3	12.3	49.8	32.7	3.7	45.1
이념 성향별	보수	944	80.1	35.1	43.4	13.6	53.5	29.1	1.0	44.1
	중도	1,434	72.1	22.0	61.1	18.6	40.3	42.4	0.6	42.1
	진보	847	62.9	15.7	66.8	21.9	38.1	48.0	0.6	46.0
	관심 없음	216	75.8	22.6	56.4	18.7	44.1	44.1	0.9	37.3
재판 관련 경험별	있다	473	75.2	23.0	60.3	18.2	34.3	40.0	0.4	44.0
	없다	2,968	71.8	24.6	56.9	18.0	45.1	39.5	0.8	43.1

※ 동일한 인원을 대상으로 하여 성별, 최종 학력별, 직업별, 이념성향별, 재판 관련 경험별 구분에 따른 응답비율을 정리함

※ 응답인원 별로, "해당 수단을 통해 정보를 얻는가?"하는 물음에, '그렇다'고 대답한 인원의 비율임

14 다음 중 자료에 대한 설명으로 옳은 것은?

① 중졸 이하 학력의 응답인원 중 TV / 라디오를 통해 법 관련 정보를 얻는 사람의 수는 500명 이상이다.

② 법 관련 정보를 얻는 곳이 따로 없다고 응답한 사람의 수는 보수 성향보다 중도 성향에서 더 많다.

③ 재판 관련 경험이 없는 사람들 중 SNS를 이용하여 법 관련 정보를 얻는 사람의 수는 550명 미만이다.

④ 신문 / 잡지를 이용해 법 관련 정보를 얻는다고 응답한 사람의 수는 대졸 이상 학력이면서 그렇다고 대답한 인원들이 중도 성향이며 그렇다고 응답한 인원보다 많다.

⑤ 사무직 응답인원 수는 전체 응답인원의 30% 이상이다.

15 다음 중 자료에 대한 설명으로 옳지 않은 것을 〈보기〉에서 모두 고르면?

〈보기〉

ㄱ. 재판 관련 경험이 있다고 답한 인원 중 법원 인터넷 시스템을 통해 법 관련 정보를 얻는 사람은 200명 이상이다.

ㄴ. 학생 중 포털사이트를 이용해 법 관련 정보를 얻는다고 답한 응답인원 수보다 주부 중 SNS를 이용하여 법 관련 정보를 얻는다고 답한 응답인원의 수가 더 많다.

ㄷ. 전체 응답인원 중 포털사이트를 통해 법 관련 정보를 얻는 응답인원의 수는 주위사람을 통해 법 관련 정보를 얻는 응답인원의 수보다 많다.

① ㄱ
② ㄷ
③ ㄱ, ㄴ
④ ㄱ, ㄷ
⑤ ㄴ, ㄷ

※ 다음은 주요 직업별 종사자 총 2만 명을 대상으로 주 평균 여가시간을 조사한 표이다. 이를 보고 이어지는 질문에 답하시오. **[16~17]**

〈주요 직업별 주 평균 여가시간〉

구분	1시간 미만	1시간 이상 3시간 미만	3시간 이상 5시간 미만	5시간 이상	응답자 수
일반회사직	22%	45%	20%	13%	4,400명
자영업자	36%	35%	25%	4%	1,800명
공교육직	4%	12%	39%	45%	2,800명
사교육직	36%	35%	25%	4%	2,500명
교육 외 공무직	32%	28%	22%	18%	3,800명
연구직	69%	1%	7%	23%	2,700명
의료직	52%	5%	2%	41%	2,000명

16 다음 중 표에 대한 설명으로 옳지 않은 것은?

① 응답자 중 교육에 종사하는 사람이 차지하는 비율은 27% 미만이다.

② 일반회사직과 자영업자 종사자 모두 주 평균 여가시간이 '1시간 이상 3시간 미만'이라고 응답한 인원이 가장 많다.

③ 공교육직 종사자의 응답 비율이 높은 순서로 나열한 것과 교육 외 공무직 종사자의 응답 비율이 높은 순서로 나열한 것은 반대의 추이를 보인다.

④ 연구직 종사자와 의료직 종사자의 응답 비율의 차가 가장 큰 응답 시간은 '5시간 이상'이다.

⑤ '3시간 이상 5시간 미만'에 가장 많이 응답한 직업군은 없다.

17 다음 중 표에 대한 설명으로 옳은 것을 〈보기〉에서 모두 고르면?

〈보기〉

ㄱ. 전체 응답자 중 공교육직 종사자가 차지하는 비율은 연구직 종사자가 차지하는 비율보다 1.5%p 더 높다.

ㄴ. 공교육직 종사자의 응답비율이 가장 높은 구간의 응답자 수는 사교육직 종사자의 응답비율이 가장 높은 구간의 응답자 수의 1.5배이다.

ㄷ. '5시간 이상'이라고 응답한 교육 외 공무직 종사자의 응답비율은 연구직 종사자의 응답비율보다 낮지만, 응답자 수는 더 많다.

① ㄱ　　② ㄴ

③ ㄷ　　④ ㄱ, ㄴ

⑤ ㄴ, ㄷ

18 다음은 2017년부터 2022년까지 교원 1인당 학생 수이다. 자료를 참고하여 연도별 변화율을 그래프로 나타낸 것으로 적절하지 않은 것은?

〈교원 1인당 학생 수〉

(단위 : 명)

구분	2017년	2018년	2019년	2020년	2021년	2022년
유치원	13.4	13.4	13.3	12.9	12.3	11.9
초등학교	14.9	14.9	14.6	14.5	14.5	14.6
중학교	15.2	14.3	13.3	12.7	12.1	11.7
고등학교	13.7	13.2	12.9	12.4	11.5	10.6
일반대학	25.2	24.6	24.2	23.6	23.6	23.7

※ 당해 증가율=(당해연도 수－전년도 수)÷전년도 수×100

① 유치원 증가율

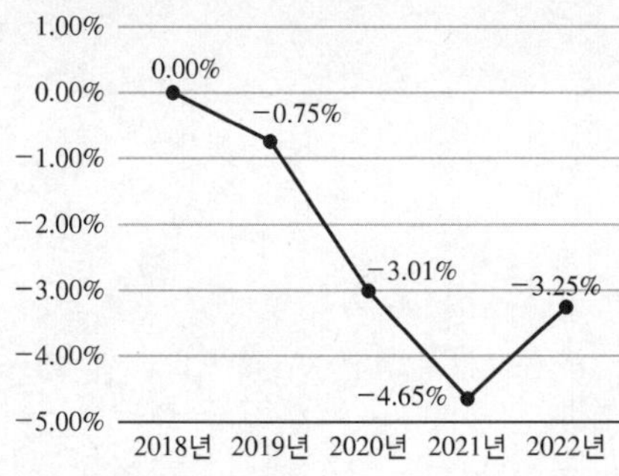

② 초등학교 증가율

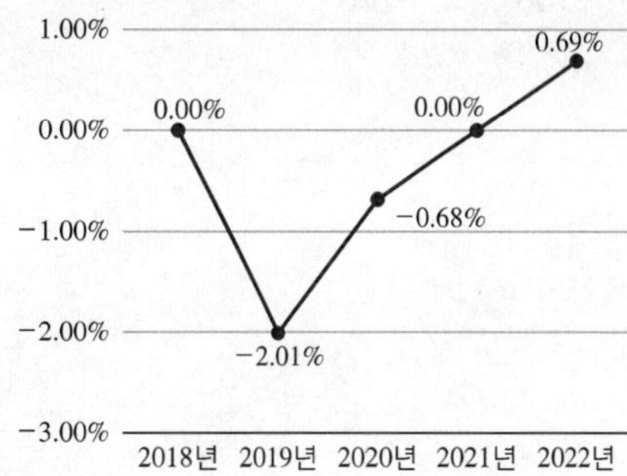

③ 일반대학 증가율

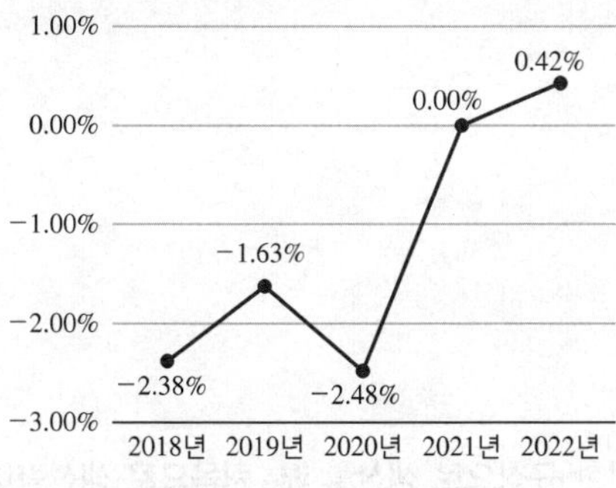

④ 중학교 증가율

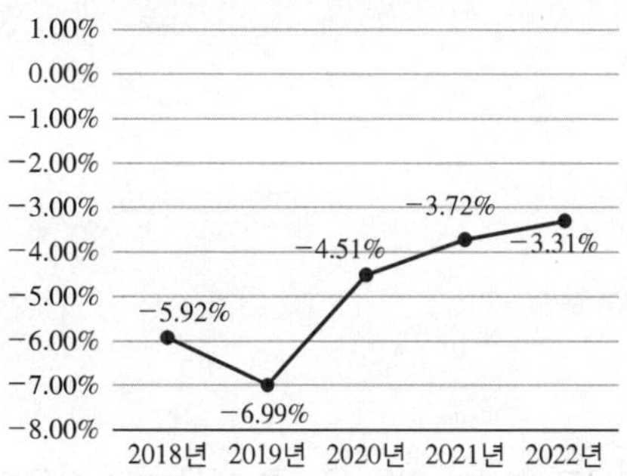

⑤ 고등학교 증가율

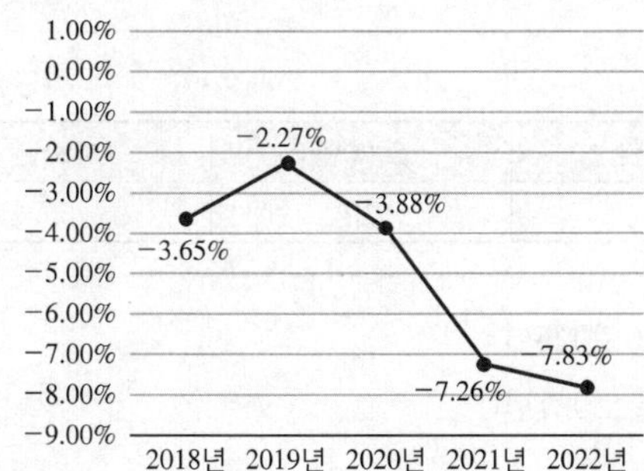

19 다음은 발사이즈에 따른 평균 키를 나타낸 자료이다. 평균 키와 발사이즈의 관계가 주어진 자료와 같을 때 ㉠과 ㉡에 들어갈 숫자로 알맞은 것은?

〈발사이즈에 따른 평균 키〉

발사이즈(mm)	230	235	240	245
평균 키(cm)	151	㉠	158	㉡

※ (평균 키)$=a\times$(발사이즈)$-b$

	㉠	㉡
①	154	161
②	154.5	161.5
③	155	162
④	155.5	162.5
⑤	156	163

20 S음료 회사는 이온 음료를 생산한다. 다음과 같이 일정한 규칙으로 생산할 때, 처음으로 생산량이 만 대를 넘는 것은 몇 년도인가?

(단위 : 대)

구분	2018년	2019년	2020년	2021년
생산량	3	7	19	55

① 2024년
② 2025년
③ 2026년
④ 2027년
⑤ 2028년

제2영역 추리

※ 제시된 명제가 모두 참일 때, 다음 중 빈칸에 들어갈 명제로 가장 적절한 것을 고르시오. [1~3]

01

- 전제1. 비가 오지 않으면 개구리가 울지 않는다.
- 전제2. 비가 오지 않으면 제비가 낮게 날지 않는다.
- 결론. ______________________________

① 비가 오면 제비가 낮게 난다.
② 제비가 낮게 날지 않는 날에는 비가 오지 않는다.
③ 개구리가 울지 않으면 제비가 낮게 날지 않는다.
④ 제비가 낮게 나는 날에는 개구리가 울지 않는다.
⑤ 제비가 낮게 나는 어떤 날은 비가 온다.

02

- 전제1. 낡은 것을 버려야 새로운 것을 채울 수 있다.
- 전제2. ______________________________
- 결론. 새로운 것을 채우지 않는다면 더 많은 세계를 경험할 수 없다.

① 새로운 것을 채운다면 낡은 것을 버릴 수 있다.
② 낡은 것을 버리지 않는다면 새로운 것을 채울 수 없다.
③ 새로운 것을 채운다면 더 많은 세계를 경험할 수 있다.
④ 낡은 것을 버리지 않는다면 더 많은 세계를 경험할 수 없다.
⑤ 더 많은 세계를 경험하지 못한다면 새로운 것을 채울 수 없다.

03

- 전제1. 탁구를 잘 하는 어떤 사람은 테니스를 잘한다.
- 전제2. ______________________________
- 결론. 집중력이 좋은 어떤 사람은 테니스를 잘한다.

① 탁구를 잘 하는 어떤 사람은 집중력이 좋다.
② 테니스를 잘하는 어떤 사람은 키가 작다.
③ 집중력이 좋은 사람은 모두 탁구를 잘 한다.
④ 탁구를 잘 하는 사람은 모두 집중력이 좋다.
⑤ 탁구를 잘 하는 어떤 사람은 테니스를 잘하지 못한다.

04 **S사의 가～라직원 4명은 동그란 탁자에 둘러앉아 인턴사원 교육 관련 회의를 진행하고 있다. 직원들은 각자 인턴 A～D를 한 명씩 맡아 교육하고 있다. 아래에 제시된 〈조건〉에 따라, 직원과 인턴이 알맞게 짝지어진 한 쌍은?**

〈조건〉

- B인턴을 맡은 직원은 다직원의 왼편에 앉아 있다.
- A인턴을 맡은 직원의 맞은편에는 B인턴을 맡은 직원이 앉아 있다.
- 라직원은 다직원 옆에 앉아 있지 않으나, A인턴을 맡은 직원 옆에 앉아 있다.
- 나직원은 가직원 맞은편에 앉아있으며, 나직원의 오른편에는 라직원이 앉아 있다.
- 시계 6시 방향에는 다직원이 앉아있으며, 맞은편에는 D인턴을 맡은 사원이 있다.

① 가직원 – A인턴
② 나직원 – D인턴
③ 다직원 – C인턴
④ 라직원 – A인턴
⑤ 라직원 – B인턴

05 **약국에 희경, 은정, 소미, 정선 4명의 손님이 방문하였다. 약사는 이들로부터 처방전을 받아 A～D 네 봉지의 약을 조제하였다. 다음 〈조건〉이 참일 때 옳은 것은?**

〈조건〉

- 방문한 손님들의 병명은 몸살, 배탈, 치통, 피부병이다.
- 은정이의 약은 B에 해당하고, 은정이는 몸살이나 배탈 환자가 아니다.
- A는 배탈 환자에 사용되는 약이 아니다.
- D는 연고를 포함하고 있는데, 이 연고는 피부병에만 사용된다.
- 희경이는 임산부이고, A와 D에는 임산부가 먹어서는 안 되는 약품이 사용되었다.
- 소미는 몸살 환자가 아니다.

① 은정이는 피부병에 걸렸다.
② 정선이는 몸살이 났고, 이에 해당하는 약은 C이다.
③ 소미는 치통 환자이다.
④ 희경이는 배탈이 났다.
⑤ 소미의 약은 A이다.

06 S전자는 신제품으로 총 4대의 가정용 AI 로봇을 선보였다. 각각의 로봇은 전시장에 일렬로 전시되어 있는데, 한국어, 중국어, 일본어, 영어 중 한 가지만을 사용할 수 있다. 다음 〈조건〉을 만족할 때 옳은 것은?

〈조건〉

- 1번 로봇은 2번 로봇의 바로 옆에 위치해 있다.
- 4번 로봇은 3번 로봇보다 오른쪽에 있지만, 바로 옆은 아니다.
- 영어를 사용하는 로봇은 중국어를 사용하는 로봇의 바로 오른쪽에 있다.
- 한국어를 사용하는 로봇은 중국어를 사용하는 로봇의 옆이 아니다.
- 일본어를 사용하는 로봇은 가장자리에 있다.
- 3번 로봇은 일본어를 사용하지 않으며, 2번 로봇은 한국어를 사용하지 않는다.

① 1번 로봇은 영어를 사용한다.
② 3번 로봇이 가장 왼쪽에 위치해 있다.
③ 4번 로봇은 한국어를 사용한다.
④ 중국어를 사용하는 로봇은 일본어를 사용하는 로봇의 바로 옆에 위치해 있다.
⑤ 영어를 사용하는 로봇은 한국어를 사용하는 로봇의 오른쪽에 위치해 있다.

07 ○○공사에서는 매주 수요일 오전에 주간 회의가 열린다. 주거복지기획부, 공유재산관리부, 공유재산개발부, 인재관리부, 노사협력부, 산업경제사업부 중 이번 주 주간 회의에 참여할 부서들의 〈조건〉이 다음과 같을 때, 이번 주 주간 회의에 참석할 부서의 최대 수는?

〈조건〉

- 주거복지기획부는 반드시 참석해야 한다.
- 공유재산관리부가 참석하면 공유재산개발부도 참석한다.
- 인재관리부가 참석하면 노사협력부는 참석하지 않는다.
- 산업경제사업부가 참석하면 주거복지기획부는 참석하지 않는다.
- 노사협력부와 공유재산관리부 중 한 부서만 참석한다.

① 2개
② 3개
③ 4개
④ 5개
⑤ 6개

08 **S필라테스 센터에서 평일에는 바렐, 체어, 리포머의 세 가지 수업이 동시에 진행되며, 토요일에는 리포머 수업만 진행된다. 센터 회원은 전용 어플을 통해 자신이 원하는 수업을 선택하여 1주일간의 운동 스케줄을 등록할 수 있다. 센터 회원인 L씨가 월요일부터 토요일까지 다음과 같이 운동 스케줄을 등록할 때, 다음 중 옳지 않은 것은?**

- 바렐 수업은 일주일에 1회 참여한다.
- 체어 수업은 일주일에 2회 참여하되, 금요일에 1회 참여한다.
- 리포머 수업은 일주일에 3회 참여한다.
- 동일한 수업은 연달아 참여하지 않는다.
- 월요일부터 토요일까지 하루에 1개의 수업을 듣는다.
- 하루에 1개의 수업만 들을 수 있다.

① 월요일에 리포머 수업을 선택한다면, 화요일에는 체어 수업을 선택할 수 있다.
② 월요일에 체어 수업을 선택한다면, 수요일에는 바렐 수업을 선택할 수 있다.
③ 화요일에 체어 수업을 선택한다면, 수요일에는 바렐 수업을 선택할 수 있다.
④ 화요일에 바렐 수업을 선택한다면, 수요일에는 리포머 수업을 선택할 수 있다.
⑤ 수요일에 리포머 수업을 선택한다면, 목요일에는 바렐 수업을 선택할 수 있다.

09 **20대 남녀, 30대 남녀, 40대 남녀 6명이 뮤지컬 관람을 위해 공연장을 찾았다. 다음 〈조건〉을 참고할 때, 항상 옳은 것은?**

〈조건〉

- 양 끝자리에는 다른 성별이 앉는다.
- 40대 남성은 왼쪽에서 두 번째 자리에 앉는다.
- 30대 남녀는 서로 인접하여 앉지 않는다.
- 30대와 40대는 인접하여 앉지 않는다.
- 30대 남성은 맨 오른쪽 끝자리에 앉는다.

[뮤지컬 관람석]

① 20대 남녀는 왼쪽에서 첫 번째 자리에 앉을 수 없다.
② 20대 남녀는 서로 인접하여 앉는다.
③ 40대 남녀는 서로 인접하여 앉지 않는다.
④ 20대 남성은 40대 여성과 인접하여 앉는다.
⑤ 30대 남성은 20대 여성과 인접하여 앉지 않는다.

10 다음 〈조건〉에 따라 감염병관리위원회를 구성할 때, 항상 참인 것은?

> 코로나19 감염 확산에 따라 감염병의 예방 및 관리에 관한 법률 시행령을 일부 개정하여 감염병관리위원회를 신설하고자 한다. 감염병관리위원회는 관련 위원장 총 4명으로 구성할 예정이며, 위원회 후보는 감염대책위원장 1명, 백신수급위원장 1명, 생활방역위원장 4명, 위생관리위원장 2명이다.

〈조건〉

- 감염대책위원장이 뽑히면 백신수급위원장은 뽑히지 않는다.
- 감염대책위원장이 뽑히면 위생관리위원장은 2명이 모두 뽑힌다.
- 백신수급위원장과 생활방역위원장은 합쳐서 4명 이상이 뽑히지 않는다.

① 백신수급위원장이 뽑히면 위생관리위원장은 1명이 뽑힌다.
② 백신수급위원장이 뽑히면 생활방역위원장은 1명이 뽑힌다.
③ 감염대책위원장이 뽑히면 백신수급위원장도 뽑힌다.
④ 감염대책위원장이 뽑히면 생활방역위원장은 2명이 뽑힌다.
⑤ 생활방역위원장이 뽑히면 위생관리위원장도 뽑힌다.

11 S사 기획팀은 신입사원 입사로 인해 자리 배치를 바꾸려고 한다. 다음 자리 배치표와 〈조건〉을 참고하여 자리를 배치하였을 때, 배치된 자리와 직원의 연결로 옳은 것은?

〈자리 배치표〉

출입문				
1 – 신입사원	2	3	4	5
6	7	8 – A사원	9	10

• 기획팀 팀원 : A사원, B부장, C대리, D과장, E차장, F대리, G과장

〈조건〉

• B부장은 출입문과 가장 먼 자리에 앉는다.
• C대리와 D과장은 마주보고 앉는다.
• E차장은 B부장과 마주보거나 B부장의 옆자리에 앉는다.
• C대리는 A사원 옆자리에 앉는다.
• E차장 옆자리에는 아무도 앉지 않는다.
• F대리와 마주보는 자리에는 아무도 앉지 않는다.
• D과장과 G과장은 옆자리 또는 마주보고 앉지 않는다.
• 빈자리는 2자리이며 옆자리 또는 마주보는 자리이다.

① 2 – G과장

② 3 – B부장

③ 5 – E차장

④ 6 – F대리

⑤ 9 – C대리

12 6층짜리 건물에 A～F의 회사가 입주했다. 한 층에 한 개 회사만이 입주할 수 있고, B가 3층에 있을 때 항상 옳은 것은?

- A, B, C는 같은 층 간격을 두고 떨어져 있다.
- D와 E는 인접할 수 없다.
- A는 5층이다.
- F는 B보다 위층에 있다.

① C는 1층, A는 5층에 입주했다.
② C는 4층에 입주했다.
③ F는 6층에 입주했다.
④ D는 4층에 입주했다.
⑤ E는 1층에 입주했다.

13 S는 게임 동호회 회장으로 주말에 진행되는 게임 행사에 동호회 회원인 A～E의 참여 가능 여부를 조사하려고 한다. 다음 내용을 참고하여 E가 행사에 참여하지 않는다고 할 때, 다음 중 행사에 참여 가능한 사람은 몇 명인가?

- A가 행사에 참여하지 않으면, B가 행사에 참여한다.
- A가 행사에 참여하면, C는 행사에 참여하지 않는다.
- B가 행사에 참여하면, D는 행사에 참여하지 않는다.
- D가 행사에 참여하지 않으면, E가 행사에 참여한다.

① 1명
② 2명
③ 3명
④ 4명
⑤ 5명

14 A~E 5명 중 단 1명만 거짓을 말하고 있을 때, 다음 중 범인은?

- A : C가 범인입니다.
- B : A는 거짓말을 하고 있습니다.
- C : B가 거짓말을 하고 있습니다.
- D : 저는 범인이 아닙니다.
- E : A가 범인입니다.

① A, D
② A, B
③ A, C
④ C, D
⑤ D, E

15 다음 제시된 단어의 대응 관계가 동일하도록 빈칸에 들어갈 가장 적절한 단어를 고르면?

분별 : 변별 = (　　) : 존망

① 절명
② 사멸
③ 종신
④ 사활
⑤ 인식

16 다음 단어의 대응 관계가 나머지와 다른 하나는?

① 영고 – 성쇠
② 구획 – 경계
③ 귀향 – 귀성
④ 결점 – 단점
⑤ 일반 – 특수

17 다음 글을 읽고 추론한 것으로 가장 적절하지 않은 것은?

> 공장 굴뚝에서 방출된 연기나 자동차의 배기가스 등 대기 오염 물질은 기상이나 지형 조건에 의해 다른 지역으로 이동, 확산되거나 한 지역에 농축된다. 대기권 중 가장 아래층인 대류권 안에서 기온의 일반적인 연직 분포는 위쪽이 차갑고 아래쪽이 따뜻한 불안정한 상태를 보인다. 이러한 상황에서 따뜻한 공기는 위로, 차가운 공기는 아래로 이동하는 대류 운동이 일어나게 되고, 이 대류 운동에 의해 대기 오염 물질이 대류권에 확산된다.
>
> 반면, 아래쪽이 차갑고 위쪽이 따뜻한 경우에는 공기층이 매우 안정되기 때문에 대류 운동이 일어나지 않는다. 이와 같이 대류권의 정상적인 기온 분포와 다른 현상을 '기온 역전 현상'이라 하며, 이로 인해 형성된 공기층을 역전층이라 한다. 기온 역전 현상은 일교차가 큰 계절이나, 지표가 눈으로 덮이는 겨울, 호수나 댐 주변 등에서 많이 발생한다. 또한 역전층 상황에서는 지표의 기온이 낮기 때문에 공기 중의 수증기가 응결하여 안개가 형성되는데, 여기에 오염 물질이 많이 포함되어 있으면 스모그가 된다. 안개는 해가 뜨면 태양의 복사열로 지표가 데워지면서 곧 사라지지만, 스모그는 오염 물질이 포함되어 있어 오래 지속되기도 한다.

① 다른 조건이 동일한 상태에서 같은 부피라면 따뜻한 공기가 차가운 공기에 비해 가벼울 것이다.
② 겨울철 방바닥에 난방을 하면 실내에서도 대류현상이 일어날 것이다.
③ 대류권에서 역전층 현상이 발생했다면 위로 상승할수록 기온이 낮아질 것이다.
④ 대기 중 오염 물질의 농도가 같다면 스모그 현상은 공기층이 매우 안정된 상태에서 잘 발생할 것이다.
⑤ 해가 뜨면 안개가 사라지는 이유는 태양의 열로 인해 공기층이 불안정해지기 때문일 것이다.

18 다음 글의 내용이 참일 때 항상 거짓인 것은?

길을 걷고, 한강을 달리고, 손을 흔들고, 책장을 넘기는 이와 같은 인체의 작은 움직임(주파수 2 ~ 5Hz)도 스마트폰이나 웨어러블(안경, 시계, 의복 등과 같이 신체에 작용하는 제품) 기기들의 전기 에너지원으로 사용될 수 있다. 이러한 인체의 움직임처럼 버려지는 운동 에너지로부터 전기를 생산하는 기술을 '에너지 하베스팅(Harvesting, 수확)'이라 한다.

최근 과학 기술의 발전과 더불어 피트니스 · 헬스케어 모니터링 같은 다기능 휴대용 · 웨어러블 스마트 전자기기가 일상생활에서 많이 사용되고 있다. 동시에 사물인터넷(IoT)의 발달로 센서의 사용 또한 크게 늘고 있다. 이러한 스마트 전자기기 및 센서들은 소형, 경량, 이동성 및 내구성을 갖춘 전원 공급원이 반드시 필요하다. 교체 및 충전식 전기 화학 배터리는 전원을 공급에는 탁월하지만 수명이 짧다. 또한 재충전 및 교체가 어렵다. 나아가 배터리 폐기로 인한 환경오염을 유발한다는 단점도 있다. 그러나 인체 움직임과 같은 작은 진동에너지 기반의 친환경 에너지 하베스팅 기술은 스마트폰 및 웨어러블 스마트기기를 위한 지속 가능한 반영구적 전원으로서 활용될 수 있다.

진동은 우리의 일상생활에 존재하며 버려지는 가장 풍부한 기계적 움직임 중 하나다. 진동은 여러 유형과 넓은 범위의 주파수 및 진폭을 가지고 있다. 기계적 진동원은 움직이는 인체, 자동차, 진동 구조물, 물이나 공기의 흐름에 의한 진동 등 모두를 포함한다. 따라서 진동에너지를 효율적으로 수확하고 이를 전기에너지로 변환하기 위해서는 에너지 하베스팅 소자를 진동의 특성에 맞도록 설계해 제작해야 한다. 기계적 진동에너지 수집은 몇 가지 변환 메커니즘에 의해 이루어진다. 가장 활발하게 연구가 이루어지고 있는 진동 기반 에너지 하베스팅 기술에는 압전기력, 전자기력, 마찰전기 에너지 등이 활용된다. 압전기력 기반은 압전 효과를 이용하여 기계적 진동에너지를 전기 에너지로 변환하는 기술이다. 압전 소재와 기타 적절한 기판을 사용하여 제작되며, 높은 출력 전압을 발생시키지만 발생된 전류는 상대적으로 낮다. 전자기력 기반은 코일과 자석 사이의 상대적 움직임으로부터 얻어지는 기전력(패러데이의 유도법칙)을 이용하여 전기를 생산하는 기술이다. 낮은 주파수의 기계적 에너지를 전기에너지로 변환하는 매우 효율적인 방법이다. 마찰전기 기반은 맥스웰의 변위 전류를 이용하여 전기를 생산하는 기술이다. 저주파 진동 범위에서 높은 출력 전압을 수확하는 데 매우 효율적이다.

① 3Hz의 소량의 주파수도 전자기기의 에너지원으로 사용될 수 있다.
② 디지털 기술이 발달함에 따라 센서의 사용은 감소하는 추세이다.
③ 전기를 충전해야 하는 배터리 기술은 사용 기간이 짧다는 단점을 가지고 있다.
④ 물이나 공기의 흐름 역시 진동원의 하나가 될 수 있다.
⑤ 패러데이의 유도법칙을 이용하면 낮은 주파수의 에너지를 효율적으로 사용할 수 있다.

19 다음 글의 내용이 참일 때 항상 참인 것은?

> 방사성 오염 물질은 크기가 초미세먼지(2.5마이크로미터)의 1만 분의 1 정도로 작은 원자들이다. 제논-125처럼 독립된 원자 상태로 존재하는 경우도 있지만, 대부분은 다른 원소들과 화학적으로 결합한 분자 상태로 존재한다. 전기적으로 중성인 경우도 있고, 양전하나 음전하를 가진 이온의 상태로 존재하기도 한다. 기체 상태로 공기 중에 날아다니기도 하고, 물에 녹아있기도 하고, 단단한 고체에 섞여있는 경우도 있다.
> 후쿠시마 원전 사고 부지에서 흘러나오는 '오염수'도 마찬가지다. 후쿠시마 원전 오염수는 2011년 3월 동일본 대지진으로 발생한 쓰나미(지진해일)로 파괴되어 땅속에 묻혀있는 원자로 3기의 노심(연료봉)에서 녹아나온 200여 종의 방사성 핵종이 들어있는 지하수다. 당초 섭씨 1,000도 이상으로 뜨거웠던 노심은 시간이 지나면서 천천히 차갑게 식어있는 상태가 되었다. 사고 직후에는 하루 470t씩 흘러나오던 오염수도 이제는 하루 140t으로 줄어들었다. 단단한 합금 상태의 노심에서 녹아나오는 방사성 핵종의 양도 시간이 지나면서 점점 줄어들고 있다. 현재 후쿠시마 사고 현장의 탱크에는 125만t의 오염수가 수거되어 있다.
> 일본은 처리수를 충분히 희석시켜서 삼중수소의 농도가 방류 허용기준보다 훨씬 낮은 리터당 1,500베크렐로 저감시킬 계획이다. 125만t의 오염수를 400배로 희석시켜서 5억t으로 묽힌 후에 30년에 걸쳐서 느린 속도로 방류하겠다는 것이다. 파괴된 노심을 완전히 제거하는 2051년까지 흘러나오는 오염수도 같은 방법으로 정화·희석 시켜서 방류한다는 것이 일본의 계획이다.
> 희석을 시키더라도 시간이 지나면 방사성 오염물질이 다시 모여들 수 있다는 주장은 엔트로피 증가의 법칙을 무시한 억지다. 물에 떨어뜨린 잉크는 시간이 지나면 균일하게 묽어진다. 묽어진 잉크는 아무리 시간이 지나도 다시 모여들어서 진해지지 않는다. 태평양으로 방류한 삼중수소도 마찬가지다. 시간이 지나면 태평양 전체로 퍼져버리게 된다. 태평양 전체에 퍼져버린 삼중수소가 방출하는 모든 방사선에 노출되는 일은 현실적으로 불가능하다.

① 방사성 오염 물질은 초미세먼지와 비슷한 크기이다.
② 방사성 오염 물질은 보통 독립된 원자 상태로 존재한다.
③ 방사성 물질이 이온 상태로 존재하는 경우는 거의 없다.
④ 대지진 당시 노심은 섭씨 1,000도까지 올랐다가 바로 차갑게 식었다.
⑤ 오염수를 희석시켜 방류하면 일정 시간 후 다시 오염물질이 모여들 걱정을 하지 않아도 된다.

20 다음 주장에 대한 반박으로 가장 적절한 것은?

> 우리 마을 사람들의 대부분은 산에 있는 밭이나 과수원에서 일한다. 그런데 마을 사람들이 밭이나 과수원에 갈 때 주로 이용하는 도로의 통행을 가로막은 울타리가 설치되었다. 그 도로는 산의 밭이나 과수원까지 차량이 통행할 수 있는 유일한 길이었다. 이러한 도로가 사유지 보호라는 명목으로 막혀서 땅 주인과 마을 사람들 간의 갈등이 심해지고 있다.
> 마을 사람들의 항의에 대해서 땅 주인은 자신의 사유 재산이 더 이상 훼손되는 것을 간과할 수 없어 통행을 막았다고 주장한다. 그 도로가 사유 재산이므로 독점적이고 배타적인 사용 권리가 있어서 도로 통행을 막은 것이 정당하다는 것이다.
> 마을 사람들은 그 도로가 10년 가까이 공공으로 사용되어 왔는데 사유 재산이라는 이유로 갑자기 통행을 금지하는 것은 부당하다고 주장하고 있다. 도로가 막히면 밭이나 과수원에서 농사를 짓는 데 불편함이 크고 수확물을 차에 싣고 내려올 수도 없는 등의 피해를 입게 되는데, 개인의 권리 행사 때문에 이러한 피해를 입는 것은 부당하다는 것이다.
> 사유 재산에 대한 개인의 권리가 보장받는 것도 중요하지만, 그로 인해 다수가 피해를 입게 된다면 사익보다 공익을 우선시하여 개인의 권리가 제한되어야 한다고 생각한다. 만일 개인의 권리가 공익을 위해 제한되지 않으면 이번 일처럼 개인과 다수 간의 갈등이 발생할 수밖에 없다.
> 땅 주인은 사유 재산의 독점적이고 배타적인 사용을 주장하기에 앞서 마을 사람들이 생업의 곤란으로 겪는 어려움을 염두에 두어야 한다. 공익을 우선시하는 태도로 조속히 문제 해결을 위해 노력해야 할 것이다.

① 땅 주인은 개인의 권리 추구에 앞서 마을 사람들과 함께 더불어 살아가는 법을 배워야 한다.
② 마을 사람들과 땅 주인의 갈등은 민주주의의 다수결의 원칙에 따라 해결해야 한다.
③ 공익으로 인해 침해된 땅 주인의 사익은 적절한 보상을 통해 해결될 수 있다.
④ 땅 주인의 권리 행사로 발생하는 피해가 법적으로 증명되어야만 땅 주인의 권리를 제한할 수 있다.
⑤ 해당 도로는 10년 가까이 공공으로 사용되었기 때문에 사유 재산으로 인정받을 수 없다.

21 다음 주장에 대한 반박으로 적절하지 않은 것은?

> 문화재 관리에서 중요한 개념이 복원과 보존이다. 복원은 훼손된 문화재를 원래대로 다시 만드는 것을, 보존은 더 이상 훼손되지 않도록 잘 간수하는 것을 의미한다. 이와 관련하여 훼손된 탑의 관리에 대한 논의가 한창이다.
>
> 나는 복원보다는 보존이 다음과 같은 근거에서 더 적절하다고 생각한다. 우선, 탑을 보존하면 탑에 담긴 역사적 의미를 온전하게 전달할 수 있어 진정한 역사 교육이 가능하다. 탑은 백성들의 평화로운 삶을 기원하기 위해 만들어졌고, 이후 역사의 흐름 속에서 전란을 겪으며 훼손된 흔적들이 더해져 지금 모습으로 남아 있다. 그런데 탑을 복원하면 이런 역사적 의미들이 사라져 그 의미를 온전하게 전달할 수 없다.
>
> 다음으로, 정확한 자료가 없이 탑을 복원하면 이는 결국 탑을 훼손하는 것이 될 수밖에 없다. 따라서 원래의 재료를 활용하지 못하고 과거의 건축 과정에 충실하게 탑을 복원하지 못하면 탑의 옛 모습을 온전하게 되살리는 것은 불가능하므로 탑을 보존하는 것이 더 바람직하다.
>
> 마지막으로, 탑을 보존하면 탑과 주변 공간의 조화가 유지된다. 전문가에 따르면 탑은 주변 산수는 물론 절 내부 건축물들과의 조화를 고려하여 세워졌다고 한다. 이런 점을 무시하고 탑을 복원한다면 탑과 기존 공간의 조화가 사라지기 때문에 보존하는 것이 적절하다.
>
> 따라서 탑은 보존하는 것이 복원하는 것보다 더 적절하다고 생각한다. 건축 문화재의 경우 복원보다는 보존을 중시하는 국제적인 흐름을 고려했을 때도, 탑이 더 훼손되지 않도록 지금의 모습을 유지하고 관리하는 것이 문화재로서의 가치를 지키고 계승할 수 있는 바람직한 방법이라고 생각한다.

① 탑을 복원하더라도 탑에 담긴 역사적 의미는 사라지지 않는다.

② 탑을 복원하면 형태가 훼손된 탑에서는 느낄 수 없었던 탑의 형태적 아름다움을 느낄 수 있다.

③ 탑 복원에 필요한 자료를 충분히 수집하여 탑을 복원하면 탑의 옛 모습을 되살릴 수 있다.

④ 주변 공간과의 조화를 유지하는 방법으로 탑을 복원할 수 있다.

⑤ 탑을 복원하는 비용보다 보존하는 비용이 더 많이 든다.

※ 다음 지문을 토대로 〈보기〉를 바르게 해석한 것을 고르시오. **[22~23]**

22

알고리즘은 컴퓨터에서 문제 해결 방법을 논리적인 순서로 설명하거나 표현하는 절차이다. 그런데 문제 해결 방법에는 여러 가지가 있을 수 있어 어떤 방법으로 문제를 해결하느냐에 따라 효율성이 달라진다. 알고리즘의 효율성을 분석할 때 흔히 시간 복잡도를 사용하는데, 시간 복잡도는 반복적으로 수행되는 연산의 횟수를 이용하여 나타낸다. 이때 연산에는 산술 연산뿐만 아니라 원소 간의 비교를 나타내는 비교 연산도 포함된다. 알고리즘 분야 중 정렬은 원소들을 오름차순이나 내림차순과 같이 특정한 순서에 따라 배열하는 것으로, 정렬을 통해 특정 원소를 탐색하는 데 소요되는 시간을 줄일 수 있다.

삽입 정렬은 정렬된 부분에 정렬할 원소의 위치를 찾아 삽입하는 방식이다. 집합 {564, 527, 89, 72, 34, 6, 3, 0}의 원소를 오름차순으로 정렬하는 경우, 먼저 564를 정렬된 부분으로 가정하고 그다음 원소인 527을 564와 비교하여 527을 564의 앞으로 삽입한다. 그리고 그다음 원소인 89를 정렬된 부분인 {527, 564} 중 564와 비교하여 564의 앞으로 삽입하고, 다시 527과 비교하여 527의 앞으로 삽입한다. 정렬된 부분과 정렬할 원소를 비교하여, 삽입할 필요가 없다면 순서를 그대로 유지한다. 삽입 정렬은 원소들을 비교하여 삽입하는 과정이 반복되므로 비교 연산의 횟수를 구하여 28번(1+2+3+4+5+6+7)의 시간 복잡도를 나타낼 수 있다.

한편 기수 정렬은 원소들의 각 자릿수의 숫자를 확인하여 각 자릿수에 해당하는 큐에 넣는 방식이다. 큐는 먼저 넣은 자료를 먼저 내보내는 자료 구조이다. 원소들의 각 자릿수의 숫자를 확인하기 위해서는 나머지를 구하는 모듈로(Modulo) 연산을 수행한다. 집합 {564, 527, 89, 72, 34, 6, 3, 0}의 원소를 오름차순으로 정렬할 때 기수 정렬을 사용하는 경우, 먼저 모듈로 연산으로 일의 자릿수의 숫자를 확인하여 564를 큐4에, 527을 큐7에, 89를 큐9에, 72를 큐2에, 34를 큐4에, 6을 큐6에, 3을 큐3에, 0을 큐0에 넣는다. 이렇게 1차 정렬된 원소들을 다시 모듈로 연산으로 십의 자릿수의 숫자를 확인하여 차례대로 해당하는 큐에 넣어 2차 정렬한다. 이때 해당하는 자릿수가 없다면 자릿수의 숫자를 0으로 간주하여 정렬한다.

기수 정렬은 원소들 중 자릿수가 가장 큰 원소의 자릿수만큼 원소들의 자릿수의 숫자를 확인하는 과정이 반복되므로 모듈로 연산의 횟수를 구하여 24번(8+8+8)의 시간 복잡도를 나타낼 수 있다.

〈보기〉

A씨는 삽입 정렬 또는 기수 정렬을 사용하여 집합 {564, 527, 89, 72, 0}의 원소를 오름차순으로 정렬하고자 한다.

① A씨가 삽입 정렬을 사용하여 정렬하면 시간 복잡도는 8번이 된다.
② A씨가 기수 정렬을 사용하여 정렬하면 시간 복잡도는 12번이 된다.
③ A씨는 삽입 정렬보다 기수 정렬을 사용하는 것이 더 효율적이다.
④ A씨가 두 가지 정렬 중 하나를 선택하여 정렬하더라도 시간 복잡도는 모두 10번 이상이 된다.
⑤ A씨가 두 가지 정렬 중 하나를 선택하여 정렬하더라도 시간 복잡도는 서로 동일하다.

23

음악적 아름다움의 본질은 무엇인가? 19세기 미학자 한슬리크는 "음악의 아름다움은 외부의 어떤 것에도 의존하지 않고, 오로지 음과 음의 결합에 의해 이루어진다."라고 주장했다. 예를 들면, 모차르트의 '교향곡 제40번 사단조'는 '사' 음을 으뜸음으로 하는 단음계로 작곡된 조성 음악으로, 여기에는 제목이나 가사 등 음악 외적인 어떤 것도 개입하지 않는다. 다만 7개의 음을 사용하여 음계를 구성하고, 으뜸, 딸림, 버금딸림 등 각각의 기능에 따라 규칙적인 화성 진행을 한다. 조성 음악의 체계는 17세기 이후 지속된 서양 음악의 구조적 기본 틀이었다.

그러나 20세기 초 서양 음악은 전통적인 아름다움의 개념을 거부하고 새로운 미적 가치를 추구하였다. 불협화음이 반드시 협화음으로 해결되어야 한다는 기존의 조성 음악으로부터의 탈피를 보여주는 대표적인 음악들 중의 하나가 표현주의 음악이다. 표현주의는 20세기 초반에 나타난 예술 사조로서 미술에서 시작하여 음악과 문학 등 예술의 제분야에 영향력을 미쳤다. 표현주의 예술은 소외된 인간 내면의 주관적인 감성을 충실하게 표현하려는 사조이다. 표현주의 음악의 주된 특성은 조성 음악의 체계가 상실된 것이며, 이는 곧 '무조음악'의 탄생으로 이어졌다. 무조 음악은 12개의 음을 자유롭게 사용하며, 다양한 불협화음을 다룬다.

〈보기〉

쇤베르크가 1912년에 발표한 작품 '달에 홀린 피에로'는 상징주의 시인인 지로가 발표한 연시집에 수록된 50편의 시 중에서 21편을 가사로 삼아 작곡한 성악곡이다. 이 곡의 성악 성부는 새로운 성악 기법으로 주목을 받았다. 즉, 악보에 음표를 표기하기는 하였으나, 모든 음표에 X표를 하여 연주할 때에는 음높이를 정확하게 드러내지 않고 '말하는 선율'로 연주하도록 하였다. 피에로로 분장한 낭송자가 날카로운 사회 비판과 풍자를 담은 가사를 읊는다. 또한 기악 성부는 다양한 악기 배합과 주법을 통해 새로운 음향을 창출한다. 이 곡은 무조적 짜임새를 기본으로 하여 표현주의 음악의 특징을 드러내는 작품이라고 볼 수 있다.

① 한슬리크는 인간의 주관적 감성을 표현하고 있는 '달에 홀린 피에로'에서 음악적 아름다움을 찾을 수 있겠군.

② 한슬리크는 '달에 홀린 피에로'의 사회 비판과 풍자의 가사를 통해 음악적 가치를 높게 평가하겠군.

③ 쇤베르크의 '달에 홀린 피에로'는 새로운 성악 기법을 도입하였지만, 서양 음악의 구조적 기본 틀에서 완전히 벗어나지 못했군.

④ 쇤베르크는 기존의 조성 음악과 달리 12개의 음을 자유롭게 사용하여 '달에 홀린 피에로'를 작곡하였군.

⑤ 한슬리크와 쇤베르크 모두 음악 내적인 요소에서 음악의 아름다움을 찾으려 했군.

※ 다음 제시된 도형의 규칙을 보고 물음표에 들어갈 알맞은 것을 고르시오. **[24~26]**

24

①

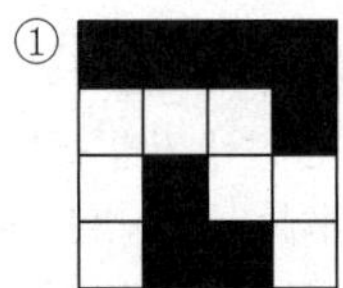

②

③

④

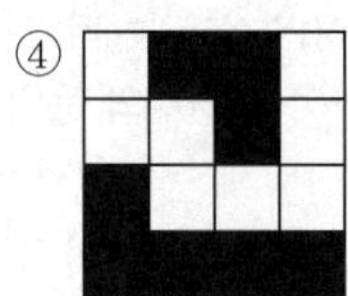

⑤

25

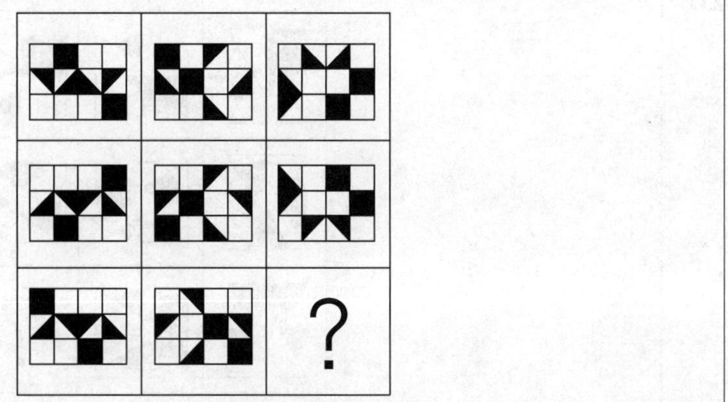

①
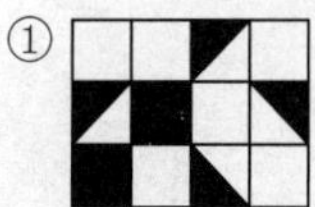

②
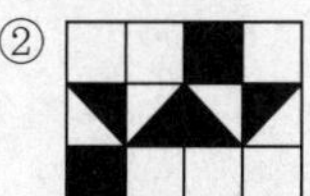

③

④

⑤
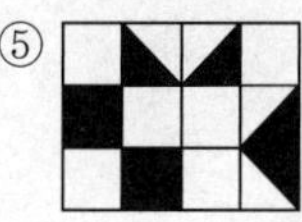

26

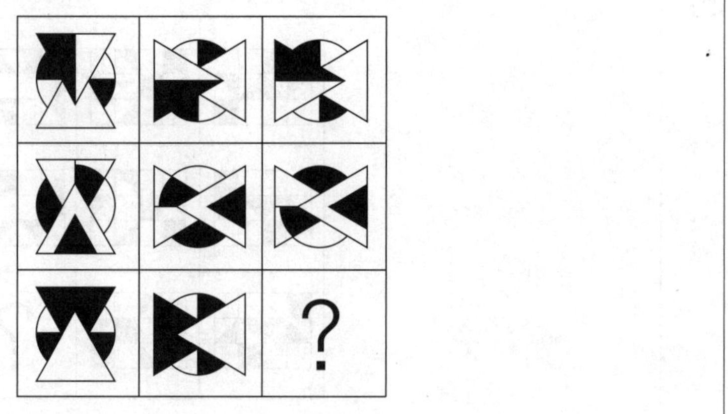

① 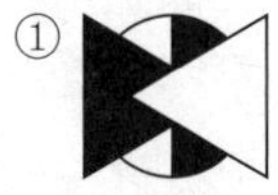

② 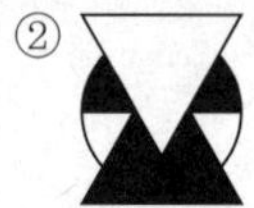

③ 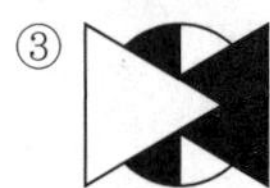

④ 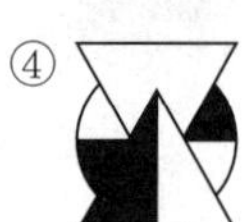

⑤ 

※ 다음 도식에서 기호들은 일정한 규칙에 따라 문자를 변화시킨다. 물음표에 들어갈 알맞은 문자를 고르시오 (단, 규칙은 가로와 세로 중 한 방향으로만 적용된다). **[27~30]**

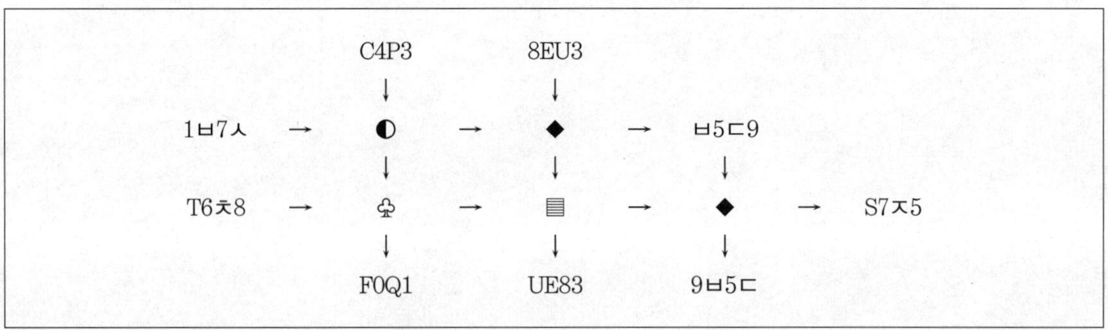

27

E73ㅎ → ◆ → ♧ → ?

① Cㅌ63
② ㅍD62
③ Cㅌ26
④ Dㅍ46
⑤ D73ㅍ

28

5ㅅㄱ9 → ▤ → ◆ → ?

① 59ㄱㅅ
② ㅅ95ㄱ
③ ㄴ84ㅂ
④ 48ㅂㄴ
⑤ ㄴ47ㅂ

29

? → ♧ → ◐ → ▤ → K8ㄹ5

① M85ㄷ
② Mㄹ85
③ 75Kㄷ
④ 2ㅇ7M
⑤ 7K5ㄷ

30

? → ◆ → ◐ → ♧ → 80KP

① KP80
② Q0J7
③ QJ07
④ 07QJ
⑤ 4JR5

GSAT 삼성직무적성검사

정답 및 해설

온라인 모의고사 무료쿠폰

쿠폰 번호		
	GSAT 온라인 모의고사 제1회	APBL-00000-8351E
	GSAT 온라인 모의고사 제2회	APBM-00000-432A5
	GSAT 온라인 모의고사 제3회	APBX-00000-8C80E
	GSAT 온라인 모의고사 제4회	APBY-00000-E9616

[쿠폰 사용 안내]

1. **합격시대 홈페이지**(www.sdedu.co.kr/pass_sidae_new)에 접속합니다.
2. 홈페이지 상단 '1회 무료 이용권' 배너를 클릭합니다.
3. 쿠폰번호를 등록합니다.
4. 내강의실 > 모의고사 > 합격시대 모의고사 클릭 후 응시하세요.

※ 본 쿠폰은 등록 후 30일간 이용 가능합니다.

※ iOS / macOS 운영체제에서는 서비스되지 않습니다.

온라인 GSAT 삼성직무적성검사

2023년 상반기 기출복원 모의고사 정답 및 해설

제1영역 수리

01	02	03	04	05	06	07	08	09	10	11	12	13	14	15	16	17	18	19	20
⑤	③	③	③	④	⑤	②	①	④	①	②	②	③	③	③	④	④	④	③	③

01

정답 ⑤

작년 사원 수에서 줄어든 인원은 올해 진급한 사원(12%)과 퇴사한 사원(20%)이므로 이를 합하면 $400\times(0.12+0.2)=128$명이며, 작년 사원 중에서 올해도 사원인 사람은 $400-128=272$명이다. 또한 올해 사원 수는 작년 사원 수에서 6% 증가했으므로 $400\times1.06=424$명이 된다.

따라서 올해 채용한 신입사원은 $424-272=152$명임을 알 수 있다.

02

정답 ③

i) 7명의 학생이 원탁에 앉는 경우의 수 : $(7-1)!=6!$가지

ii) 7명의 학생 중 여학생 3명이 원탁에 이웃해서 앉는 경우의 수 : $[(5-1)!\times3!]$가지

∴ 7명의 학생 중 여학생 3명이 원탁에 이웃해서 앉는 확률 : $\frac{4!\times3!}{6!}=\frac{144}{720}=\frac{1}{5}$

03

정답 ③

2022년 A국의 석탄 수입액은 28달러이고, B국의 석탄 수입액은 7.1달러이므로 $7.1\times4=28.4$달러이다. 따라서 A국이 B국의 4배보다 적다.

오답분석

① 1982년 A국의 석유 수입액은 74달러이고, B국의 석유 수입액은 75달러이므로 B국이 더 많다.

② 2002년 A국의 석유 수입액과 석탄 수입액의 합은 110.7달러이고, LNG 수입액의 2배는 108.6달러이므로 2배보다 많다.

④ 두 국가의 1982년 대비 2022년 LNG 수입액의 증가율은 다음과 같다.

- A국 : $\frac{79.9-29.2}{29.2}\times100 ≒ 173.6\%$
- B국 : $\frac{102-30}{30}\times100=240\%$

따라서 증가율은 B국이 더 크다

⑤ 두 국가의 1982년 대비 2022년 석탄 수입액의 감소율은 다음과 같다.

- A국 : $\frac{28-82.4}{82.4}\times100 ≒ -66\%$
- B국 : $\frac{7.1-44}{44}\times100 ≒ -83.9\%$

따라서 감소율은 B국이 더 크다.

04

정답 ③

발굴조사 비용의 비율은 다음과 같으며 2019년에 가장 높다.

- 2018년 : $\frac{2,509}{2,591}\times100\fallingdotseq96.8\%$
- 2019년 : $\frac{2,378}{2,445}\times100\fallingdotseq97.2\%$
- 2020년 : $\frac{2,300}{2,371}\times100\fallingdotseq97\%$
- 2021년 : $\frac{2,438}{2,515}\times100\fallingdotseq96.9\%$
- 2022년 : $\frac{2,735}{2,840}\times100\fallingdotseq96.3\%$

오답분석

① 전체 조사의 평균 건당 비용은 다음과 같으며, 2020년 이후 다시 증가하고 있다.

- 2018년 : $\frac{2,591}{3,462}\fallingdotseq0.75$억
- 2019년 : $\frac{2,445}{3,467}\fallingdotseq0.71$억
- 2020년 : $\frac{2,371}{3,651}\fallingdotseq0.65$억
- 2021년 : $\frac{2,515}{3,841}\fallingdotseq0.65$억
- 2021년 : $\frac{2,840}{4,294}\fallingdotseq0.66$억

② 2020년과 2021년의 발굴조사 평균 건당 비용이 1억 이하이다.

④ 전체 건수에 대한 발굴조사 건수 비율은 2019년이 더 높다.

- 2019년 : $\frac{2,364}{3,467}\times100\fallingdotseq68.2\%$
- 2021년 : $\frac{2,442}{3,841}\times100\fallingdotseq63.6\%$

⑤ 5개년 동안 조사에 쓰인 비용은 2,591+2,445+2,371+2,515+2,840=12,762억 원으로 약 1조 2천 8백억 원이다.

05

정답 ④

ㄷ. 2020 ~ 2022년에 사망자 수는 1,850명 → 1,817명 → 1,558명으로 감소하고 있고, 부상자 수는 11,840명 → 12,956명 → 13,940명으로 증가하고 있다.

ㄹ. 각 연도의 검거율을 구하면 다음과 같다.

- 2019년 : $\frac{12,606}{15,280}\times100=82.5\%$
- 2020년 : $\frac{12,728}{14,800}\times100=86\%$
- 2021년 : $\frac{13,667}{15,800}\times100=86.5\%$
- 2022년 : $\frac{14,350}{16,400}\times100=87.5\%$

따라서 검거율은 매년 높아지고 있다.

오답분석

ㄱ. 사고 건수는 2020년까지 감소하다가 2021년부터 증가하고 있고, 검거 수는 매년 증가하고 있다.

ㄴ. 2020년과 2021년의 사망률 및 부상률은 다음과 같다.

- 2020년 사망률 : $\frac{1,850}{14,800}\times100=12.5\%$
- 2020년 부상률 : $\frac{11,840}{14,800}\times100=80\%$
- 2021년 사망률 : $\frac{1,817}{15,800}\times100=11.5\%$
- 2021년 부상률 : $\frac{12,956}{15,800}\times100=82\%$

따라서 사망률은 2020년이 더 높지만 부상률은 2021년이 더 높다.

06

정답 ⑤

ㄷ. 인당 소비하는 쌀은 2020년도에 증가하였었다.

ㄹ. 소비한 수산물과 쌀 그리고 육류의 합은(수산물 소비량+쌀 소비량+육류 소비량)×인구수이다. 2021년도와 2022년도의 인구를 비교하면 2022년도가 더 많다. 또한 2021년도의 소비량의 합은 72.7+71.9+56.7=201.3kg이고, 2022년도는 68.1+72.3+64.3=204.7kg으로 소비량 합도 2022년도가 더 많다. 따라서 소비한 전체 농수산물은 2022년도가 더 많다.

오답분석

ㄱ. 연도별 수산물 소비량은 다음과 같으며, 가장 많은 수산물을 소비한 해는 2021년이다.

- 2018년 : 58.5kg×50,746,659명≒29.69억kg
- 2019년 : 57.1kg×51,014,947명≒29.13억kg
- 2020년 : 57.5kg×51,217,803명≒29.45억kg
- 2021년 : 72.7kg×51,361,911명≒37.34억kg
- 2022년 : 68.1kg×51,606,633명≒35.14억kg

ㄴ. 연도별 쌀 소비량은 다음과 같으며, 가장 많은 쌀을 소비한 해는 2018년이다.

- 2018년 : 75.3kg×50,746,659명≒38.21억kg
- 2019년 : 71.7kg×51,014,947명≒36.58억kg
- 2020년 : 72.2kg×51,217,803명≒36.98억kg
- 2021년 : 71.9kg×51,361,911명≒36.93억kg
- 2022년 : 72.3kg×51,606,633명≒37.31억kg

07

정답 ②

ㄱ. 발아 씨앗 수(개)=파종면적(m^2)×$1m^2$당 파종 씨앗 수(개)×발아율(%)

→ 20×50×0.2=200개

ㄹ. $50\times20\times50+\frac{50}{4}\times(40\times20+100\times15+30\times30+10\times60)=50{,}000+47{,}500=97{,}500g$

즉, 97.5kg이므로 밭 전체 연간 수확물의 총무게는 96kg 이상이다.

오답분석

ㄴ. 연간 수확물의 무게(g)=연간 수확물(개)×수확물 개당 무게(g)

=재배면적(m^2)×$1m^2$당 연간 수확물(개)×수확물 개당 무게(g)

→ 20×(40×20+100×15+30×30+10×60+20×50)=96,000g

즉, 96kg이므로 밭 전체 연간 수확물의 총무게는 94kg 이상이다.

ㄷ. $\text{재배면적}(m^2)=\frac{\text{연간 수확물의 무게(g)}}{1m^2\text{당 연간 수확물(개)}\times\text{수확물 개당 무게(g)}}$

$\rightarrow \frac{3{,}000}{40\times20}+\frac{3{,}000}{100\times15}+\frac{3{,}000}{30\times30}+\frac{3{,}000}{10\times60}+\frac{3{,}000}{20\times50}\fallingdotseq17.08m^2$

따라서 필요한 밭의 총면적은 $16m^2$보다 크다.

08

정답 ①

회화(영어·중국어) 중 한 과목을 수강하고, 지르박을 수강하면 최대 2과목 수강이 가능하나 지르박을 수강하지 않고, 차차차와 자이브를 수강하면 최대 3과목 수강이 가능하다.

오답분석

② 자이브의 강좌시간이 3시간 30분으로 가장 길다.

③ 중국어 회화의 한 달 수강료는 60,000÷3=20,000원이고, 차차차의 한 달 수강료는 150,000÷3=50,000원이므로 두 프로그램을 수강할 때 한 달 수강료는 70,000원이다.

④ 차차차의 강좌시간은 12:30 ~ 14:30이고, 자이브의 강좌시간은 14:30 ~ 18:00이므로 둘 다 수강할 수 있다.

⑤ 제시된 자료를 통해 알 수 있다.

09

정답 ④

2021년과 2022년은 모든 지역에서 최고 기온이 전년 대비 증가하였지만, 2021년 광주의 최저 기온(2.1℃)은 전년인 2020년(2.2℃) 대비 감소하였다.

오답분석

① 수도권의 최고 기온이 높은 순으로 나열하면 다음과 같다.
- 2020년 : 경기(29.2℃) – 인천(28.9℃) – 서울(28.5℃)
- 2021년 : 경기(31.4℃) – 인천(30.5℃) – 서울(30.1℃)
- 2022년 : 경기(31.9℃) – 인천(31.5℃) – 서울(31.4℃)

수도권의 최저 기온이 높은 순대로 나열하면 다음과 같다.
- 2020년 : 서울(−2.8℃) – 인천(−3.4℃) – 경기(−5.2℃)
- 2021년 : 서울(−0.5℃) – 인천(−0.9℃) – 경기(−1.2℃)
- 2022년 : 서울(0.9℃) – 인천(0.5℃) – 경기(−0.3℃)

따라서 최고 기온은 '경기 – 인천 – 서울' 순으로 높고, 최저 기온은 '서울 – 인천 – 경기' 순으로 높다.

② 2020 ~ 2022년에 영하 기온이 있는 지역은 다음과 같다.
- 2020년 : 서울(−2.8℃), 경기(−5.2℃), 인천(−3.4℃), 대전(−1.1℃)
- 2021년 : 서울(−0.5℃), 경기(−1.2℃), 인천(−0.9℃)
- 2022년 : 경기(−0.3℃)

따라서 영하 기온이 있는 지역의 수는 매년 감소하고 있다.

③ 2020 ~ 2022년에 대구와 부산의 최고 기온은 다음과 같다.
- 2020년 최고 기온 : 대구 31.8℃, 부산 33.5℃
- 2021년 최고 기온 : 대구 33.2℃, 부산 34.1℃
- 2022년 최고 기온 : 대구 35.2℃, 부산 34.8℃

따라서 2022년에 대구의 최고 기온이 부산보다 높아졌다.

⑤ 2021년 대비 2022년 평균 기온은 인천(15.2−14.2=1.0℃)과 대구(17.9−16.8=1.1℃) 두 지역이 1℃ 이상 증가하였다.

10

정답 ①

2013년의 경우 남자는 50대가 60대보다 높은 수치를 보이고 있고, 2022년의 경우 여자는 70세 이상이 60대보다 높은 수치를 보이고 있다.

오답분석

② 2022년 60대의 경우 격차는 12.1%p로 다른 세대에 비해서 남녀의 격차가 가장 크게 나타난다.

③ 2013년 70세 이상의 경우는 남자가 18.4%, 여자가 18.1%로 0.3%p 밖에는 차이가 나지 않는다.

④ 전체 통계를 보면 2013년에는 11.6%가 당뇨병 환자인데 2022년에는 9.7%이므로 그 비율은 줄어들었다.

⑤ 2013년 40대의 당뇨병 환자의 비율 8.2%에서 2022년 40대의 당뇨병 환자의 비율 5.6%로 감소했다.

11

정답 ②

26 ~ 30세 응답자는 총 51명이다. 그중 4회 이상 방문한 응답자는 5+2=7명이고, 비율은 $\frac{7}{51}\times100 \fallingdotseq 13.72\%$이므로 10% 이상이다.

오답분석

① 전체 응답자 수는 113명이다. 그중 20 ~ 25세 응답자는 53명이므로, 비율은 $\frac{53}{113}\times100 \fallingdotseq 46.90\%$가 된다.

③ 주어진 자료만으로는 31 ~ 35세 응답자의 1인당 평균방문횟수를 정확히 구할 수 없다. 그 이유는 방문횟수를 '1회', '2 ~ 3회', '4 ~ 5회', '6회 이상' 등 구간으로 구분했기 때문이다. 다만 구간별 최소값으로 평균을 냈을 때, 평균 방문횟수가 2회 이상이라는 점을 통해 2회 미만이라는 것은 틀렸다는 것을 알 수 있다.

$\{1, 1, 1, 2, 2, 2, 2, 4, 4\}$ → 평균$=\frac{19}{9} \fallingdotseq 2.11$회

④ 응답자의 직업에서 학생과 공무원 응답자의 수는 51명이다. 즉, 전체 113명의 절반에 미치지 못하므로 비율은 50% 미만이다.

⑤ 주어진 자료만으로 판단할 때, 전문직 응답자 7명 모두 20 ~ 25세일 수 있으므로 비율이 5% 이상이 될 수 있다.

12

정답 ②

제시된 자료에 의하여 2020년부터 세계 전문 서비스용 로봇 시장의 규모가 증가함을 알 수 있지만, 2022년에 세계 전문 서비스용 로봇 시장 규모가 전체 세계 로봇 시장 규모에서 차지하는 비중을 구하면 $\frac{4,600}{17,949}\times 100 ≒ 25.63\%$이다.

따라서 2022년 전체 세계 로봇 시장 규모에서 세계 전문 서비스용 로봇 시장 규모가 차지하는 비중은 27% 미만이므로 옳지 않은 설명이다.

오답분석

① 2022년 세계 개인 서비스용 로봇 시장 규모의 전년 대비 증가율은 $\frac{2,216-2,134}{2,134}\times 100 ≒ 3.8\%$이다.

③ 2022년 세계 제조용 로봇 시장 규모의 전년 대비 증가율은 $\frac{11,133-10,193}{10,193}\times 100 ≒ 9.2\%$이고, 제시된 자료에 의하여 2022년의 세계 제조용 로봇 시장의 규모가 세계 로봇 시장에서 가장 큰 규모를 차지하고 있음을 확인할 수 있다.

④ • 전년 대비 2022년의 국내 전문 서비스용 로봇 시장 생산 규모 증가율 : $\frac{2,629-1,377}{1,377}\times 100=91\%$

• 2021년의 전체 서비스용 로봇 시장 생산 규모 : 3,247+1,377=4,624억 원

• 2022년의 전체 서비스용 로봇 시장 생산 규모 : 3,256+2,629=5,885억 원

• 전년 대비 2022년의 전체 서비스용 로봇 시장 생산 규모 증가율 : $\frac{5,885-4,624}{4,624}\times 100 ≒ 27.3\%$

⑤ • 전년 대비 2022년의 개인 서비스용 로봇 시장 수출 규모 감소율 : $\frac{944-726}{944}\times 100 ≒ 23.1\%$

• 2021년의 전체 서비스용 로봇 시장 수출 규모 : 944+154=1,098억 원

• 2022년의 전체 서비스용 로봇 시장 수출 규모 : 726+320=1,046억 원

• 전년 대비 2022년의 전체 서비스용 로봇 시장 수출 규모 감소율 : $\frac{1,098-1,046}{1,098}\times 100 ≒ 4.7\%$

13

정답 ③

ㄱ. 한국, 독일, 영국, 미국이 전년 대비 감소했다.

ㄷ. 전년 대비 2019년 한국, 중국, 독일의 연구개발비 증가율을 각각 구하면 다음과 같다.

• 한국 : $\frac{33,684-28,641}{28,641}\times 100 ≒ 17.6\%$

• 중국 : $\frac{48,771-37,664}{37,664}\times 100 ≒ 29.5\%$

• 독일 : $\frac{84,148-73,737}{73,737}\times 100 ≒ 14.1\%$

따라서 중국, 한국, 독일 순서로 증가율이 높다.

오답분석

ㄴ. 증가율을 계산해보는 방법도 있지만 연구개발비가 2배 이상 증가한 국가는 중국뿐이므로 중국의 증가율이 가장 높은 것을 알 수 있다. 따라서 증가율이 가장 높은 국가는 중국이고, 영국이 $\frac{40,291-39,421}{39,421}\times 100 ≒ 2.2\%$로 가장 낮다.

14

정답 ③

• 한국의 응용연구비 : 29,703×0.2=5,940.6백만 달러

• 미국의 개발연구비 : 401,576×0.6=240,945.6백만 달러

따라서 2021년 미국의 개발연구비는 한국의 응용연구비의 240,945.6÷5,940.6≒40.6배이다.

15

정답 ③

• 50대의 2021년 대비 2022년의 일자리 증가 수 : 531−516=15만 개

• 60세 이상의 2021년 대비 2022년의 일자리 증가 수 : 288−260=28만 개

16

정답 ④

제시된 표를 통해 50대와 60세 이상의 연령대를 제외한 전체 일자리 규모는 감소했음을 알 수 있다.

오답분석

① 2021년 전체 일자리 규모에서 20대가 차지하는 비중은 $\frac{332}{2,302}\times100≒14.4\%$, 2022년은 $\frac{331}{2,321}\times100≒14.3\%$이므로 약 0.1%p 감소했다.

② 2021년 30대의 전체 일자리 규모 비중은 $\frac{529}{2,321}\times100≒22.8\%$이다.

③ 2021년 40대의 지속 일자리 규모는 신규채용 일자리 규모의 $\frac{458}{165}≒2.8$배이다.

⑤ 2022년 전체 일자리 규모는 2,321−2,302=19만 개 증가했다.

17

정답 ④

제시된 표를 통해 메모리 개발 용량은 1년마다 2배씩 증가함을 알 수 있다.

• 2004년 : 8,192MB
• 2005년 : 16,384MB
• 2006년 : 32,768MB
• 2007년 : 65,536MB

따라서 2007년에 개발한 반도체 메모리의 용량은 65,536MB이다.

18

정답 ④

제시된 거리 내용을 통해 윤아는 전날 걸은 거리의 2배에 400m를 덜 걷는 규칙으로 걷는다. 따라서 토요일에 걷는 거리는 2×2,000−400=3,600m이므로 일요일에 걷는 거리는 2×3,600−400=6,800m이다.

19

정답 ③

제시된 표를 통해 석순의 길이가 10년 단위로 2cm, 1cm 반복하여 자라는 것을 알 수 있다.

• 2010년 : 16+2=18cm
• 2020년 : 18+1=19cm
• 2030년 : 19+2=21cm
• 2040년 : 21+1=22cm
• 2050년 : 22+2=24cm

따라서 2050년에 석순의 길이를 측정한다면 24cm일 것이다.

20

정답 ③

1997년부터 차례대로 3을 더하여 만든 수열은 1997, 2000, 2003, 2006, 2009, …이다.
따라서 제10회 세계 물 포럼은 제1회 세계 물 포럼으로부터 9번째 후에 개최되므로 1997+3×9=2024년에 개최된다.

제2영역 추리

01	02	03	04	05	06	07	08	09	10	11	12	13	14	15	16	17	18	19	20
②	①	④	②	⑤	②	①	③	④	③	④	②	①	④	④	③	③	④	⑤	④
21	22	23	24	25	26	27	28	29	30										
③	②	①	④	③	④	②	①	②	①										

01
정답 ②

'스테이크를 먹는다.'를 A, '지갑이 없다.'를 B, '쿠폰을 받는다.'를 C라 하면, 첫 번째 명제와 마지막 명제는 각각 A → B, ~B → C이다. 이때, 첫 번째 명제의 대우는 ~B → ~A이므로 마지막 명제가 참이 되려면 ~A → C가 필요하다. 따라서 빈칸에 들어갈 명제는 '스테이크를 먹지 않는 사람은 쿠폰을 받는다.'가 적절하다.

02
정답 ①

다이아몬드는 광물이고, 광물은 매우 규칙적인 원자 배열을 가지고 있다. 따라서 다이아몬드는 매우 규칙적인 원자 배열을 가지고 있다.

03
정답 ④

'음악을 좋아하다.'를 p, '상상력이 풍부하다.'를 q, '노란색을 좋아하다.'를 r이라고 하면, 첫 번째 명제는 $p \rightarrow q$, 두 번째 명제는 $\sim p \rightarrow \sim r$이다. 이때, 두 번째 명제의 대우 $r \rightarrow p$에 따라 $r \rightarrow p \rightarrow q$가 성립한다. 따라서 $r \rightarrow q$이므로 노란색을 좋아하는 사람은 상상력이 풍부하다.

04
정답 ②

i) A의 진술이 참인 경우
A가 1위, C가 2위이다. 그러면 B의 진술은 참이다. 따라서 B가 3위, D가 4위이다. 그러나 D가 C보다 순위가 낮음에도 C의 진술은 거짓이다. 이는 제시된 조건에 위배된다.

ii) A의 진술이 거짓인 경우
제시된 조건에 따라 A의 진술이 거짓이라면 C는 3위 또는 4위일 것인데, 자신보다 높은 순위의 사람에 대한 진술이 거짓이므로 C는 3위, A는 4위이다. 그러면 B의 진술은 거짓이므로, D가 1위, B가 2위이다.

05
정답 ⑤

B와 D는 동시에 참말 혹은 거짓말을 한다. A와 C의 장소에 대한 진술이 모순되기 때문에 B와 D는 참말을 하고 있음이 틀림없다. 따라서 B, D와 진술 내용이 다른 E는 무조건 거짓말을 하고 있는 것이고, 거짓말을 하고 있는 사람은 두 명이므로 A와 C 중 한 명은 거짓말을 하고 있다. A가 거짓말을 하는 경우 A～C 모두 부산에 있었고, D는 참말을 하였으므로 범인은 E가 된다. C가 거짓말을 하는 경우 A～C는 모두 학교에 있었고, D는 참말을 하였으므로 범인은 역시 E가 된다.

06

정답 ②

제시된 조건을 정리하면 다음과 같다.

구분	A	B	C	D
꽃꽂이	×		○	
댄스	×	×	×	
축구			×	
농구		×	×	

A, B, C는 댄스 활동을 하지 않으므로 댄스 활동은 D의 취미임을 알 수 있다. 또한 B, C, D는 농구 활동을 하지 않으므로 A가 농구 활동을 취미로 한다는 것을 알 수 있다. 이를 정리하면 다음과 같다.

구분	A	B	C	D
꽃꽂이	×	×	○	×
댄스	×	×	×	○
축구	×	○	×	×
농구	○	×	×	×

오답분석

① B가 축구 활동을 하는 것은 맞지만, D는 댄스 활동을 한다.
③ A는 농구 활동을, B는 축구 활동을 한다.
④ B는 축구 활동을 하며, D는 댄스 활동을 한다.
⑤ A는 농구 활동을 하며, D는 댄스 활동을 한다.

07

정답 ①

두 사람은 나쁜 사람이므로 서로 충돌되는 두준과 동운을 먼저 살펴보아야 한다.
두준이를 착한 사람이라고 가정하면 '두준(T) – 요섭(F) – 준형(F) – 기광(F) – 동운(F)'으로 나쁜 사람이 4명이 되므로 모순이다.
즉, 두준이는 나쁜 사람이고, 요섭과 기광은 서로 대우이므로 두 사람은 착한 사람이다(두 사람이 나쁜 사람이라면 나쁜 사람은 '두준, 요섭, 기광' 3명이 된다). 따라서 '요섭, 기광, 동운'이 착한 사람이고, '두준, 준형'이 나쁜 사람이다.

08

정답 ③

B는 오전 10시에 출근하여 오후 3시에 퇴근하였으므로 업무는 4개이다. D는 B보다 업무가 1개 더 많았으므로 D의 업무는 5개이고, 오후 3시에 퇴근했으므로 출근한 시각은 오전 9시이다. K팀에서 가장 늦게 출근한 사람은 C이고 가장 늦게 출근한 사람을 기준으로 오전 11시에 모두 출근하였으므로 C는 오전 11시에 출근하였다. K팀에서 가장 늦게 퇴근한 사람은 A이고 가장 늦게 퇴근한 사람을 기준으로 오후 4시에 모두 퇴근하였다고 했으므로 A는 오후 4시에 퇴근했다. A는 C보다 업무가 3개 더 많았으므로 C의 업무는 2개이다. 이를 정리하면 다음과 같다.

구분	A	B	C	D
업무	5개	4개	2개	5개
출근시각	오전 10시	오전 10시	오전 11시	오전 9시
퇴근시각	오후 4시	오후 3시	오후 2시	오후 3시

따라서 C는 오후 2시에 퇴근했다.

오답분석

① A는 5개의 업무를 하고 퇴근했다.
② B의 업무는 A의 업무보다 적었다.
④ 팀에서 가장 빨리 출근한 사람은 D이다.
⑤ C가 D의 업무 중 1개를 대신 했다면 D가 C보다 빨리 퇴근했을 것이다.

09

정답 ④

i) A가 진실을 말하는 경우

구분	A	B	C	D
피아노	×	×		
바이올린		×		×
트럼펫			○	○
플루트	△			

ii) B가 진실을 말하는 경우

구분	A	B	C	D
피아노	○	×		
바이올린		○		×
트럼펫			○	×
플루트	×			

iii) C가 진실을 말하는 경우

구분	A	B	C	D
피아노	○	○		
바이올린		×		○
트럼펫			○	×
플루트	△			

iv) D가 진실을 말하는 경우

구분	A	B	C	D
피아노	○	×		
바이올린		×		×
트럼펫			×	×
플루트	○			

따라서 B가 진실을 말한 경우 주어진 조건에 따라 A는 피아노, B는 바이올린, C는 트럼펫, D는 플루트를 연주하며, 피아노를 연주하는 A는 재즈, 트럼펫과 바이올린을 연주하는 B와 C는 클래식, 그리고 플루트를 연주하는 D는 클래식과 재즈 모두를 연주한다.

10

정답 ③

B는 두 번째, F는 여섯 번째로 도착하였고, A가 도착하고 바로 뒤에 C가 도착하였으므로 A는 세 번째 또는 네 번째로 도착하였다. 그런데 D는 C보다 먼저 도착하였고 E보다 늦게 도착하였으므로 A는 네 번째로 도착하였음을 알 수 있다.
따라서 도착한 순서는 E－B－D－A－C－F이다. A는 네 번째로 도착하였으므로 토너먼트 배치표에 의해 최대 3번까지 경기를 하게 된다.

11

정답 ④

제시문은 가격을 결정하는 요인과 이를 통해 도출할 수 있는 예상을 언급한다. 하지만 현실적인 여러 요인으로 인해 '거품 현상'이 나타나기도 하며 '거품 현상'이란 구체적으로 무엇인지를 설명하는 글이다. 따라서 (가) 수요와 공급에 의해 결정되는 가격 → (마) 상품의 가격에 대한 일반적인 예상 → (다) 현실적인 가격 결정 요인 → (나) 이로 인해 예상치 못하게 나타나는 '거품 현상' → (라) '거품 현상'에 대한 구체적인 설명 순으로 나열하는 것이 적절하다.

12

정답 ②

제시문은 조각보에 대한 설명으로 (나) 조각보의 정의, 클레와 몬드리안의 비교가 잘못된 이유 → (가) 조각보는 클레와 몬드리안보다 100여 년 이상 앞서 제작된 작품이며 독특한 예술성을 지니고 있음 → (다) 조각보가 아름답게 느껴지는 이유 순으로 나열하는 것이 적절하다.

13

정답 ①

제시문은 코젤렉의 '개념사'에 대한 정의와 특징에 대한 글이다. 따라서 (라) 개념에 대한 논란과 논쟁 속에서 등장한 코젤렉의 '개념사' → (가) 코젤렉의 '개념사'와 개념에 대한 분석 → (나) 개념에 대한 추가적인 분석 → (마) '개념사'에 대한 추가적인 분석 → (다) '개념사'의 목적과 코젤렉의 주장 순으로 나열하는 것이 적절하다.

14

정답 ④

제시문은 '원님재판'이라 불리는 죄형전단주의의 정의와 한계, 그리고 그와 대립되는 죄형법정주의의 정의와 탄생, 그리고 파생원칙에 대하여 설명하고 있다. 첫 단락에서는 '원님재판'이라는 용어의 원류에 대해 설명하고 있으므로 이어지는 문단으로는 원님재판의 한계에 대해 설명하고 있는 (다)가 오는 것이 적절하다. 따라서 (다) 원님재판의 한계와 죄형법정주의 → (가) 죄형법정주의의 정의 → (라) 죄형법정주의의 탄생 → (나) 죄형법정주의의 정립에 따른 파생원칙의 등장의 순으로 나열하는 것이 적절하다.

15

정답 ④

신경교 세포가 전체 뉴런을 조정하면서 기억력과 사고력을 향상시킨다는 가설하에, 인간의 신경교 세포를 갓 태어난 생쥐의 두뇌에 주입하는 실험을 하였다. 그리고 그 실험결과는 이와 같은 가설을 뒷받침해주는 결과를 가져왔으므로 옳은 내용이라고 할 수 있다.

오답분석

① 인간의 신경교 세포를 생쥐의 두뇌에 주입하였더니 쥐가 자라면서 주입된 인간의 신경교 세포도 성장했고, 이 세포들이 주위의 뉴런들과 완벽하게 결합되어 쥐의 두뇌 전체에 걸쳐 퍼지게 되었다고 하였다. 그러나 이 과정에서 쥐의 뉴런에 어떠한 영향을 주는지에 대해서는 언급하고 있지 않으므로 추론할 수 없다.
②・③ 제시문의 실험은 인간의 신경교 세포를 쥐의 두뇌에 주입했을 때의 변화를 살펴본 것이지 인간의 뉴런 세포를 주입한 것이 아니므로 추론할 수 없는 내용이다.
⑤ 쥐에 주입된 인간의 신경교 세포는 그 기능을 그대로 간직한다고 하였으므로 옳지 않은 내용이다.

16

정답 ③

레일리 산란의 세기는 보랏빛이 가장 강하지만 우리 눈은 보랏빛보다 파란빛을 더 잘 감지하기 때문에 하늘이 파랗게 보이는 것이다.

오답분석

①・②는 첫 번째 문단, ⑤는 마지막 문단의 내용을 통해 추론할 수 있다.
④ 빛의 진동수는 파장과 반비례하고, 레일리 산란의 세기는 파장의 네제곱에 반비례한다. 즉, 빛의 진동수가 2배가 되면 파장은 1/2배가 되고, 레일리 산란의 세기는 $2^4=16$배가 된다.

17

정답 ③

두 번째 문단에서 보면 농업경제의 역사에서 정원이 갖는 의미는 시대와 지역에 따라 매우 달랐으나, 여성들의 입장은 지역적인 편차가 없었으므로 ③은 적절하지 않다.

18

정답 ④

제시문에서는 알 수 없는 내용이다.

오답분석

① 첫 번째 문단에서 미국 텍사스 지역에서 3D 프린터 건축 기술을 이용한 주택이 완공되었음을 알 수 있다.
② 두 번째 문단에서 전통 건축 기술에 비해 3D 프린터 건축 기술은 건축 폐기물 및 CO_2 배출량 감소 등 환경오염이 적음을 알 수 있다.
③ 네 번째 문단에서 코로나19 사태로 인한 인력 수급난을 해소할 수 있음을 알 수 있다.
⑤ 다섯 번째 문단에서 우리나라의 3D 프린터 건축 기술은 아직 제도적 한계와 기술적 한계가 있음을 알 수 있다.

19

정답 ⑤

규칙은 가로로 적용된다.
첫 번째 도형의 색칠된 부분과 두 번째 도형의 색칠된 부분을 합치면 세 번째 도형의 색칠된 부분이 된다.

20

정답 ④

규칙은 세로로 적용된다.
첫 번째 도형과 두 번째 도형을 합쳤을 때, 색이 같은 부분만을 나타낸 도형이 세 번째 도형이다.

21

정답 ③

규칙은 가로로 적용된다.
첫 번째 도형과 두 번째 도형을 합친 후, 겹치는 부분을 색칠한 도형이 세 번째 도형이다.

22

정답 ②

규칙은 세로로 적용된다.
첫 번째 도형과 두 번째 도형을 합친 것이 세 번째 도형이다.

23

정답 ①

- ○ : 1234 → 2341
- □ : 각 자릿수 +2, +2, +2, +2
- ☆ : 1234 → 4321
- △ : 각 자릿수 −1, +1, −1, +1

JLMP → LMPJ → NORL
　　　○　　　　□

24

정답 ④

DRFT → FTHV → VHTF
　　　□　　　　☆

25

정답 ③

8TK1 → 7UJ2 → UJ27
　　　△　　　　○

26

정답 ④

F752 → 257F → 479H → 388I

☆ □ △

27

정답 ②

- Σ : 두 번째 문자를 맨 뒤에 추가
- Δ : 역순으로 재배열
- Φ : 각 자릿수마다 −2
- Ω : 맨 뒤 문자 맨 앞으로 보내기

ㅁjㅓi → iㅁjㅓ → gㄷhㅏ

Ω Φ

28

정답 ①

ㅗㅊㄷㅑ → ㅓㅇㄱㅣ → ㅓㅇㄱㅣㅇ

Φ Σ

29

정답 ②

2ㄴㅠBㅎ → ㅎBㅠㄴ2 → ㅎBㅠㄴ2B

Δ Σ

30

정답 ①

ㅏㅜ8ㅋㅑ → ㅏㅜ8ㅋㅑㅜ → ㅡㅗ6ㅈㅣㅗ → ㅗㅡㅗ6ㅈㅣ

Σ Φ Ω

온라인 GSAT 삼성직무적성검사

2022년 하반기 기출복원 모의고사 정답 및 해설

제 1 영역 수리

01	02	03	04	05	06	07	08	09	10	11	12	13	14	15	16	17	18	19	20
④	②	②	③	④	③	③	②	①	②	③	①	⑤	④	⑤	③	②	④	②	④

01

정답 ④

첫 번째 날 또는 일곱 번째 날에 총무부 소속 팀이 봉사활동을 하게 될 확률은 1에서 마케팅 소속 팀이 첫 번째 날과 일곱 번째 날에 봉사활동을 반드시 하는 확률을 제외한 것과 같다.

마케팅부의 5팀 중 첫 번째 날과 일곱 번째 날에 봉사활동 할 팀을 배치하는 순서의 경우의 수는 ${}_5P_2=5\times4=20$가지이고, 총무부 2팀을 포함한 5팀을 배치하는 경우의 수는 $5!$가지이므로 총 $20\times5!$가지이다.

첫 번째 날과 일곱 번째 날에 마케팅팀이 봉사활동 하는 확률은 $\frac{20\times5!}{7!}=\frac{20\times5\times4\times3\times2\times1}{7\times6\times5\times4\times3\times2\times1}=\frac{10}{21}$이므로 첫 번째 날 또는 일곱 번째 날에 총무부 소속 팀이 봉사활동 하는 확률은 $1-\frac{10}{21}=\frac{11}{21}$이다.

따라서 $a-b=21-11=10$이다.

02

정답 ②

7회 말까지 B팀이 얻은 점수를 x점이라 가정하면 8·9회에서는 A팀이 얻은 점수는 $(12-x)$점, B팀은 $(9-x)$점이다.

방정식을 세우면 $2(9-x)=12-x \rightarrow x=6$이다.

따라서 8·9회에서 B팀은 $9-6=3$점을 획득하였다.

03

정답 ②

전 직원의 주 평균 야간근무 빈도는 직급별 사원 수를 알아야 구할 수 있는 값이다. 단순히 직급별 주 평균 야간근무 빈도를 모두 더하여 평균을 구하는 것은 적절하지 않다.

오답분석

① 자료를 통해 확인할 수 있다.

③ 0.2시간은 60분×0.2=12분이다. 따라서 4.2시간은 4시간 12분이다.

④ 대리는 주 평균 1.8일, 6.3시간의 야간근무를 한다. 야근 1회 시 평균 6.3÷1.8=3.5시간 근무로 가장 긴 시간 동안 일한다.

⑤ 과장은 60분×4.8=288분(4시간 48분) 야간근무를 한다. 60분의 3분의 2(40분) 이상 채울 시 1시간으로 야간근무수당을 계산한다. 즉, 5시간으로 계산하여 50,000원을 받는다.

04

정답 ③

- A기업
  - 화물자동차 : 200,000+(1,000×5×100)+(100×5×100)=750,000원
  - 철도 : 150,000+(900×5×100)+(300×5×100)=750,000원
  - 연안해송 : 100,000+(800×5×100)+(500×5×100)=750,000원
- B기업
  - 화물자동차 : 200,000+(1,000×1×200)+(100×1×200)=420,000원
  - 철도 : 150,000+(900×1×200)+(300×1×200)=390,000원
  - 연안해송 : 100,000+(800×1×200)+(500×1×200)=360,000원

따라서 A는 모든 수단의 운임이 같고, B는 연안해송이 가장 저렴하다.

05

정답 ④

미혼모 가구 수는 2020년까지 감소하다가 2021년부터 증가하였고, 미혼부 가구 수는 2019년까지 감소하다가 2020년부터 증가하였으므로 증감 추이가 바뀌는 연도는 같지 않다.

오답분석

① 한부모 가구 중 모자 가구 수의 전년 대비 증가율은 다음과 같다.

- 2019년 : 2,000÷1,600=1.25배
- 2020년 : 2,500÷2,000=1.25배
- 2021년 : 3,600÷2,500=1.44배
- 2022년 : 4,500÷3,600=1.25배

따라서 2021년을 제외하고 1.25배씩 증가하였다.

② 한부모 가구 중 모자 가구 수의 20%를 구하면 다음과 같다.

- 2018년 : 1,600×0.2=320천 명
- 2019년 : 2,000×0.2=400천 명
- 2020년 : 2,500×0.2=500천 명
- 2021년 : 3,600×0.2=720천 명
- 2022년 : 4,500×0.2=900천 명

따라서 부자 가구가 20%를 초과한 해는 2021년(810천 명), 2022년(990천 명)이다.

③ 2021년 미혼모 가구 수는 모자 가구 수의 $\frac{72}{3,600}\times100=2\%$이다.

⑤ 2019년 부자 가구 수는 미혼부 가구 수의 340÷17=20배이다.

06

정답 ③

ㄱ. 2019 ~ 2021년까지 전년 대비 세관 물품 신고 수가 증가와 감소를 반복한 것은 '증가 – 감소 – 증가'인 B와 D이다. 따라서 가전류와 주류는 B와 D 중 하나에 해당한다.

ㄴ. A ~ D의 전년 대비 2022년 세관 물품 신고 수의 증가량은 다음과 같다.

- A : 5,109−5,026=83만 건
- B : 3,568−3,410=158만 건
- C : 4,875−4,522=353만 건
- D : 2,647−2,135=512만 건

C가 두 번째로 증가량이 많으므로 담배류에 해당한다.

ㄷ. B, C, D를 제외하면 잡화류는 A임을 바로 알 수 있지만, 표의 수치를 보면 A가 2019 ~ 2022년 동안 매년 세관물품 신고 수가 가장 많음을 확인할 수 있다.

ㄹ. 2021년도 세관 물품 신고 수의 전년 대비 증가율을 구하면 D의 증가율이 세 번째로 높으므로 주류에 해당하고, ㄱ에 따라 B가 가전류가 된다.

- A : $\frac{5,026-4,388}{4,388}\times100\fallingdotseq14.5\%$
- B : $\frac{3,410-3,216}{3,216}\times100\fallingdotseq6.0\%$
- C : $\frac{4,522-4,037}{4,037}\times100\fallingdotseq12.0\%$
- D : $\frac{2,135-2,002}{2,002}\times100\fallingdotseq6.6\%$

따라서 A는 잡화류, B는 가전류, C는 담배류, D는 주류이다.

07

정답 ③

월평균 매출액이 35억 원이므로 연매출액은 $35\times12=420$억 원이며, 연매출액은 상반기와 하반기 매출액을 합한 금액이다. 상반기의 월평균 매출액은 26억 원이므로 상반기 총매출액은 $26\times6=156$억 원이고, 하반기 총매출액은 $420-156=264$억 원이다.

따라서 하반기 평균 매출액은 $264\div6=44$억 원이며, 상반기 때보다 $44-26=18$억 원 증가하였다.

08

정답 ②

2022년 4/4분기의 생활물가지수가 95.9라면, 총합은 407포인트이므로 이를 4분기로 나누면 101.75포인트이다. 따라서 2021년 생활물가지수는 100.175포인트이므로 상승지수는 2포인트 미만이다.

오답분석

① 2021년 소비자물가지수 분기 총합이 401.4로, 1분기당 평균 100.35이므로 2019년 지수 100과 거의 같다고 할 수 있다.
③ 2019년 이후 분기마다 지수가 약간씩 상승하고 있으므로 매년 상승했다.
④ 2021년에는 소비자물가지수가 생활물가지수보다 약 0.7포인트 높으므로 적절한 판단이다.
⑤ 전년 동기와 비교하여 상승 폭이 가장 클 때는 2019년 4/4분기 소비자물가지수(4.2%)이고, 가장 낮을 때는 2020년 2/4분기 생활물가지수(2.4%)와 2020년 3/4분기 소비자물가지수(2.4%)이다.

09

정답 ①

• X조건에서 Z세균은 피보나치 수열의 계차로 번식한다.

구분	1일 차	2일 차	3일 차	4일 차	5일 차	6일 차	7일 차	8일 차	9일 차	10일 차
X조건에서의 Z세균	10	30	50	90	150	250	410	670	1,090	(A)
계차	20	20	40	60	100	160	260	420	680	

따라서 (A)$=1,090+680=1,770$이다.

• Y조건에서 Z세균은 전날의 2배로 번식한다.

구분	1일 차	2일 차	3일 차	4일 차	5일 차	6일 차	7일 차	8일 차	9일 차	10일 차
Y조건에서의 Z세균	1	1×2^1	1×2^2	1×2^3	1×2^4	1×2^5	1×2^6	1×2^7	1×2^8	(B)

따라서 (B)$=1\times2^9=512$이다.

10

정답 ②

최초 투입한 원유의 양을 aL라 하자.

• LPG를 생산하고 남은 원유의 양 : $(1-0.05a)=0.95a$L
• 휘발유를 생산하고 남은 원유의 양 : $0.95a(1-0.2)=0.76a$L
• 등유를 생산하고 남은 원유의 양 : $0.76a(1-0.5)=0.38a$L
• 경유를 생산하고 남은 원유의 양 : $0.38a(1-0.1)=0.342a$L

따라서 아스팔트의 생산량은 $0.342a\times0.04=0.01368a$L이고, 아스팔트는 최초 투입한 원유량의 $0.01368\times100=1.368$%가 생산된다.

11

정답 ③

인천과 세종의 여성공무원 비율은 다음과 같다.

• 인천 : $\frac{10,500}{20,000}\times100=52.5\%$

• 세종 : $\frac{2,200}{4,000}\times100=55\%$

따라서 비율 차이는 $55-52.5=2.5\%$p이다.

오답분석

① 남성 공무원 수가 여성 공무원 수보다 많은 지역은 서울, 경기, 부산, 광주, 대전, 울산, 강원, 경상, 제주로 총 9곳이다.

② 광역시의 남성 공무원 수와 여성 공무원 수의 차이는 다음과 같다.

- 인천 : 10,500−9,500=1,000명
- 부산 : 7,500−5,000=2,500명
- 대구 : 9,600−6,400=3,200명
- 광주 : 4,500−3,000=1,500명
- 대전 : 3,000−1,800=1,200명
- 울산 : 2,100−1,900=200명

따라서 차이가 가장 큰 광역시는 대구이다.

④ 수도권(서울, 경기, 인천)과 광역시(인천, 부산, 대구, 광주, 대전, 울산)의 공무원 수는 다음과 같다.

- 수도권 : 25,000+15,000+20,000=60,000명
- 광역시 : 20,000+12,500+16,000+7,500+4,800+4,000=64,800명

따라서 차이는 64,800−60,000=4,800명이다.

⑤ 제주지역의 전체 공무원 중 남성 공무원의 비율은 $\frac{2,800}{5,000}\times 100=56\%$이다.

12

정답 ①

대부분의 업종에서 2022년 1분기보다 2022년 4분기의 영업이익이 더 높지만, 철강업에서는 2022년 1분기(10,740억 원)가 2022년 4분기(10,460억 원)보다 높다.

오답분석

② 2023년 1분기 영업이익이 전년 동기(2022년 1분기) 대비 영업이익보다 높은 업종은 다음과 같다.

- 반도체(40,020 → 60,420)
- 통신(5,880 → 8,880)
- 해운(1,340 → 1,660)
- 석유화학(9,800 → 10,560)
- 항공(−2,880 → 120)

③ 2023년 1분기 영업이익이 적자가 아닌 업종 중 영업이익이 직전 분기(2022년 4분기) 대비 감소한 업종은 건설(19,450 → 16,410), 자동차(16,200 → 5,240), 철강(10,460 → 820)이다.

④ 2022년 1, 4분기에 흑자였다가 2023년 1분기에 적자로 전환된 업종은 디스플레이, 자동차부품, 조선, 호텔로 4개이다.

⑤ 항공업은 2022년 1분기(−2,880억 원)와 4분기(−2,520억 원) 모두 적자였다가 2023년 1분기(120억 원)에 흑자로 전환되었다.

13

정답 ⑤

'(연말기준 근로자 수)=(연초기준 근로자 수)+(연간 취업자 수)−(연간 퇴사자 수)'이므로 연말기준 근로자 수가 연초기준 근로자 수보다 많기 위해서는 연간 취업자 수가 연간 퇴사자 수보다 많아야 한다. 따라서 연간 취업자 수가 연간 퇴사자 수보다 많은 산업은 건설업과 전기・통신업이다.

오답분석

① 연초기준 근로자 수가 가장 많은 상위 두 산업은 도소매업(54,150,000명)과 제조업(22,400,000명)으로 54,150,000+22,400,000=76,550,000명은 8,000만 명 미만이다.

② 취업률은 $\frac{\text{해당 산업 연간 취업자 수}}{\text{전체 연간 취업자 수}}\times 100$으로 계산할 수 있다. 전체 연간 취업자 수가 5,660천 명인데 반해 도소매업의 연간 취업자 수는 2,800천 명으로 절반(5,660÷2=2,830)에 미치지 못하므로 50% 미만이다.

③ 도소매업과 운수업의 퇴사자 중 이직률을 구하면 다음과 같다.

- 도소매업 : $\frac{2,652}{3,120}\times 100=85\%$
- 운수업 : $\frac{663}{780}\times 100=85\%$

따라서 도소매업과 운수업의 퇴사자 중 이직률은 동일하다.

④ 건설업의 퇴사율은 $\frac{440}{8,800}\times 100=5\%$이므로 5% 미만이라는 설명은 옳지 않다.

14

정답 ④

구단별 유효슈팅 대비 골의 비율을 구하면 다음과 같다.

구단	유효슈팅 개수(개)	골 개수(개)	$\frac{\text{골 개수}}{\text{유효슈팅 개수}} \times 100(\%)$
울산	48	16	33.3
전북	69	18	26.1
상주	32	11	34.4
포항	33	9	27.3
대구	39	13	33.3
서울	27	5	18.5
성남	31	6	19.4

따라서 상주가 34.4%로 가장 높다.

오답분석

① 슈팅과 유효슈팅, 골 개수의 상위 3개 구단은 울산, 전북, 대구로 동일하다.

② 경기당 평균슈팅 개수가 가장 많은 구단은 18.7개로 전북이고, 가장 적은 구단은 6.8개로 서울이므로 그 차이는 18.7−6.8=11.9개이다. 또 경기당 평균유효슈팅 개수가 가장 많은 구단도 11.5개로 전북이고, 가장 적은 구단은 3.0개로 서울이다. 이들의 차이는 11.5−3.0=8.5개이다. 따라서 전자가 후자보다 크다.

③ 골의 개수가 적은 하위 두 팀은 5개인 서울과 6개인 성남으로 골 개수의 합은 5+6=11개이다. 이는 전체 골의 개수인 16+18+11+9+13+5+6=78개의 약 $\frac{11}{78} \times 100 \fallingdotseq 14.1\%$이므로 15% 이하이다.

⑤ 슈팅 대비 골의 비율은 전북이 약 $\frac{18}{112} \times 100 \fallingdotseq 16.1\%$, 성남이 약 $\frac{6}{69} \times 100 \fallingdotseq 8.7\%$로 그 차이는 약 16.1−8.7=7.4%p로 10%p 미만이다.

15

정답 ⑤

ㄴ. 2022년 준중형 자동차 판매량은 전년 대비 $\frac{180.4-179.2}{179.2} \times 100 \fallingdotseq 0.67\%$로 1% 미만 증가했다.

ㄷ. 2020 ~ 2021년까지 자동차 판매 순위는 SUV – 중형 – 대형 – 준중형 – 소형 순서이지만 2022년에는 SUV – 중형 – 준중형 – 대형 – 소형 순서이다.

ㄹ. 'ㄱ'의 해설에서 준중형, 중형, 대형은 2020년 대비 2021년에 판매량이 감소했음을 알 수 있으며, 소형과 SUV는 판매량이 증가했다.

오답분석

ㄱ. 2020년 대비 2021년 판매량이 감소한 자동차 종류는 준중형, 중형, 대형으로 세 종류의 감소율을 구하면 다음과 같다.

구분	2020년 대비 2021년 판매량 감소율
준중형	$\frac{179.2-181.3}{181.3} \times 100 \fallingdotseq -1.16\%$
중형	$\frac{202.5-209.3}{209.3} \times 100 \fallingdotseq -3.25\%$
대형	$\frac{185-186.1}{186.1} \times 100 \fallingdotseq -0.59\%$

따라서 2020년 대비 2021년 판매량 감소율이 가장 낮은 차종은 대형이다.

16

정답 ③

2014 ~ 2022년까지 전년 대비 사기와 폭행의 발생건수 증감추이는 다음과 같이 서로 반대를 나타낸다.

구분	2014년	2015년	2016년	2017년	2018년	2019년	2020년	2021년	2022년
사기	감소	감소	감소	감소	감소	감소	증가	증가	감소
폭행	증가	증가	증가	증가	증가	증가	감소	감소	증가

오답분석

① 2014 ~ 2022년 범죄별 발생건수의 1 ~ 5위는 '절도, 사기, 폭행, 살인, 방화' 순서이나 2013년의 경우 '절도, 사기, 폭행, 방화, 살인' 순서로 다르다.

② 2013 ~ 2022년 동안 발생한 방화의 총 발생건수는 5+4+2+1+2+5+2+4+5+3=33천 건으로 3만 건 이상이다.

④ 2015년 전체 범죄발생건수는 270+371+148+2+12=803천 건이며, 이 중 절도의 발생건수가 차지하는 비율은 $\frac{371}{803}\times100≒46.2\%$로 50% 미만이다.

⑤ 2013년 전체 범죄발생건수는 282+366+139+5+3=795천 건이고, 2022년에는 239+359+156+3+14=771천 건이다. 2013년 대비 2022년 전체 범죄발생건수 감소율은 $\frac{771-795}{795}\times100≒-3\%$로 5% 미만이다.

17

정답 ②

ㄱ. 응답자 2,000명 중 남성을 x 명, 여성을 y명이라고 하면, 주유 할인을 선택한 응답자는 $2,000\times0.2=400$명이므로 $0.18x+0.22y=400$으로 나타낼 수 있다.

$x+y=2,000$ … ㉠

$0.18x+0.22y=400$ … ㉡

㉠과 ㉡을 연립하여 풀면 $x=1,000$, $y=1,000$으로 남성과 여성의 비율이 동일함을 알 수 있다.

ㄹ. 가장 많은 남성 응답자(24%)가 영화관 할인을 선택하였으며, 여성 역시 가장 많은 응답자(23%)가 영화관 할인을 선택하였다.

오답분석

ㄴ. 남성의 경우 응답자의 18%인 180명이 편의점 할인을 선택하였고, 여성의 경우 7%인 70명이 편의점 할인을 선택하였다. 따라서 편의점 할인 서비스는 여성보다 남성 응답자가 더 선호하는 것을 알 수 있다.

ㄷ. 남성 응답자 수는 1,000명이므로 온라인 쇼핑 할인을 선택한 남성은 $1,000\times0.1=100$명이다.

18

정답 ④

ㄱ. 2021년 1분기와 2022년 4분기에 대한 자료는 없으므로 알 수 없다.

ㄴ. 2021년 3분기부터 2022년 3분기까지 직전분기 대비 자산규모가 매분기 증가한 유형자산으로는 건물과 기구비품 자산이 있지만, 기타 유형자산에 포함된 유형자산 항목도 있을 수 있다. 따라서 2가지 이상이다.

ㄹ. 2022년 2분기의 경우, 2022년 1분기 대비 건물 자산의 규모는 증가했지만, 건설 중인 자산의 규모는 직전분기 대비 감소하였다.

오답분석

ㄷ. 2021년 2분기 대비 2022년 2분기 유형자산 총액의 증가율은 $\frac{12,802-9,855}{9,855}\times100≒29.9\%$이다.

19

정답 ②

수도권(서울, 경기, 인천)의 2012년 의사 · 간호사 총 인원수는 2,350+1,474+1,890=5,714명, 2022년 의사 · 간호사 총 인원수는 3,557+2,230+3,168=8,955명이다. 따라서 2012년 대비 2022년 수도권의 의사 · 간호사 증가율은 $\frac{8,955-5,714}{5,714}\times 100 \fallingdotseq 56.7\%$이고, 전 지역의 의사 · 간호사 증가율은 $\frac{17,817-12,834}{12,834}\times 100 \fallingdotseq 38.8\%$이므로 두 비율의 차이는 56.7−38.8=17.9%p로 20%p 미만이다.

오답분석

① 2012년 대비 2022년 의사와 간호사 총 인원수는 모든 지역에서 증가했음을 확인할 수 있다.

③ 6대 광역시의 2012년 대비 2022년 의사 · 간호사의 증가한 총 인원수는 다음과 같다.

6대 광역시	인천	대전	대구	광주	부산	울산
증가인원	3,168−1,890 =1,278명	1,086−838 =248명	1,676−1,125 =551	674−634 =40명	1,149−1,094 =55명	629−519 =110명

따라서 6대 광역시에서 2012년 대비 2022년 의사 · 간호사 수가 가장 적게 증가한 지역은 광주이다.

④ 기타 지역을 제외한 지역 중 2012년 의사와 간호사가 가장 많은 지역은 모두 서울이며, 2022년에도 서울로 동일하다.

⑤ 전 지역의 2012년 대비 2022년 증가한 의사 인원수는 1,749−1,335=414명이고, 증가한 간호사 인원수는 16,068−11,499=4,569명이다. 따라서 증가한 의사 인원수는 증가한 간호사 인원수의 10%인 4,569×0.1=456.9명 미만이다.

20

정답 ④

(운동시간)=1일 때, (운동효과)=40이므로 $4=a\times 1-b^2$ … (가)

(운동시간)=2일 때, (운동효과)=62이므로 $62=a\times 2-\frac{b^2}{2}$ … (나)

(가)와 (나)를 연립하면, 2(가)−(나)

$\therefore\ a=40,\ b^2=36$

• (운동효과)$=40\times$(운동시간)$-\frac{36}{\text{(운동시간)}}$

(운동시간)=3일 때,

(운동효과)$=40\times 3-\frac{36}{3}=108$ … ㉠

(운동시간)=4일 때,

(운동효과)$=40\times 4-\frac{36}{4}=151$ … ㉡

따라서 ㉠=108, ㉡=151이다.

제2영역 추리

01	02	03	04	05	06	07	08	09	10	11	12	13	14	15	16	17	18	19	20
③	②	⑤	④	④	④	③	②	②	②	②	④	④	①	⑤	②	⑤	①	②	②
21	22	23	24	25	26	27	28	29	30										
⑤	⑤	⑤	②	①	③	③	③	③	⑤										

01

정답 ③

'환율이 하락하다.'를 A, '수출이 감소한다.'를 B, 'GDP가 감소한다.'를 C, '국가 경쟁력이 떨어진다.'를 D라고 했을 때, 첫 번째 명제는 A → D, 세 번째 명제는 B → C, 네 번째 명제는 B → D이므로 마지막 명제가 참이 되려면 C → A라는 명제가 필요하다. 따라서 C → A의 대우 명제인 ③이 답이 된다.

02

정답 ②

'공부를 열심히 한다.'를 A, '지식을 함양하지 않는다.'를 B, '아는 것이 적다.'를 C, '인생에 나쁜 영향이 생긴다.'를 D로 놓고 보면 첫 번째 명제는 C → D, 세 번째 명제는 B → C, 네 번째 명제는 ~A → D이므로 네 번째 명제가 도출되기 위해서는 ~A → B가 필요하다. 따라서 대우 명제인 ②가 답이 된다.

03

정답 ⑤

B는 검은색 바지를, C는 흰색 셔츠를 입어보았고, 티셔츠를 입어본 사람은 바지를, 코트를 입어본 사람은 셔츠를 입어보지 않았다. B는 티셔츠를 입어보지 않았고, C는 코트를 입어보지 않았다.

종류	티셔츠		바지		코트		셔츠	
색상	검은색	흰색	검은색	흰색	검은색	흰색	검은색	흰색
A			×					×
B	×	×	○	×				×
C			×		×	×	×	○
D			×					×

코트는 A, B가, 티셔츠는 A, C가 입어보았고, 검은색 코트와 셔츠는 A와 D가 입어보았으므로 검은색 코트는 A가 입어본 것을 알 수 있다. 또, 검은색 셔츠는 D가, 흰색 코트는 B, 흰색 바지는 D가 입어보았음을 알 수 있다.

종류	티셔츠		바지		코트		셔츠	
색상	검은색	흰색	검은색	흰색	검은색	흰색	검은색	흰색
A			×	×	○	×	×	×
B	×	×	○	×	×	○	×	×
C			×	×	×	×	×	○
D	×	×	×	○	×	×	○	×

같은 색상으로 입어본 사람은 2명이라고 하였으므로, A는 검은색 티셔츠를, C는 흰색 티셔츠를 입어보았음을 알 수 있다.

종류	티셔츠		바지		코트		셔츠	
색상	검은색	흰색	검은색	흰색	검은색	흰색	검은색	흰색
A	○	×	×	×	○	×	×	×
B	×	×	○	×	×	○	×	×
C	×	○	×	×	×	×	×	○
D	×	×	×	○	×	×	○	×

따라서 D는 흰색 바지와 검은색 셔츠를 입었다.

04

정답 ④

먼저 첫 번째 조건과 두 번째 조건에 따라 6명의 신입 사원을 부서별로 1명, 2명, 3명으로 나누어 배치한다. 이때, 세 번째 조건에 따라 기획부에 3명, 구매부에 1명이 배치되므로 인사부에는 2명의 신입 사원이 배치된다. 또한 1명이 배치되는 구매부에는 마지막 조건에 따라 여자 신입 사원이 배치될 수 없으므로 반드시 1명의 남자 신입 사원이 배치된다. 남은 5명의 신입 사원을 기획부와 인사부에 배치하는 방법은 다음과 같다.

구분	기획부(3명)	인사부(2명)	구매부(1명)
경우 1	남자 1명, 여자 2명	남자 2명	남자 1명
경우 2	남자 2명, 여자 1명	남자 1명, 여자 1명	

경우 1에서는 인사부에 남자 신입 사원만 배치되므로 '인사부에는 반드시 여자 신입 사원이 배치된다.'의 ④는 적절하지 않다.

05

정답 ④

B와 C의 말이 모순되므로 B와 C 중 한 명은 반드시 진실을 말하고 다른 한 명은 거짓을 말한다.

i) B가 거짓, C가 진실을 말하는 경우
B가 거짓을 말한다면 E의 말 역시 거짓이 되어 롤러코스터를 타지 않은 사람은 E가 된다. 그러나 A는 E와 함께 롤러코스터를 탔다고 했으므로 A의 말 또한 거짓이 된다. 이때, 조건에서 5명 중 2명만 거짓을 말한다고 했으므로 이는 성립하지 않는다.

ii) C가 거짓, B가 진실을 말하는 경우
B가 진실을 말한다면 롤러코스터를 타지 않은 사람은 D가 되며, E의 말은 진실이 된다. 이때, D는 B가 회전목마를 탔다고 했으므로 D가 거짓을 말하는 것을 알 수 있다. 따라서 거짓을 말하는 사람은 C와 D이며, 롤러코스터를 타지 않은 사람은 D이다.

06

정답 ④

A는 엘리베이터보다 계단이 더 가까운 곳에 살고 있으므로 1001호나 1002호에 살고 있다. C와 D는 계단보다 엘리베이터에 더 가까운 곳에 살고 있다고 하였으므로 1003호와 1004호에 살고 있다. D는 A 바로 옆에 살고 있으므로, D는 1003호에 살고 있고, A는 1002호에 살고 있음을 알 수 있다. 이를 정리하면 다음과 같다.

계단	1001호	1002호	1003호	1004호	엘리베이터
	B	A	D	C	

따라서 B가 살고 있는 곳에서 엘리베이터 쪽으로는 3명이 살고 있으므로 ④는 항상 거짓이다.

07

정답 ③

B가 세 번째에 뽑은 카드에 적힌 숫자를 a라고 하면 A가 세 번째에 뽑은 카드에 적힌 숫자는 $a+1$이고, B가 첫 번째에 뽑은 카드에 적힌 숫자는 $a-1$이다.

또한 첫 번째, 두 번째, 세 번째에 A가 뽑은 카드에 적힌 숫자는 B가 뽑은 카드에 적힌 숫자보다 1만큼 크므로 A가 첫 번째로 뽑은 카드에 적힌 숫자는 $a-2$이다.

또한 B가 두 번째에 뽑은 카드에 적힌 숫자를 b라고 하면, A가 두 번째에 뽑은 카드에 적힌 숫자는 $b+1$이다.

구분	첫 번째	두 번째	세 번째
A	a	$b+1$	$a+1$
B	$a-1$	b	a

A와 B는 같은 숫자가 적힌 카드를 한 장 뽑았고, 그 숫자는 2라고 하였으므로 $a=2$이다.

구분	첫 번째	두 번째	세 번째
A	2	$b+1$	3
B	1	b	2

2가 적힌 카드를 제외하고 A, B가 뽑은 카드에 적힌 숫자가 달라야 하므로 $b=4$임을 알 수 있다.

구분	첫 번째	두 번째	세 번째
A	2	5	3
B	1	4	2

따라서 A와 B가 뽑은 카드에 적힌 숫자의 합 중 가장 큰 조합은 A－두 번째, B－두 번째인 ③이다.

08

정답 ②

B는 3번 콘센트를 사용하고, A와 E, C와 D는 바로 옆 콘센트를 이용하므로 B를 기준으로 A와 E, C와 D가 이용한 콘센트가 나뉜다. 또한 D는 5번 콘센트를 이용하지 않고, A는 1번이나 5번 콘센트를 이용하므로 다음과 같이 3가지 경우가 나온다.

구분	1번 콘센트 (작동 O)	2번 콘센트 (작동 O)	3번 콘센트 (작동 O)	4번 콘센트 (작동 O)	5번 콘센트 (작동 ×)
경우 1	A	E	B	D	C
경우 2	D	C	B	E	A
경우 3	C	D	B	E	A

C가 B의 바로 옆 콘센트를 이용하는 것은 경우 2이므로, A의 핸드폰에는 전원이 켜지지 않는다.

오답분석

① C의 핸드폰에 전원이 켜지지 않는 것은 C가 5번 콘센트를 이용하는 경우 1이므로, E는 2번 콘센트를 이용한다.
③ E가 4번 콘센트를 이용하는 것은 경우 2, 3이므로, C는 B의 바로 옆 콘센트를 이용할 수도 있고 그렇지 않을 수도 있다.
④ A의 핸드폰에 전원이 켜지지 않는 것은 A가 5번 콘센트를 이용하는 경우 2, 3이므로, D는 1번 콘센트를 이용할 수도 있고 그렇지 않을 수도 있다.
⑤ D가 2번 콘센트를 이용하는 것은 경우 3이므로, E는 4번 콘센트를 이용하고 핸드폰에 전원이 켜진다.

09

정답 ②

A가 가 마을에 살고 있다고 가정하면, B 또는 D는 가 마을에 살고 있다. F가 가 마을에 살고 있다고 했으므로 C, E는 나 마을에 살고 있음을 알 수 있다. 하지만 C가 A, E 중 한 명은 나 마을에 살고 있다고 말한 것은 진실이므로 모순이다.
A가 나 마을에 살고 있다고 가정하면, B, D 중 한 명은 가 마을에 살고 있다는 말은 거짓이므로 B, D는 나 마을에 살고 있다. A, B, D가 나 마을에 살고 있으므로 나머지 C, E, F는 가 마을에 살고 있음을 알 수 있다.

10

정답 ②

제시된 진료 현황을 각각의 명제로 보고 이들을 수식으로 설명하면 다음과 같다(단, 명제가 참일 경우 그 대우도 참이다).

- B병원이 진료를 하지 않을 때 A병원이 진료한다(~B → A / ~A → B).
- B병원이 진료를 하면 D병원은 진료를 하지 않는다(B → ~D / D → ~B).
- A병원이 진료를 하면 C병원은 진료를 하지 않는다(A → ~C / C → ~A).
- C병원이 진료를 하지 않을 때 E병원이 진료한다(~C → E / ~E → C).

이를 하나로 연결하면, D병원이 진료를 하면 B병원이 진료를 하지 않고, B병원이 진료를 하지 않으면 A병원은 진료를 한다. A병원이 진료를 하는 경우 C병원은 진료를 하지 않고, C병원이 진료를 하지 않으면 E병원은 진료를 한다(D → ~B → A → ~C → E).
명제가 참일 경우 그 대우도 참이므로 ~E → C → ~A → B → ~D가 된다. 공휴일일 경우는 E병원이 진료를 하지 않을 때이므로 위의 명제를 참고하면 C와 B병원만이 진료를 하는 경우가 된다. 따라서 공휴일에 진료를 하는 병원은 2곳이다.

11

정답 ②

세 번째, 네 번째, 다섯 번째 조건에 의해 8등(꼴찌)이 될 수 있는 사람은 A 또는 C인데, C는 7등인 D와 연속해서 들어오지 않았으므로 8등은 A이다. 또한 두 번째 조건에 의해 B는 4등이고, 네 번째 조건에 의해 E는 5등이다. 마지막으로 첫 번째 조건에 의해 C는 6등이 될 수 없으므로 1, 2, 3등 중에 하나이다.

오답분석

① C는 1, 2, 3등 중 하나이다.
③ E가 C보다 늦게 들어왔다.
④ B가 E보다 일찍 들어왔다.
⑤ D가 E보다 늦게 들어왔다.

12

정답 ④

B보다 시대가 앞선 유물은 두 개다.

1	2	3	4
		B	

나머지 명제를 도식화하면 C－D, C－A, B－D이다. 따라서 정리하면 다음과 같다.

1	2	3	4
C	A	B	D

13

정답 ④

세 번째 조건에 의해 윤부장이 가담하지 않았다면, 이과장과 강주임도 가담하지 않았음을 알 수 있다. 이과장이 가담하지 않았다면 두 번째 조건에 의해 김대리도 가담하지 않았으므로 가담한 사람은 박대리뿐이다. 이는 첫 번째 조건에 위배되므로 윤부장은 입찰부정에 가담하였다. 네 번째 조건의 대우로 김대리가 가담하였다면 박대리도 가담하였고, 다섯 번째 조건에 의해 박대리가 가담하였다면 강주임도 가담하였다. 이는 입찰부정에 가담한 사람은 두 사람이라는 첫 번째 조건에 위배되는 것이므로, 김대리는 입찰부정에 가담하지 않았다.

따라서 입찰부정에 가담하지 않은 사람은 김대리, 이과장, 박대리이며, 입찰부정에 가담한 사람은 윤부장과 강주임이다.

14

정답 ①

첫 번째, 두 번째 조건을 통해 1층에는 로비, 8층에는 행정지원부가 있다는 것을 알 수 있다. 또한 마지막 조건을 통해 보험급여부는 5층에 위치한다는 것(8층－3층)을 알 수 있다. 이를 기초로 하여 나머지 조건을 고려하면 다음과 같은 결과를 얻을 수 있다.

8층	←	행정지원부
7층	←	장기요양부
6층	←	건강관리부
5층	←	보험급여부
4층	←	징수부
3층	←	자격부
2층	←	고객상담부
1층	←	로비

따라서 고객상담부는 2층에 있다.

15

정답 ⑤

우선 총 50명이 3가지 제품에 대해서 우선순위를 매겼으며, 두 상품에 동일한 순위를 매길 수 없으므로 각 제품마다 1～3순위를 매겼다. 마지막 조건에서 자사 제품에 1순위를 부여한 사람이 없다고 하였으므로 순위대로 나열하면 다음과 같은 경우의 수가 도출된다(편의상 자사의 제품을 C라고 한다).

경우 1) A>B>C

경우 2) B>A>C

경우 3) A>C>B

경우 4) B>C>A

이때 다섯 번째 조건인 'C>A=8'은 경우 4뿐이기 때문에 이 순서로 순위를 매긴 사람은 총 8명이 된다. 그렇다면 네 번째 조건인 'B>C=26'는 경우 1, 2, 4뿐인데, 경우 4는 8명으로 확정되었으므로 경우 1, 2로 순서로 순위를 매긴 사람은 총 18명이 된다. 여기서 경우 1, 2는 자사 제품(C)를 3순위로 매긴 경우에 해당된다. 따라서 자사 제품(C)를 3순위로 매긴 사람의 수는 총 18명이다.

16

정답 ②

주어진 조건을 다음의 다섯 가지 경우로 정리할 수 있다.

구분	1층	2층	3층	4층	5층	6층
경우 1	C	D	A	F	E	B
경우 2	F	D	A	C	E	B
경우 3	F	D	A	E	C	B
경우 4	D	F	A	E	B	C
경우 5	D	F	A	C	B	E

따라서 B는 항상 F보다 높은 층에 산다.

오답분석

① C는 B보다 높은 곳에 살 수도 낮은 곳에 살 수도 있다.
③ E는 F와 인접해 있을 수도 인접하지 않을 수도 있다.
④ C는 1, 4, 5, 6층에 살 수 있다.
⑤ A는 항상 D보다 높은 층에 산다.

17

정답 ⑤

제시된 단어는 유의 관계이다.
'간섭'은 '다른 사람의 일에 참견함'을 뜻하고, '참견'은 '자기와 별로 관계 없는 일이나 말 따위에 끼어들어 쓸데없이 아는 체하거나 이래라저래라 함'을 뜻한다. 따라서 '간절히 바라고 구함'의 뜻인 '갈구'와 유의 관계인 단어는 '열렬하게 바람'의 뜻인 '열망'이다.

오답분석

① 관여 : 어떤 일에 관계하여 참여함
② 개입 : 자신과 직접적인 관계가 없는 일에 끼어 듦
③ 경외 : 공경하면서 두려워함
④ 관조 : 고요한 마음으로 사물이나 현상을 관찰하거나 비추어 봄

18

정답 ①

제시된 단어는 반의 관계이다.
'호평'은 '좋게 평함. 또는 그런 평판이나 평가'를 뜻하고, '악평'은 '나쁘게 평함. 또는 그런 평판이나 평가'를 뜻한다. 따라서 '보통 있는 일'의 뜻인 '예사'와 반의 관계인 단어는 '보통 수준보다 훨씬 뛰어나게'의 뜻인 '비범'이다.

오답분석

② 통상 : 특별하지 아니하고 예사임
③ 보통 : 특별하지 아니하고 흔히 볼 수 있음. 또는 뛰어나지도 열등하지도 아니한 중간 정도
④ 험구 : 남의 흠을 들추어 헐뜯거나 험상궂은 욕을 함
⑤ 인기 : 어떤 대상에 쏠리는 대중의 높은 관심이나 좋아하는 기운

19

정답 ②

아리스토텔레스에게는 물체의 정지 상태가 물체의 운동 상태와는 아무런 상관이 없었으며, 물체에 변화가 있어야만 운동한다고 이해했다.

오답분석

ㄱ. 이론적인 선입견을 배제한다면 일상적인 경험에 의거해 아리스토텔레스의 논리가 더 그럴듯하게 보일 수는 있다고 했지만, 뉴턴 역학이 적절하지 않다고 언급하지는 않았다.
ㄴ. 제시문의 두 번째 줄에서 '아리스토텔레스에 의하면 물체가 똑같은 운동 상태를 유지하기 위해서는 외부에서 끝없이 힘이 제공되어야만 한다.'고 하고 있다. 따라서 아리스토텔레스의 주장과 반대되는 내용이다.
ㄷ. 제시문만으로는 당시에 뉴턴이나 갈릴레오가 아리스토텔레스의 논리를 옳다고 판단했는지는 알 수 없다.

20

정답 ②

기계화·정보화의 긍정적인 측면보다는 부정적인 측면을 부각시키고 있는 제시문을 통해 기계화·정보화가 인간의 삶의 질 개선에 기여하고 있음을 경시한다고 지적할 수 있다.

21

정답 ⑤

의료용 3D프린팅 기술의 안전성 검증의 과정에서 장기 이식 및 전체적 동식물 유전자 조작에 대한 부정적 견해를 유발할 수 있다.

오답분석

① 3D프린터는 재료와 그 크기에 따라 사람의 치아나 피부, 자동차까지 다양한 사물을 인쇄할 수 있다.
② 3D프린터 기술의 발전에 따라 환자의 필요한 장기를 인쇄함으로써 별도의 장기기증자를 기다리지 않아도 될 것이다.
③ 피부를 직접 환자에게 인쇄하기 위해서는 피부 세포와 콜라겐 섬유소 등으로 구성된 바이오 잉크가 필요하다.
④ 환자 본인의 세포에서 유래된 바이오 잉크를 사용했느냐에 따라 거부 반응의 유무가 달라지기 때문에 같은 바이오 잉크를 사용한다.

22

정답 ⑤

제시문에서는 자기 공명 방식이 상용화되기 위해서는 현재 사용되는 코일 크기로는 일반 가전제품에 적용할 수 없으므로 코일을 소형화해야 할 필요가 있다고 언급하였다.

오답분석

① 자기 유도 방식은 유도 전력을 이용하지만, 무선 전력 전송을 하기 때문에 철심을 이용하지 않는다.
② 자기 유도 방식은 전력 전송율이 높으나 1차 코일에 해당하는 송신부와 2차 코일에 해당하는 수신부가 수 센티미터 이상 떨어지거나 송신부와 수신부의 중심이 일치하지 않게 되면 전력 전송 효율이 급격히 저하된다.
③ 자기 유도 방식의 2차 코일은 교류 전류 방식이다.
④ 자기 공명 방식에서 2차 코일은 공진 주파수를 전달 받는다. 1차 코일에서 공진 주파수를 만든다.

23

정답 ⑤

제시문에 따르면 프리드만의 항상소득가설은 일시적인 소득을 임시소득으로 보며, 소비에 직접적인 영향을 주지 않는다고 보았다.

오답분석

①·② 프리드만의 항상소득가설에 대한 설명이다.
③ 프리드만의 항상소득가설에 따르면 재난지원금은 임시소득으로 소비에 고려되지 않는다.
④ 케인즈의 절대소득가설에 대한 설명이다.

24

정답 ②

규칙은 가로로 적용된다.

첫 번째 도형을 데칼코마니처럼 좌우로 펼친 도형이 두 번째 도형이고, 두 번째 도형을 수평으로 반을 잘랐을 때의 아래쪽 도형이 세 번째 도형이다.

25

정답 ①

규칙은 세로로 적용된다.

첫 번째 도형과 두 번째 도형을 겹쳤을 때, 생기는 면에 색을 칠한 도형이 세 번째 도형이다.

26

정답 ③

규칙은 가로로 적용된다.

첫 번째 도형을 수직으로 반을 잘랐을 때의 왼쪽 도형이 두 번째 도형이고, 두 번째 도형을 수평으로 반을 자른 후 아래쪽 도형을 시계 방향으로 90° 회전시킨 도형이 세 번째 도형이다.

27

정답 ③

• ♨ : 각 자릿수 +2, +1, +2, +1
• ◀ : 각 자릿수 −4, −3, −2, −1
• ◈ : 1234 → 4231

S4X8 → U5Z9 → 95ZU
♨ ◈

28

정답 ③

W53M → S21L → L21S
◀ ◈

29

정답 ③

T83I → V95J → R63I
♨ ◀

30

정답 ⑤

6SD2 → 2PB1 → 1PB2 → 3QD3
◀ ◈ ♨

제1회 정답 및 해설

제 1 영역 수리

01	02	03	04	05	06	07	08	09	10	11	12	13	14	15	16	17	18	19	20
⑤	③	④	②	③	④	④	⑤	④	③	②	②	②	③	①	④	①	①	④	⑤

01

정답 ⑤

12장의 카드에서 3장을 꺼낼 때, 3장이 모두 스페이드, 하트, 다이아몬드 무늬인 사건을 각각 A, B, C라 하자.

- $P(A)=\frac{{}_4C_3}{{}_{12}C_3}=\frac{4}{220}$
- $P(B)=\frac{{}_3C_3}{{}_{12}C_3}=\frac{1}{220}$
- $P(C)=\frac{{}_5C_3}{{}_{12}C_3}=\frac{10}{220}$

A, B, C는 서로 배반사건이므로 $P(A\cup B\cup C)=P(A)+P(B)+P(C)=\frac{4}{220}+\frac{1}{220}+\frac{10}{220}=\frac{3}{44}$

따라서 두 가지 이상의 무늬의 카드가 나올 확률은 $P((A\cup B\cup C)^c)=1-P(A\cup B\cup C)=1-\frac{3}{44}=\frac{41}{44}$이다.

02

정답 ③

10명이 리그전을 통해 경기한다면 경기 수는 9+8+7+6+5+4+3+2+1=45회이다. 토너먼트 방식의 경기 수는 n개의 팀이 참가했을 때, (n−1)회의 경기가 진행되므로 경기 횟수는 10−1=9번이다.
따라서 두 경기 수의 차이는 45−9=36회이다.

03

정답 ④

2022년 충청 지역의 PC 보유율은 전년 대비 감소하였으나 전라 지역의 PC 보유율은 전년 대비 증가하였다.

오답분석

① 대구 지역의 PC 보유율은 81.6% → 81.5% → 81.1% → 76.9% → 76.0%으로 계속 감소했다.
② 광주 지역의 PC 보유율은 84.4% → 85.2% → 82.8% → 83.2% → 80.0%으로 증가와 감소가 반복되고 있다.
③ 전 기간 중 가장 낮은 PC 보유율은 2022년 강원 지역의 62.5%이다.
⑤ 2019년 경상 지역의 보유율은 71.7%로, 71.3%인 전라지역에 이어 두 번째로 낮다.

04

정답 ②

ㄱ. 2018년에서 2022년 사이 전년 대비 문화재 건수의 증가폭을 구하면 다음과 같다.

- 2018년 : 3,459−3,385=74건
- 2019년 : 3,513−3,459=54건
- 2020년 : 3,583−3,513=70건
- 2021년 : 3,622−3,583=39건
- 2022년 : 3,877−3,622=255건

따라서 전년 대비 전체 국가지정문화재 건수가 가장 많이 증가한 해는 2022년이다.

ㄷ. 2017년 대비 2022년 문화재 종류별 건수의 증가율을 구하면 다음과 같다.

- 국보 : $\frac{328-314}{314}\times100 ≒ 4.46\%$
- 보물 : $\frac{2,060-1,710}{1,710}\times100 ≒ 20.47\%$
- 사적 : $\frac{495-479}{479}\times100 ≒ 3.34\%$
- 명승 : $\frac{109-82}{82}\times100 ≒ 32.93\%$
- 천연기념물 : $\frac{456-422}{422}\times100 ≒ 8.06\%$
- 국가무형문화재 : $\frac{135-114}{114}\times100 ≒ 18.42\%$
- 중요민속문화재 : $\frac{294-264}{264}\times100 ≒ 11.36\%$

따라서 2017년 대비 2022년 건수의 증가율이 가장 높은 문화재는 명승 문화재이다.

오답분석

ㄴ. 2022년 국보 문화재 건수는 2017년에 비해 328−314=14건 증가했다. 그러나 2017년에 전체 국가지정문화재 중 국보 문화재가 차지하는 비율은 $\frac{314}{3,385}\times100 ≒ 9.28\%$, 2022년에 전체 국가지정문화재 중 국보 문화재가 차지하는 비율은 $\frac{328}{3,877}\times100 ≒ 8.46\%$이다.

따라서 2022년에 국보 문화재가 전체 국가지정문화재에서 차지하는 비중은 2017년에 비해 감소했다.

ㄹ. 연도별 국가무형문화재 건수의 4배의 수치를 구하면 다음과 같다.

- 2017년 : 114×4=456건
- 2018년 : 116×4=464건
- 2019년 : 119×4=476건
- 2020년 : 120×4=480건
- 2021년 : 122×4=488건
- 2022년 : 135×4=540건

2017년에서 2021년까지 사적 문화재의 지정 건수는 국가무형문화재 건수의 4배가 넘는 수치를 보이고 있지만, 2022년의 경우 국가무형문화재 건수의 4배를 넘지 못한다.

05

정답 ③

남자 합격자 수는 1,003명, 여자 합격자 수는 237명이고, 1,003÷237≒4이므로, 남자 합격자 수는 여자 합격자 수의 4배 이상이다.

오답분석

① 제시된 표의 합계에서 지원자 수 항목을 보면 집단 A의 지원자 수가 933명으로 가장 많은 것을 알 수 있다.

② 제시된 표의 합계에서 모집정원 항목을 보면 집단 C의 모집정원이 가장 적은 것을 알 수 있다.

④ 경쟁률은 $\frac{(\text{지원자 수})}{(\text{모집정원})}$이므로, B집단의 경쟁률은 $\frac{585}{370}=\frac{117}{74}$이다.

06

정답 ④

• 이주임 : 2020년 부채는 4,072백만 원, 2021년 부채는 3,777백만 원으로, 2021년 전년 대비 감소율은 $\frac{4,072-3,777}{4,072}\times 100 \fallingdotseq 7.2\%$이다. 따라서 옳은 설명이다.

• 박사원 : 자산 대비 자본의 비율은 2020년에 $\frac{39,295}{44,167}\times 100 \fallingdotseq 89\%$이고, 2021년에 $\frac{40,549}{44,326}\times 100 \fallingdotseq 91.5\%$로 증가하였으므로 옳은 설명이다.

오답분석

• 김대리 : 2019년부터 2021년까지 당기순이익의 전년 대비 증감방향은 '증가 – 증가 – 증가'이나, 부채의 경우 '증가 – 증가 – 감소'이므로 옳지 않은 설명이다.

• 최주임 : 2020년의 경우, 부채비율이 전년과 동일하므로 옳지 않은 설명이다.

07

정답 ④

ㄴ. 건설 부문의 도시가스 소비량은 2021년에 1,808TOE, 2022년에 2,796TOE로, 2022년의 전년 대비 증가율은 $\frac{2,796-1,808}{1,808}\times 100 \fallingdotseq 54.6\%$이다. 따라서 옳은 설명이다.

ㄷ. 2022년 온실가스 배출량 중 간접 배출이 차지하는 비중은 $\frac{28,443}{35,639}\times 100 \fallingdotseq 79.8\%$이고, 2021년 온실가스 배출량 중 고정 연소가 차지하는 비중은 $\frac{4,052}{30,823}\times 100 \fallingdotseq 13.1\%$이다. 그 5배는 $13.1\times 5=65.5\%$로 2022년 온실가스 배출량 중 간접 배출이 차지하는 비중인 79.8%보다 작으므로 옳은 설명이다.

오답분석

ㄱ. 에너지 소비량 중 이동 부문에서 경유가 차지하는 비중은 2021년에 $\frac{196}{424}\times 100 \fallingdotseq 46.2\%$이고, 2022년에 $\frac{179}{413}\times 100 \fallingdotseq 43.3\%$로, 전년 대비 약 2.9%p 감소하였으므로 틀린 설명이다.

08

정답 ⑤

2021년 1분기와 2분기의 수출국경기 EBSI는 모두 100 미만이므로, 2020년 4분기부터 2021년 2분기까지 수출국경기가 더욱 악화될 것임을 전망하고 있다.

오답분석

① 2021년 1 ~ 4분기의 국제수급상황 EBSI는 모두 100 미만이므로 기업들은 2021년 3분기까지 뿐만 아니라 4분기에도 국제수급상황이 직전분기 대비 악화될 것으로 생각하고 있다. 따라서 틀린 설명이다.
② 2022년 1분기 자금사정 EBSI는 100 이상이므로 기업들은 자금사정이 개선될 것이라고 생각한다.
③ 수출단가 EBSI는 2021년 2분기에 100을 초과하므로 직전분기 대비 개선될 것이라는 기대를 반영한다.
④ 2021년 3분기까지는 수출채산성 EBSI가 100 미만과 초과를 반복하며 악화와 개선을 반복할 것이라고 기대되지만, 2021년 4분기 EBSI는 3분기와 마찬가지로 100 미만이다. 이는 4분기에도 3분기에 이어 전분기 대비 수출채산성 여건이 악화될 것으로 전망한다.

09

정답 ④

1인당 GDP가 가장 높은 국가는 노르웨이이며, 노르웨이는 인간개발지수도 0.949로 가장 높다.

오답분석

① 인터넷 사용률이 60% 미만인 나라는 불가리아, 도미니카공화국, 멕시코로 3개국이고, 최근 국회의원 선거 투표율이 50% 이하인 나라는 칠레, 멕시코로 2개국이므로 옳지 않다.
② GDP 대비 공교육비 비율이 가장 낮은 나라는 도미니카공화국이고, 최근 국회의원 선거 투표율이 가장 낮은 나라는 멕시코이므로 옳지 않다.
③ GDP 대비 공교육비 비율 하위 3개국은 도미니카공화국(2.1%), 불가리아(3.5%), 이탈리아(4.1%)이며, 대한민국(4.6%)은 이보다 높다.
⑤ GDP 대비 공교육비 비율에서 1 ~ 3위는 '노르웨이 – 벨기에 – 멕시코' 순서이고, 인터넷 사용률의 경우 1 ~ 3위는 '노르웨이 – 대한민국 – 벨기에' 순서이므로 같지 않다.

10

정답 ③

전 지역의 50대 이상 유권자 수는 6,542천 명이고, 모든 연령대의 유권자 수는 19,305천 명이다. 따라서 전 지역의 유권자 수에서 50대 이상의 유권자 수가 차지하는 비율은 $\frac{6,542}{19,305}\times100 \fallingdotseq 33.9\%$로 30% 이상 35% 미만이다.

오답분석

① 남성 유권자 수가 다섯 번째로 많은 지역은 전라 지역(1,352천 명)이며, 이 지역의 20대 투표자 수는 $(208\times0.94)+(177\times0.88)=$ 351.28천 명으로 35만 명 이상이다.

② 지역 유권자가 가장 적은 지역은 제주 지역이며, 제주 지역의 유권자 수가 전체 유권자 수에서 차지하는 비율은 $\frac{607+608}{19,305}\times100=\frac{1,215}{19,305}\times100 \fallingdotseq 6.3\%$로 6% 이상이다.

④ 20대 여성투표율이 두 번째로 높은 지역은 93%인 충청 지역이며, 충청 지역의 20대 여성 유권자 수는 201천 명이고, 20대 남성 유권자 수는 182천 명이다. 따라서 20대 여성 유권자 수는 20대 남성 유권자 수의 1.2배인 $182\times1.2=218.4$천 명 이하이다.

⑤ 인천의 여성투표율이 세 번째로 높은 연령대는 30대(86%)로 30대의 경상 지역 남녀 투표자 수는 남성 $231\times0.87=200.97$천 명, 여성 $241\times0.91=219.31$천 명으로 여성이 남성보다 많다.

11

정답 ②

ㄴ. 2022년 7월 서비스 상품군 온라인쇼핑 거래액의 전월 대비 증감률은 $\frac{26,503-22,971}{22,971}\times100 \fallingdotseq 15.4\%$이고, 생활 상품군 온라인쇼핑 거래액의 전월 대비 증감률은 $\frac{18,588-19,231}{19,231}\times100 \fallingdotseq -3.3\%$이다. 따라서 서비스 상품군 증감률은 생활 상품군의 증감률의 약 $\frac{15.4}{3.3} \fallingdotseq 4.7$배이다.

ㄷ. 가전과 식품 상품군에서 각각 2021년 동안 온라인쇼핑 거래액의 30% 금액은 다음과 같다.

- 가전 : $203,242\times0.3=60,972.6$억 원
- 식품 : $169,629\times0.3=50,888.7$억 원

이 금액보다 거래액이 적은 하위 항목 상품은 가전 상품군의 컴퓨터 및 주변기기(57,542억 원), 식품 상품군에서는 농축수산물(35,342억 원)이다. 따라서 두 하위 항목 상품의 2022년 6월 온라인쇼핑 총 거래액은 $5,351+4,150=9,501$억 원으로 1조 원을 넘지 않는다.

TIP 거래액의 30% 금액을 구할 때, 거래액을 계산하기 쉬운 금액으로 바꾸어 계산한다. 가전 상품군의 경우 20조 원, 식품 상품군은 17조 원의 30% 금액보다 적은 하위 항목 상품을 고르면 된다.

오답분석

ㄱ. 2021년 7월의 온라인쇼핑 거래액이 1조 원 이상인 하위 항목 상품은 '가전・전자・통신기기, 음・식료품, 여행 및 교통서비스'이다. 이 중 전년 동월 대비 2022년 7월 거래액이 감소율을 나타낸 상품은 −51.6%인 여행 및 교통서비스 상품, 1가지이다.

ㄹ. 하위 항목 상품 중에서 전년 동월 대비 2022년 7월 온라인쇼핑 거래액 증감액이 가장 적은 상품은 서비스 상품군에 있는 151억 원인 '기타서비스'이다.

12

정답 ②

2022년 법인이 창업한 총 기업 수는 전년 대비 증가하였으나, 개인이 창업한 총 기업 수는 감소하였다.

오답분석

⑤ 2021년 농업・임업・어업・광업의 전체 창업자 중 남성의 비율은 $\frac{1,911+6,043}{2,359+8,347}\times100 \fallingdotseq 74.3\%$였으나, 2022년에는 $\frac{2,086+6,762}{2,648+9,339}\times100 \fallingdotseq 73.8\%$로 전년 대비 감소하였다.

13

정답 ②

S씨는 2022년 개인 여성 창업자가 가장 적은 농업·임업·어업·광업으로 진출할 것이다.

오답분석

ㄱ. 창업 기업 수가 많을수록 상대적으로 경쟁이 치열하므로 2022년 개인 여성 창업 기업 수가 가장 많은 서비스업에서의 경쟁이 가장 치열할 것이다.

ㄴ. 2022년 전기, 가스, 증기 및 공기 조절 공급업의 개인 여성 창업 기업 수는 전년 대비 $\frac{9,300-14,589}{14,589}\times100 \fallingdotseq -36.3\%$ 감소하였으므로 S씨는 해당 업종으로 창업하지 않을 것이다.

14

정답 ③

남성이 여성보다 월평균독서량이 많은 국가는 아시아대륙에서는 호주(남성 15권, 여성 5권), 유럽대륙에서는 프랑스(남성 19권, 여성 17권), 아메리카대륙에서는 멕시코(남성 12권, 여성 5권)와 브라질(남성 19권, 여성 16권)로 아메리카대륙에서는 두 곳이다.

오답분석

① 유럽 전체의 월평균독서량은 20권이고, 이보다 많은 월평균독서량은 가진 국가는 러시아와 스페인으로 두 곳이다.

② 아시아, 유럽, 아메리카의 남성 월평균독서량은 각각 13권, 18권, 12권으로, 이는 각각 평균치인 15권, 20권, 14권보다 낮다.

④ 유럽의 응답자 수는 3,300명이고, 여성 응답자 수를 x명이라고 하면 남성 응답자 수는 $(3,300-x)$명이다.
이를 주어진 식에 대입하면 다음과 같다.

$$\frac{18\times(3,300-x)+21\times x}{3,300}=20 \quad \therefore \ x=2,200$$

따라서 여성 응답자 수는 2,200명, 남성 응답자 수는 1,100명이므로 여성이 남성의 2배이다.

⑤ 남성과 여성의 월평균독서량 차이가 10권 이상인 국가는 호주와 캐나다이고, 각각의 차이는 다음과 같다.
- 호주 : 15−5=10권
- 캐나다 : 19−5=14권

따라서 남여의 월평균독서량 차이가 가장 큰 국가는 캐나다이다.

15

정답 ①

제시된 식을 통하여 아시아와 유럽, 아메리카의 남녀 조사 응답자 수를 구하면 다음과 같다.

(단위 : 명)

구분	남성	여성
아시아	2,400	1,600
유럽	1,100	2,200
아메리카	1,800	900

ㄱ. 아시아와 아메리카의 남성 응답자 수가 여성보다 많고, 유럽의 응답자 수는 여성이 더 많은 것을 알 수 있다.

ㄴ. 중국의 월평균독서량은 17권으로 13권인 한국보다 많고, 23권인 인도보다는 적다.

ㄷ. 아메리카 내에서 남성 월평균독서량은 멕시코 12권, 캐나다 5권, 미국 10권, 브라질 19권으로 캐나다가 가장 적지만, 여성 월평균독서량은 멕시코 5권, 캐나다 19권, 미국 18권, 브라질 16권으로 캐나다가 가장 많다.

오답분석

ㄹ. 대륙별로 남성 응답자 수가 많은 순서는 '아시아 – 아메리카 – 유럽' 순서이고, 여성 응답자 수가 많은 순서는 '유럽 – 아시아 – 아메리카'이다. 따라서 반대의 추이를 보이지는 않는다.

16

정답 ④

1차 병원 의료종사자의 월평균 급여는 180만 원으로, 이는 2차 병원의 $\frac{180}{240}\times100=75\%$, 3차 병원의 $\frac{180}{300}\times100=60\%$이다.

오답분석

① 3차 병원의 평균 진료과목 수는 12개로 2차 병원 8개의 12÷8=1.5배이다.

② 2차 병원의 평균 의사 수는 5.5명으로 3차 병원의 125명에 $\frac{5.5}{125}\times100=4.4\%$에 해당한다.

③ 1차 · 2차 · 3차 병원 의료기관의 평균 의사와 간호사 수를 비교하면 다음과 같다.

(단위 : 명)

구분	1차 병원	2차 병원	3차 병원
의사	1.5	5.5	125
간호사	0.9	7.4	350

따라서 1차 병원을 제외한 2차 · 3차 병원은 간호사 수가 더 많다.

⑤ 병원등급이 올라갈수록 의사의 평균 근무시간은 감소하는 반면, 간호사의 평균 근무시간은 증가하였다.

17

정답 ①

평균 진료과목당 평균 병상 수는 2차 병원이 $\frac{84}{8}=10.5$개, 3차 병원이 $\frac{750}{12}=62.5$개로, 그 차는 $62.5-10.5=52$개이다.

오답분석

ㄴ. 3차 병원의 평균 의료종사자 수는 3,125명이고 평균 의사 수는 125명이다. 따라서 평균 의료종사자수 중 의사가 차지하는 비율은 $\frac{125}{3,125}\times100=4\%$이다.

ㄷ. 3차 병원에서 의료종사자에게 지급되는 월평균 급여는 $3,125\times300=937,500$만 원이고, 의사와 간호사에게 지급되는 월평균 급여는 $(350\times405)+(125\times1,650)=141,750+206,250=348,000$만 원이다. 따라서 간호사 · 의사를 제외한 의료종사자의 급여로 지급되는 비용은 $937,500-348,000=589,500$만 원으로, 58억 원 이상이다.

18

정답 ①

연도별 냉장고별 화재발생 비율은 다음과 같다.

구분	2018년	2019년	2020년	2021년	2022년
김치냉장고(건)	21	35	44	60	64
일반냉장고(건)	23	24	53	41	49
김치냉장고 비율	47.7%	59.3%	45.4%	59.4%	56.6%
일반냉장고 비율	52.3%	40.7%	54.6%	40.6%	43.4%

19

정답 ④

과일 종류별 무게를 가중치로 적용한 네 과일의 가중평균은 42만 원이다.

라 과일의 가격을 a만 원이라 가정하고 가중평균에 대한 방정식을 구하면 다음과 같다.

$25\times0.4+40\times0.15+60\times0.25+a\times0.2=42 \rightarrow 10+6+15+0.2a=42$

$\rightarrow 0.2a=42-31=11 \therefore a=\frac{11}{0.2}=55$

따라서 라 과일의 가격은 55만 원이다.

20

정답 ⑤

직선에 의해 나누어지는 영역의 수는 2개, 3개, 4개, …씩 증가한다.

따라서 서로 다른 직선 6개에 의해 나누어지는 영역의 수는 $16+6=22$개이므로 서로 다른 직선 7개에 의해 나누어지는 영역의 수는 $22+7=29$개이다.

제2영역 추리

01	02	03	04	05	06	07	08	09	10	11	12	13	14	15	16	17	18	19	20
④	①	③	②	①	②	③	④	⑤	③	④	①	⑤	③	⑤	④	⑤	⑤	②	①
21	22	23	24	25	26	27	28	29	30										
⑤	④	④	④	⑤	②	④	①	③	②										

01

정답 ④

'에어컨을 과도하게 쓰다.'를 A, '프레온 가스가 나온다.'를 B, '오존층이 파괴된다.'를 C, '지구 온난화가 진행된다.'를 D로 놓고 보면 첫 번째 명제는 ~C → ~B, 세 번째 명제는 ~D → ~C, 네 번째 명제는 ~D → ~A이므로 네 번째 명제가 도출되기 위해서는 빈칸에 ~B → ~A가 필요하다. 따라서 그 대우 명제인 ④가 빈칸에 들어가야 한다.

02

정답 ①

'회의에 간다.'를 '회', '결론이 난다.'를 '결', '프로젝트를 진행한다.'를 '프'라고 하자.

구분	명제	대우
전제1	회× → 결×	결 → 회
결론	프 → 회	회× → 프×

전제1이 결론의 대우로 연결되려면, 전제2는 결× → 프×가 되어야 한다. 따라서 전제2는 '결론이 나지 않으면 프로젝트를 진행하지 않는다.'인 ①이다.

03

정답 ③

'A업체'를 A, 'B업체 제조물품을 사용하는 단체'를 B, 'B업체 제조물품 사용 반대 시위에 참여하는 단체'를 C라고 하면, 전제1과 전제2를 다음과 같은 벤다이어그램으로 나타낼 수 있다.

1) 전제1

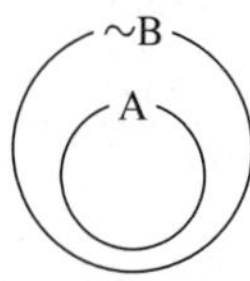

2) 전제2

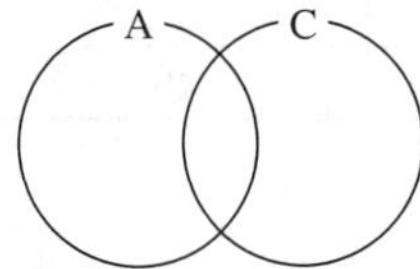

이를 정리하면 다음과 같은 벤다이어그램이 성립한다.

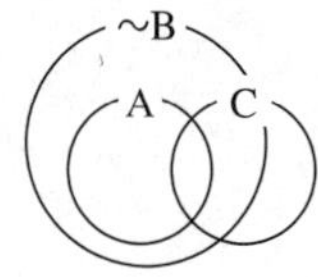

04

정답 ②

세 번째 명제에 의해 한주 – 평주 순서로 존재하였다. 또한 네 번째 명제에 의해 관주 – 금주 순서로 존재하였음을 알 수 있고, 금주가 수도인 나라는 시대 순으로 네 번째에 위치하지 않음을 알 수 있다. 따라서 네 나라의 수도 순서는 다음과 같다.

• 관주 – 금주 – 한주 – 평주

네 번째, 다섯 번째 명제에 의해, 갑, 병, 정은 첫 번째 나라가 될 수 없다.

그러므로 네 나라의 순서는 을 – 병 – 갑 – 정(∵ 마지막 명제)이다.

05

정답 ①

먼저 Q, R이 유죄라고 가정하면 P, S, T가 무죄가 되어야 한다. 하지만 S가 무죄일 때, R이 무죄라는 조건이 성립하지 않아 오류가 발생한다. Q, R이 무죄라고 가정하고 P가 무죄라면 Q, T도 무죄여야 하기 때문에 P, R, Q, T가 무죄라는 오류가 발생한다. 따라서 Q, R이 무죄이고 P가 유죄, S가 무죄일 때 모든 조건을 만족하기 때문에 P, T가 유죄이고 Q, R, S가 무죄임을 알 수 있다.

06

정답 ②

주어진 조건을 고려하면 C－S－A－B 또는 S－C－A－B 순서로 대기하고 있다는 것을 알 수 있다. 그중 S－C－A－B의 경우에는 마지막 조건을 만족시킬 수 없으므로 대기자 5명은 C－S－A－B－D 순서로 대기하고 있다. 따라서 S씨는 두 번째로 진찰을 받을 수 있다.

07

정답 ③

D의 발언에 따라 D가 3등인 경우와 4등인 경우로 나누어 조건을 따져본다.

i) D가 3등인 경우

D의 바로 뒤로 들어온 B는 4등, D보다 앞섰다는 C와 E가 1등 또는 2등인데, C가 1등이 아니라고 하였으므로 1등은 E, 2등은 C가 된다. F는 꼴등이 아니라고 했으므로 5등, A는 6등이다.

ii) D가 4등인 경우

D의 바로 뒤로 들어온 B는 5등, 2등과 3등은 각각 C 또는 F가 되어야 하며, 1등은 E, 6등은 C와 F보다 뒤 순위인 A이다.

이를 표로 정리하면 다음과 같다.

구분	1등	2등	3등	4등	5등	6등
경우 1	E	C	D	B	F	A
경우 2	E	C	F	D	B	A
경우 3	E	F	C	D	B	A

따라서 경우 1, 2에서는 C가 F보다 순위가 높지만, 경우 3에서는 F가 C보다 순위가 높으므로 ③의 설명이 항상 옳은 것은 아니다.

오답분석

① E는 어떠한 경우에나 항상 1등으로 결승선에 들어온다.
② A는 어떠한 경우에나 항상 6등으로 결승선에 들어온다.
④ B는 어떠한 경우에나 C보다 순위가 낮다.
⑤ D가 3등인 경우는 경우 1로, 이 경우에 F는 5등이다.

08

정답 ④

네 번째와 다섯 번째 결과를 통해 실용성 영역과 효율성 영역에서는 모든 제품이 같은 등급을 받지 않았음을 알 수 있으므로 두 번째 결과에 나타난 영역은 내구성 영역이다.

구분	A	B	C	D	E
내구성	3	3	3	3	3
효율성			2	2	
실용성		3			

내구성과 효율성 영역에서 서로 다른 등급을 받은 C, D제품과 내구성 영역에서만 3등급을 받은 A제품, 1개의 영역에서만 2등급을 받은 E제품은 첫 번째 결과에 나타난 제품에 해당하지 않으므로 결국 모든 영역에서 3등급을 받은 제품은 B제품임을 알 수 있다.
다섯 번째 결과에 따르면 효율성 영역에서 2등급을 받은 제품은 C, D제품뿐이므로 E제품은 실용성 영역에서 2등급을 받았음을 알 수 있다. 또한 A제품은 효율성 영역에서 2등급과 3등급을 받을 수 없으므로 1등급을 받았음을 알 수 있다.

구분	A	B	C	D	E
내구성	3	3	3	3	3
효율성	1	3	2	2	
실용성		3			2

이때, A와 C제품이 받은 등급의 총합은 서로 같으므로 결국 A와 C제품은 실용성 영역에서 각각 2등급과 1등급을 받았음을 알 수 있다.

구분	A	B	C	D	E
내구성	3	3	3	3	3
효율성	1	3	2	2	1 또는 3
실용성	2	3	1	1 또는 2	2
총합	6	9	6	6 또는 7	6 또는 8

D제품은 실용성 영역에서 1등급 또는 2등급을 받을 수 있으므로 반드시 참이 되지 않는 것은 ④이다.

09

정답 ⑤

주어진 조건을 바탕으로 먹은 음식을 정리하면 다음과 같다.

구분	쫄면	라면	우동	김밥	어묵
민하	×	×	×	×	○
상식	×	○	×	×	×
은희	×	×	○	×	×
은주	×	×	×	○	×
지훈	○	×	×	×	×

따라서 바르게 연결된 것은 민하 – 어묵, 상식 – 라면의 ⑤이다.

10

정답 ③

주어진 조건에 따라 네 명의 직원이 함께 탄 5인승 택시의 자리는 다음과 같다.

i) 경우 1

택시 운전기사		• 소속 : 디자인팀 • 직책 : 과장 • 신발 : 노란색
• 소속 : 연구팀 • 직책 : 대리 • 신발 : 흰색 또는 연두색	• 소속 : 홍보팀 • 직책 : 부장 • 신발 : 검은색	• 소속 : 기획팀 • 직책 : 사원 • 신발 : 흰색 또는 연두색

ii) 경우 2

택시 운전기사		• 소속 : 디자인팀 • 직책 : 과장 • 신발 : 노란색
• 소속 : 기획팀 • 직책 : 사원 • 신발 : 흰색 또는 연두색	• 소속 : 홍보팀 • 직책 : 부장 • 신발 : 검은색	• 소속 : 연구팀 • 직책 : 대리 • 신발 : 흰색 또는 연두색

따라서 '과장은 노란색 신발을 신었다.'는 ③은 항상 참이 된다.

오답분석

① 택시 운전기사 바로 뒤에는 사원 또는 대리가 앉을 수 있다.
② 부장은 뒷좌석 가운데에 앉는다.
④ 부장 옆에는 대리와 사원이 앉는다.
⑤ 사원은 흰색 또는 연두색 신발을 신었다.

11

정답 ④

• 첫 번째 조건 : 파란공은 가장 가볍거나 두 번째 또는 네 번째로 가볍다.
• 두 번째 조건 : 빨간공은 가장 가볍거나 두 번째 또는 세 번째로 가볍다.
• 세 번째 조건 : 흰공은 가장 가볍거나 네 번째 또는 다섯 번째로 가볍다.
• 네 번째 조건 : 검은공은 파란공과 빨간공보다 가벼우므로 가장 가볍거나 두 번째로 가볍다.
• 다섯 번째 조건 : 노란공은 흰공보다 가벼우므로 세 번째 조건에 의해 흰공이 가장 무겁고, 파란공은 노란공보다 가벼우므로 두 번째로 무거울 수 없다. 즉, 노란공이 두 번째로 무겁고 파란공은 두 번째로 가볍다.

따라서 위 사실을 종합하면 무거운 순서대로 '흰공 – 노란공 – 빨간공 – 파란공 – 검은공'이다.

오답분석

①·⑤ 빨간공은 두 번째로 무겁지 않다.
②·③ 검은공은 빨간공과 파란공보다는 가볍다.

12

정답 ①

• 다섯 번째 조건 : 1층에 경영지원실이 위치한다.
• 첫 번째 조건 : 1층에 경영지원실이 위치하므로 4층에 기획조정실이 위치한다.
• 두 번째 조건 : 2층에 보험급여실이 위치한다.
• 세 번째, 네 번째 : 3층에 급여관리실, 5층에 빅데이터운영실이 위치한다.

따라서 1층부터 순서대로 '경영지원실 – 보험급여실 – 급여관리실 – 기획조정실 – 빅데이터운영실'이 위치하므로 5층에 있는 부서는 빅데이터 운영실이다.

13

정답 ⑤

주어진 조건을 표로 정리하면 다음과 같으므로, 김치찌개는 총 9그릇이 필요하다.

구분	A	B	C	D	E	F
아침	된장찌개	된장찌개	된장찌개	김치찌개	김치찌개	김치찌개
점심	김치찌개	김치찌개	된장찌개	된장찌개	된장찌개	김치찌개
저녁	김치찌개	김치찌개	김치찌개	된장찌개	된장찌개	된장찌개

14

정답 ③

- 첫 번째 조건 : 대우(B 또는 C가 위촉되지 않으면, A도 위촉되지 않는다)에 의해 A는 위촉되지 않는다.
- 두 번째 조건 : A가 위촉되지 않으므로 D가 위촉된다.
- 다섯 번째 조건 : D가 위촉되므로 F도 위촉된다.
- 세 번째, 네 번째 조건 : D가 위촉되었으므로 C와 E는 동시에 위촉될 수 없다.

따라서 위촉되는 사람은 C 또는 E 중 1명과 D, F로 모두 3명이다.

15

정답 ⑤

제시된 단어는 반의 관계이다.

'미비'는 '아직 다 갖추지 못한 상태에 있음'을 뜻하고, '완구'는 '빠짐없이 완전히 갖춤'을 뜻한다. 따라서 '적극적으로 나아가서 일을 이룩함'의 뜻인 '진취'와 반의 관계인 단어는 '활기나 진취적 기상이 없음'을 뜻인 '퇴영'이다.

오답분석

① 완비 : 빠짐없이 완전히 갖춤
② 퇴각 : 뒤로 물러감, 금품 등을 물리침
③ 퇴출 : 물러나서 나감
④ 퇴로 : 뒤로 물러날 길

16

정답 ④

'임의'는 '일정한 기준이나 원칙 없이 하고 싶은 대로 함'이라는 뜻이므로 '권력이나 위력으로 남의 자유의사를 억눌러 원하지 않는 일을 억지로 시킴'이라는 뜻인 '강제'와 반의 관계이고, 나머지는 유의 관계이다.

오답분석

① • 계획 : 앞으로 할 일의 절차, 방법, 규모 따위를 미리 헤아려 작정함. 또는 그런 내용
 • 의도 : 무엇을 하고자 하는 생각이나 계획. 또는 무엇을 하려고 꾀함
② • 고심 : 몹시 애를 태우며 마음을 씀
 • 고충 : 괴로운 심정이나 사정
③ • 과격 : 정도가 지나치게 격렬함
 • 극성 : 성질이나 행동이 몹시 드세거나 지나치게 적극적임
⑤ • 공헌 : 힘을 써 이바지 함
 • 기여 : 도움이 되도록 이바지 함

17

정답 ⑤

모듈러 공법으로 도시형 생활 주택뿐 아니라 대형 숙박 시설, 소규모 비즈니스호텔, 오피스텔 등도 건축이 가능하다.

오답분석

① 모듈러 주택과 콘크리트 주택의 건설비용의 차이는 제시문에서 알 수 없다.
② 모듈러 주택의 조립과 마감에 걸리는 시간은 30 ~ 40일이다.
③ 모듈러 공법은 주요 자재의 최대 80 ~ 90퍼센트 가량을 재활용할 수 있다는 내용만 있을 뿐 일반 철근콘크리트 주택의 재활용에 대해서는 제시문에서 확인할 수 없다.
④ 모듈러 주택이 처음 한국에 등장한 시기는 해외대비 늦지만, 해외보다 소요되는 비용이 적을 것이라는 것은 알 수 없다.

18

정답 ⑤

'천문학적 세금이 투입되는 사업이라 누구도 선뜻 나서지 못하는 것이 현 상황이다.'라는 내용에 비추어 볼 때, 상대적으로 저소득 국가는 고소득 국가에 비해 하기 힘든 사업임을 예측할 수 있다.

오답분석

① '우주 쓰레기들이 서로 충돌하면서 작은 조각으로 부서지기도 한다.'라는 내용으로 개수는 이전보다 더 많아질 것임을 추측할 수 있다.
② '우주 쓰레기가 지상에 떨어지는 경우가 있어 각국에서는 잇따른 피해가 계속 보고되고 있다.'라는 내용으로 보아 우주 쓰레기는 우주에서만 떠돌 뿐 아니라 지구 내에도 떨어져 지구 내에서도 피해가 발생함을 알 수 있다.
③ 우주 쓰레기 수거 로봇은 스위스에서 개발한 것임으로 유럽에서 개발한 것은 맞으나, 2025년에 우주 쓰레기 수거 로봇을 발사할 계획이라고 했으므로 아직 그 결과를 얻지 못해 성공적이라고 할 수 없다.
④ '2018년 영국에서 작살과 그물을 이용해 우주 쓰레기를 수거하는 실험에 성공한 적이 있다.'라는 내용이 있으므로 틀린 설명이다.

19

정답 ②

甲은 미적 판단 간에 옳고 그름이 존재하기 때문에 동일한 대상에 대한 감상자들 간의 미적 판단 불일치가 나타난다는 입장이며, 乙은 감상자의 다양한 경험, 취미와 감수성의 차이에 따라 미적 판단의 불일치가 나타난다는 입장이다. 따라서 甲과 乙의 주장을 도출할 수 있는 질문으로 ②가 가장 적절하다.

20

정답 ①

제시문의 전통적인 경제학에서는 미시 건전성 정책에 집중하는데 이러한 미시 건전성 정책은 가격이 본질적 가치를 초과하여 폭등하는 버블이 존재하지 않는다는 효율적 시장 가설을 바탕으로 한다. 따라서 제시문에 나타난 주장에 대한 비판으로는 이러한 효율적 시장 가설에 대해 반박하는 ①이 가장 적절하다.

21

정답 ⑤

제시문의 화제는 '과학적 용어'이다. 필자는 '모래언덕'의 높이, '바람'의 세기, '저온'의 온도를 사례로 들어 과학자들은 모호한 것은 싫어하지만 '대화를 통해 그 상황에 적절한 합의를 도출'하는 것으로 문제화하지 않는다고 한다. 따라서 이 글은 과학적 용어가 엄밀하고 보편적인 정의에 의해 객관성이 보장된다는 ⑤의 주장에 대한 비판적 논거이다.

22

정답 ④

제시문에서는 인간에게 사회성과 반사회성이 공존하고 있다고 설명하고 있으며, 이 중 반사회성이 없다면 재능을 꽃피울 수 없다고 하였으므로 사회성만으로도 자신의 재능을 키울 수 있다는 주장인 ④가 반론이 될 수 있다. 반사회성이 재능을 계발한다는 주장을 포함하는 동시에 반사회성을 포함한 다른 어떤 요소가 있어야 한다는 주장인 ②는 지문에 대한 직접적인 반론은 될 수 없다.

23

정답 ④

달러 환율이 하락하면 우리나라의 수출이 감소하고, 수출이 감소하면 경제의 주요지표들이 개선되지 않는다. 따라서 우리나라 경제의 주요지표들이 개선되었다면 우리나라의 달러 환율이 하락하지 않았을 것이다.

오답분석

① 제시문의 '달러 환율이 하락하면 우리나라의 수출이 감소한다.'에 상반되므로 참이 아니다.
② 제시문 '미국이 양적완화를 중단하면 가계부채 문제가 심화된다.'의 역이므로 반드시 참이라고 할 수 없다.
③ 제시문의 '우리나라에 대한 외국인 투자가 증가하면 경제의 전망이 어두워진다.'에 어긋나므로 참이 아니다.
⑤ 우리나라의 금리가 상승하면 국내소비는 감소하고, 우리나라에 대한 외국인 투자도 증가한다. 즉, 제시문의 이(易)이므로 반드시 참이 될 수 없다.

24

정답 ④

규칙은 세로 방향으로 적용된다.

첫 번째 도형을 색 반전한 것이 두 번째 도형이고, 이를 180° 회전한 것이 세 번째 도형이다.

25

정답 ⑤

규칙은 가로 방향으로 적용된다.

첫 번째 도형을 시계 방향으로 270° 회전한 것이 두 번째 도형이고, 이를 시계 반대 방향으로 90° 회전한 것이 세 번째 도형이다.

26

정답 ②

규칙은 세로 방향으로 적용된다.

첫 번째 도형을 시계 방향으로 45° 회전한 것이 두 번째 도형이고, 이를 180° 회전한 것이 세 번째 도형이다.

27

정답 ④

- □ : 1234 → 4231
- △ : 각 자릿수 +1, −1, +1, −1
- ☆ : 각 자릿수 −1, −2, −3, −4
- ○ : 각 자릿수 +1, 0, 0, +1

LIKE → MIKF → FIKM
(○) (□)

28

정답 ①

7288 → 8287 → 7053
(□) (☆)

29

정답 ③

MJㅊㅍ → LHㅅㅈ → MHㅅㅊ
(☆) (○)

30

정답 ②

ㅂㄷ53 → 3ㄷ5ㅂ → 4ㄴ6ㅁ
(□) (△)

온라인 GSAT 삼성직무적성검사

제2회 정답 및 해설

제1영역 수리

01	02	03	04	05	06	07	08	09	10	11	12	13	14	15	16	17	18	19	20
②	⑤	⑤	⑤	⑤	④	②	③	②	③	④	②	⑤	⑤	④	②	②	③	④	④

01

정답 ②

지난달 A대리의 휴대폰 요금을 x만 원, B과장의 휴대폰 요금을 y만 원이라 하면, 다음 두 방정식이 성립한다.

$x+y=14$ ⋯ ㉠

$0.9x=1.2y \rightarrow 9x=12y \rightarrow 3x-4y=0$ ⋯ ㉡

두 방정식을 연립하면 $x=8$, $y=6$이므로 B과장의 지난달 휴대폰 요금은 6만 원이다.

따라서 이번 달 B과장의 휴대폰 요금은 지난달보다 20% 증가했으므로 $1.2\times60,000=72,000$원이 된다.

02

정답 ⑤

처음 소금물의 농도를 x%라 가정하고 소금의 양에 대한 방정식을 세우면 다음과 같다.

$\frac{x}{100}\times160+\frac{0}{100}\times40=0.08\times(160+40) \rightarrow 160x=1,600$

$\therefore x=10$

따라서 물을 넣기 전 처음 소금물의 농도는 10%이다.

03

정답 ⑤

ㄷ. 2018년 대비 2022년 청소년 비만율의 증가율은 $\frac{26.1-18}{18}\times100=45\%$이다.

ㄹ. 2022년과 2020년의 비만율 차이를 구하면 다음과 같다.

- 유아 : $10.2-5.8=4.4\%p$
- 어린이 : $19.7-14.5=5.2\%p$
- 청소년 : $26.1-21.5=4.6\%p$

따라서 2022년과 2020년의 비만율 차이가 가장 큰 아동은 어린이임을 알 수 있다.

오답분석

ㄱ. 유아의 비만율은 전년 대비 감소하고 있고, 어린이와 청소년의 비만율은 전년 대비 증가하고 있다.

ㄴ. 2019년 이후의 어린이 비만율은 유아보다 크고 청소년보다 작지만, 2018년 어린이 비만율은 9.8%로, 유아 비만율인 11%와 청소년 비만율인 18%보다 작다.

04

정답 ⑤

자녀가 없는 가구 중 상해 / 재해보장보험에 가입한 가구 수와 자녀가 2명인 가구 중 연금보험에 가입한 가구 수는 구체적 수치를 구할 수 없으며, 이 두 항목을 도출하는 데 바탕이 되는 공통요소도 존재하지 않는다. 따라서 틀린 설명이다.

오답분석

① 전체 가구 중 질병보장보험에 가입한 가구 수는 전체의 81.8%이며, 사망보장보험에 가입한 가구 수는 전체의 19.8%이다. 기준이 되는 가구 수는 동일하므로 구체적 수치를 알지 못해도 배수비교는 가능하다. $\frac{81.8}{19.8}$ ≒4.13이므로 4배 이상이므로 옳은 설명이다.

② 자녀 수가 1명인 가구 중 각 보험에 가입한 가구의 비율을 합하면 262.9%로 200%를 초과한다.
따라서 자녀 수가 1명인 가구 중 3개 이상의 보험에 중복 가입한 가구가 반드시 있음을 알 수 있다.

③ 민영생명보험에 가입한 가구 중 실손의료보험에 가입한 가구의 비중은 58.2%로, 민영생명보험에 가입하지 않은 가구 중 실손의료보험에 가입한 가구의 비율인 24.7%의 $\frac{58.2}{24.7}$ ≒2.4배이다.

TIP 또한 전체가구 중 실손의료보험 가입가구의 비율은 56.8%로, 민영생명보험 비가입 가구 중 실손의료보험 가입가구의 비율인 24.7%보다 민영생명보험 가입 가구 중 실손의료보험 가입가구의 비율인 58.2%에 더 가까우므로 민영생명보험에 가입하지 않은 가구보다 가입한 가구의 수가 더 많음을 알 수 있다. 그런데 그중 실손의료보험 가입 비율도 민영생명보험 가입가구가 더 높으므로 실손의료보험에 가입한 가구의 수가 민영생명보험 가입가구의 경우에 더 많음을 알 수 있다. 따라서 옳은 설명이다. 얼핏 보아선 비교가 불가능할 것 같으나, 전체가구 중 실손의료보험 가입 비율을 알 수 있고, 민영생명보험 가입여부에 따라 가구들을 이분할 수 있으므로 알 수 있는 내용이다.

④ 자녀 수가 2명 이상인 가구에는 표에 있는 자녀 수가 2명인 가구와 3명 이상인 가구가 모두 포함된다.
따라서 두 유형의 경우 모두 변액보험 가입가구의 비율이 10%를 초과하므로 옳은 설명이다.

05

정답 ⑤

생산이 증가한 해에는 수출과 내수 모두 증가했다.

오답분석

① 표에서 ▽는 감소수치를 나타내고 있으나 2018년 증감률에는 감소수치가 없으므로 옳은 판단이다.
② 내수가 가장 큰 폭으로 증가한 해는 2020년으로 생산과 수출 모두 감소했다.
③ 수출이 증가한 해는 2018, 2021, 2022년으로 내수와 생산 모두 증가했다.
④ 2020년이 이에 해당한다.

06

정답 ④

10대의 인터넷 공유활동을 참여율이 큰 순서대로 나열하면 '커뮤니티 이용 → 퍼나르기 → 블로그 운영 → UCC게시 → 댓글달기'이다.
반면 30대는 '커뮤니티 이용 → 퍼나르기 → 블로그 운영 → 댓글달기 → UCC게시'이다.
따라서 활동 순위가 서로 같지 않다.

오답분석

① 20대가 다른 연령에 비해 참여율이 비교적 높은 편임을 표에서 쉽게 확인할 수 있다.
② 남성이 여성보다 참여율이 대부분의 활동에서 높지만, 블로그 운영에서는 여성의 참여율이 높다.
③ 남녀 간의 참여율 격차가 가장 큰 영역은 13.8%p로 댓글달기이며, 가장 작은 영역은 2.7%p로 커뮤니티 이용이다.
⑤ 40대는 다른 영역과 달리 댓글달기 활동에서는 다른 연령대보다 높은 참여율을 보이고 있다.

07

정답 ②

전년 대비 국·영·수의 월 최대 수강자 수가 증가한 해는 2018년과 2022년이고, 증감율은 다음과 같다.

• 2018년 : $\frac{388-368}{368}\times100 ≒ 5.4\%$

• 2022년 : $\frac{381-359}{359}\times100 ≒ 6.1\%$

따라서 증감률은 2022년이 가장 높다.

오답분석

ㄱ. 2019년 국·영·수의 월 최대 수강자 수는 전년 대비 감소했지만, 월 평균 수강자 수는 전년에 비해 증가하였다.

ㄴ. 2019년은 전년에 비해 월 최대 수강자 수가 감소했지만, 월 평균 수업료는 증가하였다.

ㄹ. 2017년부터 2022년까지 월 평균 수강자 수가 국·영·수 과목이 최대, 최소인 해는 각각 2019년, 2017년이고, 탐구는 2020년, 2018년이다.

08

정답 ③

천억 원 단위에서 반올림하여 조 원 단위로 바꾸어 비율을 계산하면 시간단축을 할 수 있다.

2021년 대출금의 전년 대비 증가율은 교육서비스업이 $\frac{7.8-7.1}{7.1}\times100 ≒ 9.9\%$이며, 금융 및 보험업은 $\frac{70.8-70.2}{70.2}\times100 ≒ 0.9\%$이므로 교육서비스업이 더 크다.

오답분석

① 국내 산업별 총대출금은 2020년 대비 2022년에 $\frac{1,121-986}{986}\times100 ≒ 13.7\%$ 증가하였다.

② 2022년에 전년 대비 대출금이 감소한 산업분야는 3개이며, 증가한 산업분야는 14개이다.

④ 2021년과 2022년에 모두 대출금이 전년 대비 증가한 산업은 농업, 임업 및 어업, 제조업, 운수 및 창고업, 숙박 및 음식점업, 부동산업, 교육서비스업 등 6개 이상이다.

⑤ 제조업과 부동산업은 2021년과 2022년 모두 대출금이 전년 대비 증가하였으나, 광업은 같은 기간 동안 전년 대비 매년 감소하였다.

09

정답 ②

20대 신규 확진자 수가 10대 신규 확진자 수보다 적은 지역은 3월에 E, F, H지역, 4월은 A, G, H지역으로 각각 3곳으로 동일하다.

오답분석

① C, G지역의 3월과 4월의 10대 미만 신규 확진자 수는 각각 동일하다.

③ 3월 신규 확진자 수가 세 번째로 많은 지역은 C지역(228명)으로 C지역의 4월 신규 확진자 수가 가장 많은 연령대는 60대(26명)이다.

④ H지역의 4월 신규 확진자 수는 93명으로 4월 전체 신규 확진자 수인 $121+78+122+95+142+196+61+93+54=962$명에서 차지하는 비율은 $\frac{93}{962}\times100 ≒ 9.7\%$로 10% 미만이다. 또한 4월 전체 신규 확진자 수의 10%는 $962\times0.1=96.2$명으로 H지역의 4월 신규 확진자 수인 93명보다 많다.

⑤ 3월 대비 4월 신규 확진자 수의 비율은 F지역이 $\frac{196}{320}\times100 ≒ 61.3\%$, G지역이 $\frac{61}{185}\times100 ≒ 33\%$이다.
따라서 G지역 비율의 2배는 $33\times2=66\%$로 F지역이 G지역의 2배 미만이다.

10

정답 ③

ㄱ. 10개 업종 중 2022년 전년 대비 자영업자 수가 감소한 업종은 교육업, 부동산업, 예술업, 시설업 총 4개 업종이고, 증가한 업종은 나머지 6개 업종이다.

ㄴ. (마)는 2022년 도소매업의 자영업자 수로 '해당연도 자영업자 수' 공식에 대입하여 풀면 122+52−36=138천 명이고, 2021년 숙박업의 폐업자 수 (가)는 79+48−86=41천 명이다. 따라서 (마)의 수치 138은 (가)의 수치의 3배인 41×3=123보다 크다.

ㄷ. '전년도 폐업자 수=(전년도 자영업자 수)+(전년도 신규사업자 수)−(해당연도 자영업자 수)'이므로 (나), (다), (라)에 알맞은 수치들을 구하면 다음과 같다.

- (나) : 27+8−35=0
- (다) : 72+11−80=3천 명
- (라) : 61+7−66=2천 명

따라서 (나)에 들어갈 수치가 가장 적은 인원이다.

오답분석

ㄹ. 2022년 폐업자가 세 번째로 많은 업종은 음식점업이고, 음식업점의 2022년 자영업자는 104+30−20=114천 명이므로 2021년 자영업자인 92천 명보다 $\frac{114-92}{92}\times100 ≒ 23.9\%$ 증가하였다.

11

정답 ④

2021년 E사의 매출이 가장 높은 분기는 4분기(5,921억 원)이며, 매출이 가장 낮은 분기는 1분기(4,830억 원)이다. 각 분기의 영업이익률은 다음과 같다.

- 2021년 4분기 : $\frac{915}{5,921}\times100 ≒ 15.5\%$
- 2021년 1분기 : $\frac{849}{4,830}\times100 ≒ 17.6\%$

따라서 매출액이 가장 높았던 2021년 4분기의 영업이익률은 매출액이 가장 낮은 분기인 2021년 1분기의 영업이익률보다 낮다.

오답분석

① C사의 2022년 2분기 영업이익률은 $\frac{302}{4,656}\times100 ≒ 6.5\%$이고 직전 분기인 2022년 1분기는 $\frac{369}{4,852}\times100 ≒ 7.6\%$이므로 C사의 2022년 2분기 영업이익률은 직전분기 대비 감소하였다.

② 2021년 1분기에서 2022년 2분기 동안 D사의 매출액이 가장 높은 분기는 2022년 1분기(3,482억 원)이고, 영업이익이 가장 높은 분기는 2021년 4분기(328억 원)이다.

③ 2022년 1분기 매출액이 가장 높은 회사는 B사이고, 가장 낮은 회사는 D사이다. 두 회사의 매출액의 차이는 8,550−3,482=5,068억 원이고, 영업이익의 차이는 888−320=568억 원이므로 매출액의 차이는 영업이익 차이의 10배인 5,680억 원보다 적다.

⑤ A～E사의 2021년 1분기 대비 2022년 1분기 매출액의 증가액은 다음과 같다.

구분	A사	B사	C사	D사	E사
매출 증가액	6,890−5,748 =1,142억 원	8,550−8,082 =468억 원	4,852−3,410 =1,442억 원	3,482−2,810 =672억 원	5,520−4,830 =690억 원

따라서 2022년 1분기 매출액이 전년도 동분기 대비 가장 많이 증가한 회사는 C사이다.

12

정답 ②

ㄱ. 석유와 천연가스, 원자력 소비량 상위 3개 지역은 석유는 '인천 – 서울 – 경기', 천연가스는 '서울 – 경기 – 인천', 원자력은 '인천 – 서울 – 경기'이므로 상위 3개 지역은 모두 동일하다.

ㄷ. 석유의 소비량이 가장 많은 지역은 인천으로 그 소비량은 3,120만 톤이고, 가장 적은 지역은 광주로 그 소비량은 725만 톤이다. 따라서 인천의 소비량은 광주의 소비량의 약 3,120÷725≒4.3배로, 4배 이상이다.

오답분석

ㄴ. 강원의 소비량 1위인 에너지원은 석탄(3,120만 톤) 하나이므로 옳지 않다.

ㄹ. 수력·풍력의 소비량 상위 5개 지역은 제주(41만 토), 강원(28만 토), 부산(6만 토), 인천(4만 토), 충청(4만 토) 지역이다. 따라서 이들의 소비량의 합은 41+28+6+4+4=83만 토로 전체(96만 토)의 약 $\frac{83}{96}\times100 ≒ 86.5\%$로 90% 미만이다.

13

정답 ⑤

석탄의 소비량이 가장 적은 지역은 제주로 전체에서 $\frac{102}{13,520}\times100≒0.75\%$, 석유의 소비량이 가장 적은 지역은 광주로 전체에서 $\frac{725}{20,867}\times100≒3.47\%$, 천연가스의 소비량이 가장 적은 지역도 광주로 전체에서 $\frac{31}{3,313}\times100≒0.94\%$, 수력・풍력의 소비량이 가장 적은 지역은 대전으로 전체에서 $\frac{0.5}{96}\times100≒0.52\%$, 원자력의 소비량이 가장 적은 지역은 광주로 전체에서 $\frac{40}{2,668}\times100≒1.50\%$이다.

따라서 그 비율이 큰 순서대로 에너지원을 나열하면 석유 – 원자력 – 천연가스 – 석탄 – 수력・풍력 순서이다.

14

정답 ⑤

ㄷ. 2022년 상업영화의 평균 손익분기점 수치는 495억 원으로 이는 평균 제작비 수치인 180억 원의 495÷180=2.75배이다.

ㄹ. 극장・영진위 등 평균 지급비용은 (티켓값)×(평균 손익분기점)−(투자배급사 평균 수익)이고, 투자배급사 평균 수익은 평균 제작비와 같다. 따라서 극장・영진위 등 평균 지급비용은 10,000×4,500,000−16,000,000,000=29,000,000,000원이다.

오답분석

ㄱ. 2019년 이후 매년 상업영화, 예술영화, 애니메이션의 평균 제작비는 증가했으나 다큐멘터리의 경우 2020년에 3억 원으로 2019년 대비 감소하였다.

ㄴ. 2020년과 2022년의 상업영화의 전년 대비 평균 제작비 상승률은 다음과 같다.

- 2020년 : $\frac{138-120}{120}\times100=15\%$
- 2022년 : $\frac{180-160}{160}\times100=12.5\%$

따라서 전년 대비 2020년의 평균 제작비 상승률이 2022년보다 15−12.5=2.5%p 더 높다.

15

정답 ④

제시된 표는 평균치에 대한 자료로, 평균 총 관객 수가 평균 손익분기점을 넘지 못하였어도, 개봉한 예술영화 전체가 손익분기점을 넘지 못하였다는 것을 뜻하지는 않는다.

오답분석

① 2021년과 2022년에 상업영화, 예술영화, 다큐멘터리, 애니메이션의 평균 제작비는 전년 대비 증가하였다.

② 2021년 애니메이션 평균 제작비는 96억 원으로 이는 상업영화 평균 제작비인 160억 원의 $\frac{96}{160}\times100=60\%$이고, 다큐멘터리 평균 제작비인 3.2억 원의 96÷3.2=30배이다.

③ 2021년 다큐멘터리의 평균 제작비 3.2억 원으로 이는 상업영화의 평균 제작비인 160억 원의 $\frac{3.2}{160}\times100=2\%$이다.

⑤ 2022년 상업영화와 예술영화의 평균 총 관객 수는 각각 660만 명, 115만 명으로 이는 평균 손익분기점인 495만 명, 103.5만 명을 넘었다. 하지만 다큐멘터리와 애니메이션은 각각 평균 총 관객 수가 6만 명, 154만 명으로 평균 손익분기점인 7만 명, 172만 명을 넘지 못하였다.

16

정답 ②

20일은 5시부터 8시까지 풍향각이 증감을 반복하나, 24일은 풍향각이 일정하다.

오답분석

① 18일 3시부터 4시 사이에 풍향각은 300deg에서, 270deg로 감소하였고, 그 비율은 $\frac{30-27}{30}\times100=10\%$이다.

③ 24일부터 31일까지 2시 대비 6시의 풍향각 증감률이 가장 큰 날짜는 증가율이 $\frac{25-4}{4}\times100=525\%$인 30일이다. 27일의 증감률은 $\frac{31-7}{31}\times100≒77.4\%$로, 30일보다 작다.

④ 조사기간 중 29일에 직전시간 대비 풍향각의 증감폭이 가장 큰 시간은 60deg가 증가한 8시이다.

⑤ 10시에 풍향각이 가장 컸던 날짜는 340deg를 기록한 21일이다.

17

정답 ②

ㄱ. 24일에 풍향각이 동일하게 가장 오래 유지된 때는 5시부터 8시까지, 4시간에 해당한다. 따라서 옳은 설명이다.

ㄹ. 19일 0시의 풍향각의 두 배는 $60\times2=120$deg인데, 11시의 풍향각은 130deg이므로 2배 이상이다.

오답분석

ㄴ. 23일 10시의 경우, 풍향각의 직전시간 대비 증가율은 $\frac{12-11}{11}\times100\fallingdotseq9.1\%$이다. 또한 23일 11시의 경우, 풍향각의 직전시간 대비 증가율은 $\frac{13-12}{12}\times100\fallingdotseq8.3\%$로 따라서 두 경우 모두 10%를 넘지 않는다.

ㄷ. 31일 6시 풍향각의 직전시간 대비 증감률은 $\frac{10-6}{10}\times100=40\%$이고, 22일 6시 풍향각의 직전시간대비 증감률은 $\frac{31-20}{31}\times100\fallingdotseq35.5\%$이다. 따라서 31일의 직전시간 대비 증감률이 더 크다.

18

정답 ③

연도별 영업이익 및 영업이익률은 다음과 같다.

(단위 : 억 원)

구분	2018년	2019년	2020년	2021년	2022년
매출액	1,485	1,630	1,410	1,860	2,055
매출원가	1,360	1,515	1,280	1,675	1,810
판관비	30	34	41	62	38
영업이익	95	81	89	123	207
영업이익률	6.4%	5.0%	6.3%	6.6%	10.1%

19

정답 ④

(환기시간)=1일 때, (미세먼지)=363이므로

$363=a\times1^2+b$ ⋯ (가)

(환기시간)=2일 때, (미세먼지)=192이므로

$192=a\times2^2+\frac{b}{2}$ ⋯ (나)

(가)와 (나)를 연립하면

4(가)−(나) ∴ $a=3$, $b=360$

→ (미세먼지)$=3\times$(환기시간)$^2+\frac{360}{(\text{환기시간})}$

(환기시간)=3일 때,

(미세먼지)$=3\times3^2+\frac{360}{3}=147=$㉠

(환기시간)=4일 때,

(미세먼지)$=3\times4^2+\frac{360}{4}=138=$㉡

따라서 ㉠=147, ㉡=138이다.

20

정답 ④

1. 규칙 파악

• 제조업

2017년	2018년	2019년	2020년	2021년	2022년
1	3	7	13	21	31

앞의 항에 +2, +4, +6 … 2씩 커지는 수를 더하는 수열이다.

• 소재 / 부품

2017년	2018년	2019년	2020년	2021년	2022년
3	5	9	17	33	65

앞의 항에 +2, +4, +8, … ×2씩 커지는 수를 더하는 수열이다.

2. 계산

㉠ 직접 계산하기

• 제조업

2022년	2023년	2024년	2025년	2026년	2027년	2028년
31	43	57	73	91	111	133

• 소재 / 부품

2022년	2023년	2024년	2025년	2026년	2027년	2028년
65	129	257	513	1,025	2,049	4,097

㉡ 식 세워 계산하기

• 제조업

2017년을 기준으로 주어진 수열의 n번 째 항을 a_n이라고 하면 다음과 같다.

$a_{n+1} = a_n + 2n(n \geq 2)$

$$a_n = a_1 + \sum_{k=1}^{n-1} 2k = 1 + n(n-1) = n^2 - n + 1$$

n이 12일 때,

$a_{12} = 144 - 12 + 1 = 133$

• 소재 / 부품

2017년을 기준으로 주어진 수열의 n번 째 항을 a_n이라고 하면 다음과 같다.

$a_{n+1} = a_n + 2^n (n \geq 2)$

$$a_n = a_1 + \sum_{k=1}^{n-1} 2^k = 3 + \frac{2(2^{n-1} - 1)}{2-1} = 2^n + 1$$

n이 12일 때, $a_{12} = 2^{12} + 1 = 4,096 + 1 = 4,097$

따라서 2028년 투자는 133+4,097=4,230억 원이다.

제2영역 추리

01	02	03	04	05	06	07	08	09	10	11	12	13	14	15	16	17	18	19	20
①	④	②	④	①	①	④	①	③	④	⑤	⑤	②	④	③	⑤	①	②	②	①
21	22	23	24	25	26	27	28	29	30										
③	⑤	④	③	②	③	③	④	①	③										

01

정답 ①

'의사 표현이 분명하다.'를 '의', '진취적인 삶을 산다.'를 '진', '적극적이다.'를 '적'이라고 하자.

구분	명제	대우
전제1	**의 → 진**	진× → 의×
전제2	**적 → 의**	의× → 적×

전제1과 전제2를 연결하면, 적 → 의 → 진이다. 따라서 결론은 '적극적인 사람은 진취적인 삶을 산다.'인 ①이다.

02

정답 ④

스나크를 '스', 앨리스를 '앨', 부점을 '부'라고 하자.

구분	명제	대우
전제1	스× → 앨	**앨× → 스**
결론	**앨× → 부**	부× → 앨

전제1의 대우가 결론으로 연결되려면, 전제2는 스 → 부가 들어가야 한다. 따라서 전제2는 '스나크이면 부점이다.'의 대우인 ④가 답이다.

03

정답 ②

'금값이 오른다.'를 A, 'X매물을 매도하는 사람'을 B, 'Y매물을 매수하는 사람'을 C라고 하면, 전제1과 전제2를 다음과 같은 벤다이어그램으로 나타낼 수 있다.

1) 전제1

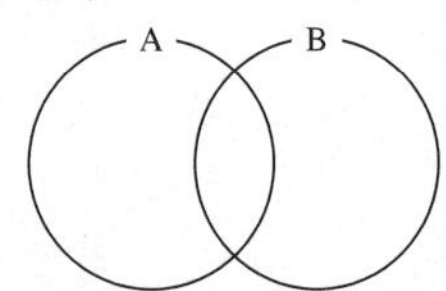

2) 전제2

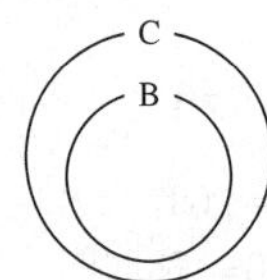

이를 정리하면 다음과 같은 벤다이어그램이 성립한다.

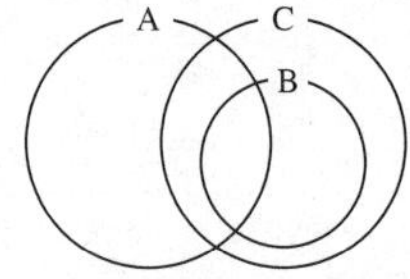

따라서 '금값이 오르면 어떤 사람은 Y매물을 매수한다.'라는 결론이 도출된다.

04

정답 ④

세 번째 조건에서 C>D가 성립하고, 네 번째와 다섯 번째 조건에 의해 C=E>B=D가 성립한다. 따라서 점수가 높은 순서대로 나열하면, C · E>B · D가 되고 두 번째 조건에 의해 A와 B는 같이 합격하거나 같이 불합격한다고 하였으므로 둘 다 불합격한다. 그러므로 합격한 사람은 C와 E이다.

05

정답 ①

첫 번째 조건과 두 번째 조건을 고려하면 E－B－A 또는 E－A－B 순임을 알 수 있다.
여기서 세 번째 조건을 고려하면 D과장이 A사원보다 앞에 있는 경우는 다음 4가지이다.
E－D－B－A, E－D－A－B, D－E－B－A, D－E－A－B
네 번째 조건을 고려하면 E부장과 B사원 사이에 2명이 있어야 하므로 가능한 순서는 5가지 경우로 다음과 같다.
E－D－C－B－A, E－C－D－B－A, E－D－A－B－C, C－E－D－A－B, D－E－C－A－B
마지막으로 다섯 번째 조건을 고려하면 C대리와 A사원 사이에 2명이 있는 순서는 E－C－D－B－A와 C－E－D－A－B이다.
따라서 C대리는 첫 번째 또는 두 번째로 검진을 받을 수 있다.

06

정답 ①

B와 D는 동일하게 A보다 낮은 표를 얻고 C보다는 높은 표를 얻었으나, B와 D를 서로 비교할 수 없으므로 득표수가 높은 순서대로 나열하면 'A－B－D－C－E' 또는 'A－D－B－C－E'가 된다. 어느 경우라도 A의 득표수가 가장 높으므로 A가 학급 대표로 선출된다.

07

정답 ④

주어진 조건을 표로 정리하면 다음과 같다.

구분	중국	러시아	일본
봄		홍보팀 D차장	
여름	영업팀 C대리 (디자인팀 E사원)		
가을			재무팀 A과장 개발팀 B부장
겨울	디자인팀 E사원 (영업팀 C대리)		

조건에 따르면 중국에는 총 2명이 출장을 갈 수 있고, 각각 여름 혹은 겨울에 간다. 따라서 중국에 갈 수 있는 C대리와 E사원 두 사람은 한 사람이 여름에 가면 한사람이 겨울에 가게 된다. 그러므로 주어진 조건에 따라 항상 옳은 결과는 '영업팀 C대리가 여름에 중국 출장을 가면, 디자인팀 E사원은 겨울에 중국 출장을 간다.'인 ④이다.

오답분석

①·⑤ 홍보팀 D차장은 혼자서 러시아로 출장을 간다.
②·③ 함께 일본으로 출장을 가는 두 사람은 재무팀 A과장과 개발팀 B부장이다.

08

정답 ①

B는 피자 두 조각을 먹은 A보다 적게 먹었으므로 피자 한 조각을 먹었다. 또한 네 사람 중 B가 가장 적게 먹었으므로 D는 반드시 두 조각 이상 먹어야 한다. 따라서 A는 두 조각, B는 한 조각, C는 세 조각, D는 두 조각의 피자를 먹었다.

09

정답 ③

세 번째 조건에 따라 D는 여섯 명 중 두 번째로 키가 크므로 1팀에 배치되는 것을 알 수 있다. 또한 두 번째 조건에 따라 B는 2팀에 배치되므로 한 팀에 배치되어야 하는 E와 F는 아무도 배치되지 않은 3팀에 배치되는 것을 알 수 있다. 마지막으로 네 번째 조건에 따라 B보다 키가 큰 A는 2팀에 배치되므로 결국 A, B, C, D, E, F는 다음과 같이 배치된다.

1팀	2팀	3팀
C>D	A>B	E, F

따라서 키가 가장 큰 사람은 C이다.

10

정답 ④

먼저 C는 첫 번째, 세 번째 결과에 따라 A 바로 전 또는 바로 뒤의 순서로 출근한 E보다 먼저 출근하였으므로 A보다도 먼저 출근한 것을 알 수 있다. 마찬가지로 D 역시 두 번째, 다섯 번째 결과에 따라 F 바로 뒤에 출근한 B보다 먼저 출근하였으므로 F보다도 먼저 출근한 것을 알 수 있다.

또한 E는 네 번째 결과에 따라 F보다 늦게 출근하였으므로 결국 C, D, B보다도 늦게 출근하였음을 알 수 있다. 따라서 E가 다섯 번째 또는 마지막 순서로 출근하였음을 알 수 있으나, 꼴찌에는 해당하지 않으므로 결국 E는 다섯 번째로 출근하였고, A가 마지막 여섯 번째로 출근하였음을 알 수 있다.

이때 주어진 결과만으로는 C와 D의 순서를 비교할 수 없으므로 A～F의 출근 순서는 다음과 같이 나타낼 수 있다.

구분	첫 번째	두 번째	세 번째	네 번째	다섯 번째	여섯 번째
경우 1	D	F	B	C	E	A
경우 2	D	C	F	B	E	A
경우 3	C	D	F	B	E	A

그러므로 D가 C보다 먼저 출근했다면, D는 반드시 첫 번째로 출근하므로 자신을 포함한 A～F의 출근 순서를 알 수 있다.

오답분석

① A는 마지막에 출근하므로 B의 출근 시각을 알 수 없다.
② 경우 2와 경우 3에서 B가 C보다 나중에 출근하므로 C의 출근 시각을 알 수 없다.
③ 경우 1에서 C는 자신과 E, A의 출근 순서를 알 수 있으나, D, F, B의 출근 순서는 알 수 없다.
⑤ F는 반드시 D보다 늦게 출근하므로 앞서 출근한 D의 출근 시각을 알 수 없다.

11

정답 ⑤

먼저 첫 번째 결과에 따라 A과장은 네 지역으로 모두 출장을 가므로 E사원과 함께 광주광역시로 출장을 가는 직원은 A과장임을 알 수 있다. 다음으로 두 번째 결과에 따라 모든 특별시에는 A과장과 B대리가 출장을 가므로 C대리와 D대리는 특별시로 함께 출장을 갈 수 없다. 결국 세 번째 결과에서의 C대리와 D대리가 함께 출장을 가는 지역은 인천광역시임을 알 수 있다. 또한 마지막 결과에 따라 한 지역으로만 출장을 가는 사람은 E사원뿐이므로 C대리와 D대리는 세종특별시 또는 서울특별시 중 한 곳으로 더 출장을 가야 한다.

출장 지역에 따른 팀원을 정리하면 다음과 같다.

구분	세종특별시	서울특별시	광주광역시	인천광역시
경우 1	A과장, B대리, C대리	A과장, B대리, D대리	A과장, E사원	A과장, C대리, D대리
경우 2	A과장, B대리, D대리	A과장, B대리, C대리	A과장, E사원	A과장, C대리, D대리

따라서 항상 참이 되는 것은 'D대리는 E사원과 함께 출장을 가지 않는다.'의 ⑤이다.

12

정답 ⑤

두 번째 조건과 세 번째 조건을 통해 김팀장의 오른쪽에 정차장이 앉고, 양사원은 한대리의 왼쪽에 앉는다. 이때, 오과장은 정차장과 나란히 앉지 않으므로 오과장은 김팀장의 왼쪽에 앉아야 한다. 따라서 김팀장을 기준으로 시계 방향으로 '김팀장 – 오과장 – 한대리 – 양사원 – 정차장' 순서로 앉는다.

13

정답 ②

두 번째 조건에서 D는 A의 바로 왼쪽에 앉으며, 마지막 조건에서 B는 E의 바로 오른쪽에 앉으므로 'D－A', 'E－B'를 각각 한 묶음으로 생각할 수 있다. 두 번째와 세 번째 조건에 따라 C는 세 번째 자리에 앉아야 하며, 네 번째 조건에 의해 'D－A'는 각각 첫 번째, 두 번째 자리에 앉아야 한다. 이를 표로 정리하면 다음과 같다.

첫 번째	두 번째	세 번째	네 번째	다섯 번째
D	A	C	E	B

따라서 ②가 정답이다.

오답분석

① D는 첫 번째 자리에 앉는다.
③ C는 세 번째 자리에 앉는다.
④ C는 E의 왼쪽에 앉는다.
⑤ B는 다섯 번째 자리에 앉는다.

14

정답 ④

세 번째 조건에 따라 최부장이 회의에 참석하면 이대리도 회의에 참석한다. 이대리가 회의에 참석하면 두 번째 조건의 대우인 '이대리가 회의에 참석하면 조대리는 참석하지 않는다.'에 따라 조대리는 회의에 참석하지 않는다.

또한 최부장이 회의에 참석하면 네 번째 조건의 대우인 '최부장이 회의에 참석하면 박사원도 회의에 참석한다.'에 따라 박사원도 회의에 참석하게 된다. 박사원이 회의에 참석하면 첫 번째 조건의 대우인 '박사원이 회의에 참석하면 한사원도 회의에 참석한다.'에 따라 한사원도 회의에 참석하게 된다.

따라서 최부장이 회의에 참석하면 이대리, 박사원, 한사원은 반드시 참석하므로 총 4명이 회의에 반드시 참석한다. 그러나 김과장의 참석 여부는 주어진 조건만으로는 알 수 없다.

15

정답 ③

제시된 단어는 상하 관계이다. '문장' 안에는 '낱말'이 있고, '태양계' 안에는 '행성'이 있다.

16

정답 ⑤

'치욕'은 '수치와 모욕을 아울러 이르는 말'이라는 뜻이므로 '영광스러운 명예'라는 뜻인 '영예'와 반의 관계이고, 나머지는 유의 관계이다.

오답분석

① • 거부 : 요구나 제의 따위를 받아들이지 않고 물리침
  • 거절 : 상대편의 요구, 제안, 선물, 부탁 따위를 받아들이지 않고 물리침
② • 격려 : 용기나 의욕이 솟아나도록 북돋워 줌
  • 고무 : 힘을 내도록 격려하여 용기를 북돋움
③ • 결의 : 뜻을 정하여 굳게 마음을 먹음. 또는 그런 마음
  • 결정 : 행동이나 태도를 분명하게 정함. 또는 그렇게 정해진 내용
④ • 각오 : 앞으로 해야 할 일이나 겪을 일에 대한 마음의 준비
  • 결심 : 할 일에 대하여 어떻게 하기로 마음을 굳게 정함. 또는 그런 마음

17

정답 ①

미를 도덕이나 목적론과 연관시킨 톨스토이나 마르크스와 달리 칸트는 미에 대한 자율적 견해를 지녔다. 즉, 미적 가치를 도덕 등 다른 가치들과 관계없는 독자적인 것으로 본 것이다. 따라서 문학작품을 감상할 때 다른 외부적 요소들은 고려하지 않고 작품 자체에만 주목하여 감상해야 한다는 절대주의적 관점이 이러한 칸트의 견해와 유사함을 추론할 수 있다.

18

정답 ②

선택근무제는 시차출퇴근제와 달리 1일 8시간이라는 근로시간에 구애받지 않고 주당 40시간의 범위 내에서 1일 근무시간을 자율적으로 조정할 수 있으므로 주당 40시간의 근무시간만 충족한다면 주5일 근무가 아닌 형태의 근무도 가능하다.

오답분석

① 시차출퇴근제는 주5일, 1일 8시간, 주당 40시간이라는 기존의 소정근로시간을 준수해야 하므로 반드시 하루 8시간의 근무 형태로 운영되어야 한다.

③ 재량근무제 적용이 가능한 업무는 법으로 규정되어 있으므로 규정된 업무 외에는 근로자와 합의하여도 재량근무제를 실시할 수 없다.

④ 원격근무제는 재량근무제와 달리 적용 가능한 직무의 제한을 두지 않으므로 현장 업무를 신속하게 처리할 수 있다는 이동형 원격근무제의 장점에 따라 이동형 원격근무제를 운영할 수 있다.

⑤ 일주일 중 일부만 재택근무를 하는 수시형 재택근무에 해당한다.

19

정답 ②

'전기사고를 방지하기 위한 안전장치가 필요한데 그중에 하나가 접지이다.'라는 제시문의 내용에서 접지 이외에도 방법이 있음을 알 수 있다.

오답분석

① '위험성이 높을수록 이러한 안전장치의 필요성 높아진다.'라고 언급은 되어있지만 위험성이 낮다고 안정장치가 필요치 않다고는 볼 수 없다.

③ '전류는 전위차가 있을 때에만 흐르므로'라고 했으므로 전위차가 없으면 전류가 흐르지 않는다.

④ '정전기 발생을 사전에 예방하기 위해 접지를 해둬야 한다.'에서 알 수 있듯이 접지를 하게 되면 정전기 발생을 막을 순 있지만, 접지를 하지 않는다고 정전기가 무조건 발생하는 것은 아니다.

⑤ 저항 또는 임피던스의 크기가 작으면 통신선에 유도장애가 커지고, 크면 평상시 대지 전압이 높아지는 등의 결과가 나타나지만, 저항 크기와 임피던스의 크기에 대한 상관관계는 글에서 확인할 수 없다.

20

정답 ①

제시문의 내용은 청나라에 맞서 싸우자는 척화론이다. 척화론과 동일한 주장을 하고는 ①은 비판 내용으로 적절하지 않다.

21

정답 ③

제시문에서 헤겔은 국가를 사회 문제를 해결하고 공적 질서를 확립할 최종 주체로 설정했고, 뒤르켐은 사익을 조정하고 공익과 공동체적 연대를 실현할 도덕적 개인주의의 규범에 주목하면서, 이를 수행할 주체로서 직업 단체의 역할을 강조하였다. 즉, 직업 단체가 정치적 중간 집단으로서 구성원의 이해관계를 국가에 전달하는 한편 국가를 견제해야 한다고 보았다.

오답분석

① 뒤르켐이 주장하는 직업 단체는 정치적 중간집단의 역할로 빈곤과 계급 갈등의 해결을 수행할 주체이다.

② 뒤르켐은 복지행정조직에 대한 언급이 없었다.

④ 국가를 최종 주체로 강조하는 것은 헤겔의 주장이다.

⑤ 헤겔 역시 공리주의는 시민 사회 내에서 개인들의 무한한 사익 추구가 일으키는 빈부 격차나 계급 갈등을 해결할 수는 없다고 보았다.

22

정답 ⑤

수정주의는 미국의 경제적 동기에 의해 냉전이 발생했다고 보며, 탈수정주의 역시 경제와 더불어 안보 문제를 고려해서 파악해야 한다고 주장한다.

오답분석

①·② 탈수정주의는 책임이 양쪽 모두에게 있다고 보는 입장이다.

③ 전통주의는 소련의 팽창 정책을 냉전의 원인으로 본다.

④ 수정주의는 소련이 적극적인 팽창 정책을 펼칠 능력이 없었다고 주장한다.

23

정답 ④

인간의 후각은 기억과 밀접한 관련이 있다. 따라서 실험이 진행될수록 높은 정답률을 보여준다.

오답분석

① 인간 역시 동물과 마찬가지로 취기재 분자 하나에도 민감하게 반응하나, 동물만큼 예민하지는 않다.
② 인간의 후각 수용기는 1천만 개에 불과하다.
③ 냄새를 탐지할 수 있는 최저 농도를 '탐지 역치'라 한다. 이보다 낮은 농도의 냄새는 탐지가 어렵다.
⑤ 취기재의 정체를 인식하려면 취기재의 농도가 탐지 역치보다 3배 가량은 높아야 하므로 이미 취기재의 농도는 탐지 역치보다 3배 높은 상태이다.

24

정답 ③

규칙은 가로 방향으로 적용된다.
첫 번째 도형을 x축 기준으로 대칭 이동한 것이 두 번째 도형이고, 이를 y축 기준으로 대칭 이동한 것이 세 번째 도형이다.

25

정답 ②

규칙은 가로 방향으로 적용된다.
첫 번째 도형을 180° 회전한 것이 두 번째 도형이고, 이를 y축 기준으로 대칭 이동한 것이 세 번째 도형이다.

26

정답 ③

규칙은 세로 방향으로 적용된다.
첫 번째 도형을 시계 방향으로 60° 회전한 것이 두 번째 도형이고, 이를 x축 기준으로 대칭 이동한 것이 세 번째 도형이다.

27

정답 ③

- □ : 각 자릿수 +2, −2, +2, −2
- ▩ : 1234 → 1243
- ▣ : 1234 → 3412
- ■ : 각 자릿수 +3, +2, +1, +0

VEN8 → N8VE → N8EV
(▣, ▩)

28

정답 ④

OK15 → RM25 → TK43
(■, □)

29

정답 ①

BS37 → DQ55 → 55DQ
(□, ▣)

30

정답 ③

KZEM → MXGK → PZHK
(□, ■)

온라인 GSAT 삼성직무적성검사

제3회 정답 및 해설

제 1 영역 수리

01	02	03	04	05	06	07	08	09	10	11	12	13	14	15	16	17	18	19	20
③	⑤	⑤	④	③	③	④	①	②	④	④	④	③	④	①	③	⑤	①	⑤	③

01

정답 ③

제품 a, b 둘 다 선호하는 사람의 수를 x명이라 하자.

(제품 a, b 둘 다 선호하는 사람의 수)$=x$ … ㉠

(제품 a, b 둘 다 선호하지 않는 사람의 수)$=2x-3$ … ㉡

(제품 a만 선호하는 사람의 수)$=41-x$ … ㉢

(제품 b만 선호하는 사람의 수)$=57-x$ … ㉣

㉠~㉣ 모두 더하면 총 응답자의 수가 되므로

∴ (응답자의 수)$=95+x$

따라서 $400\times25\%=95+x$이므로 제품 a, b 둘 다 선호하는 사람의 수(x)는 5명이고, ㉡번 식에 의해 제품 a, b 둘 다 선호하지 않는 사람은 7명이다.

02

정답 ⑤

임원진 3명 중 남녀가 각 1명 이상씩은 선출되어야 하므로 추천받은 인원(20명)에서 3명을 뽑는 경우에서 남자 또는 여자로만 뽑힐 경우를 제외하는 여사건으로 구한다. 남녀 성비가 6 : 4이므로 남자는 $20\times\frac{6}{10}=12$명, 여자는 $20\times\frac{4}{10}=8$명이며, 남자 3명 또는 여자 3명이 선출되는 경우의 수는 ${}_{12}C_3+{}_8C_3=\frac{12\times11\times10}{3\times2}+\frac{8\times7\times6}{3\times2}=220+56=276$가지가 나온다.

따라서 남녀가 1명 이상씩 선출되는 경우의 수는

${}_{20}C_3-({}_{12}C_3+{}_8C_3)=\frac{20\times19\times18}{3\times2}-276=1,140-276=864$가지이고, 3명 중 1명은 운영위원장, 2명은 운영위원으로 임명하는 방법은 3가지이다. 따라서 올해 임원으로 선출할 수 있는 경우의 수는 $864\times3=2,592$가지이다.

03

정답 ⑤

ㄱ. 2012년에 비해 2022년에 커피 수입량이 증가한 국가는 유럽, 러시아, 캐나다, 한국으로 총 네 곳이고, 감소한 국가는 미국, 일본, 호주로 총 세 곳이다.

ㄴ. 커피 수입량이 가장 많은 상위 2개 국가는 모두 유럽과 미국으로 동일하다. 각 연도의 상위 2개 국가의 커피 수입량의 합계가 전체 수입량에서 차지하는 비율을 구하면 다음과 같다.

- 2022년 : $\frac{48,510+25,482}{113,836}\times100≒65.0\%$
- 2017년 : $\frac{44,221+26,423}{109,598}\times100≒64.5\%$
- 2012년 : $\frac{40,392+26,228}{105,341}\times100≒63.2\%$

따라서 65% 이하이다.

ㄷ. 한국의 커피 수입량과 호주의 커피 수입량을 비교해 보면, 2022년에는 한국이 호주의 4,982÷1,350≒3.7배, 2017년에는 4,881÷1,288≒3.8배, 2012년에는 4,922÷1,384≒3.6배이므로 모두 3.5배 이상이다.

ㄹ. 2012년 대비 2022년의 커피 수입량의 증가율은 캐나다가 $\frac{8,842-7,992}{7,992}\times100≒10.6\%$, 러시아가 $\frac{11,382-10,541}{10,541}\times100≒8.0\%$로 캐나다가 러시아보다 높고, 증가량 역시 캐나다가 8,842−7,992=850, 러시아가 11,382−10,541=841로 캐나다가 러시아보다 높다.

04

정답 ④

- 장원 : 매출액 대비 수출액 비중이 50% 이상 80% 미만인 열처리 업체의 수는 60×15.8%≒9개로, 매출액 대비 수출액 비중이 10% 이상 20% 미만인 용접 업체의 수인 597×13.4%≒80개보다 적다.

TIP 용접 업체의 경우, %는 열처리 업체의 %보다 조금 작지만, 업체 수의 경우 약 10배 가까이 많으므로 굳이 계산을 하지 않아도 옳은 설명임을 알 수 있다.

- 도원 : 금형 업체 중 매출액 대비 수출액 비중이 5% 이상 10% 미만인 업체 수인 830×9.9%≒82개이므로 주조 업체 중 매출액 대비 수출액 비중이 5% 미만인 업체의 수인 127×25.4%≒32개보다 더 많다.

오답분석

- 은하 : 주조 업체의 경우, 매출액 대비 수출액 비중이 5% 이상 10% 미만인 업체가 가장 많다.
- 인석 : 매출액 대비 수출액 비중이 20% 이상 50% 미만인 금형 업체는 830×35.1%≒291개, 주조 업체는 127×16.9%≒21개로 주조 업체가 차지하는 비중이 가장 크다는 설명은 옳지 않다.

05

정답 ③

2016년도, 2017년도, 2020년도는 금융부채가 비금융부채보다 각각 약 1.48배, 1.48배, 1.4배 많다.

오답분석

① 2019년도의 부채비율은 56.6÷41.6×100≒136%로 가장 높다.
② 자산은 2014년도부터 2021년도까지 전년 대비 꾸준히 증가했다.
④ 부채는 2019년도 이후 줄어들고 있다.
⑤ 자본은 비금융부채보다 매년 약 1.8 ~ 6.3배 이상이다.

06

정답 ③

대치동의 증권자산은 23.0−17.7−3.1=2.2조 원, 서초동의 증권자산은 22.6−16.8−4.3=1.5조 원이므로 옳은 설명이다.

오답분석

① 압구정동의 가구 수는 $\frac{14.4조}{12.8억}$=11,250가구, 여의도동의 가구 수는 $\frac{24.9조}{26.7억}$ ≒9,300가구이므로 압구정동의 가구 수가 더 많다.

② 이촌동의 가구 수가 2만 가구 이상이려면 총자산이 7.4×20,000=14.8조 원 이상이어야 한다.
그러나 이촌동은 총자산이 14.4조 원인 압구정동보다도 순위가 낮으므로 이촌동의 가구 수는 2만 가구 미만이다.

④ 여의도동의 부동산자산은 12.3조 원 미만이다. 따라서 여의도동의 증권자산은 최소 24.9−12.3−9.6=3조 원을 초과한다.

⑤ 도곡동의 총자산 대비 부동산자산의 비율은 $\frac{12.3}{15.0}\times100=82\%$이고, 목동의 총자산 대비 부동산자산의 비율은 $\frac{13.7}{15.5}\times100 \fallingdotseq 88.39\%$이므로 옳지 않은 설명이다.

07

정답 ④

서비스 품질 5가지 항목의 점수와 서비스 쇼핑 체험 점수를 비교해보면, 모든 대형마트에서 서비스 쇼핑 체험 점수가 가장 낮다는 것을 확인할 수 있다. 따라서 서비스 쇼핑 체험 부문의 만족도는 서비스 품질 부문들보다 낮다고 이해할 수 있다. 그리고 서비스 쇼핑 체험 점수의 평균은 (3.48+3.37+3.45+3.33)÷4≒3.41점이다.

오답분석

① 주어진 자료에서 단위를 살펴보면 5점 만점으로 조사되었음을 알 수 있으며, 종합만족도의 평균은 (3.72+3.53+3.64+3.56)÷4≒3.61점이다. 따라서 업체별로는 A마트 → C마트 → D마트 → B마트 순서로 종합만족도가 낮아짐을 알 수 있다.

② 대형마트 인터넷 / 모바일쇼핑 소비자 만족도 자료에서 마트별 인터넷 · 모바일쇼핑 만족도의 차를 구해보면 A마트 0.07점, B마트 · C마트 0.03점, D마트 0.05점으로 A마트가 가장 크다.

③ 평균적으로 고객접점직원 서비스보다는 고객관리 서비스가 더 낮게 평가되었다.

⑤ 모바일쇼핑 만족도는 평균 3.845이며, 인터넷쇼핑은 평균 3.80이다. 따라서 모바일쇼핑이 평균 0.045점 더 높게 평가되었다고 이해하는 것이 올바르다.

08

정답 ①

2021년 화재건수 대비 사망자 수는 경기도의 경우 $\frac{70}{10,147}$ ≒0.007명/건으로 $\frac{20}{2,315}$ ≒0.009명/건인 강원도보다 작다.

TIP 분자분모를 보니 소수점 아래 자릿수가 많을 것으로 보이므로 분수 자체로 비교하는 것이 편할 것이다. 분자끼리 보면 경기도의 사망자수는 강원도의 약 3배인데, 분모끼리 보면 경기도의 화재건수가 강원도의 4배를 초과한다. 강원도에 비해 경기도의 분모 증가율이 분자 증가율보다 크다는 것을 알 수 있으므로 구체적 계산 없이도 경기도의 화재건수 대비 사망자 수가 강원도보다 작을 것임을 알 수 있다.

오답분석

② 2022년 화재로 인한 부상자 수는 충청남도가 30명으로 107명인 충청북도의 $\frac{30}{107}\times100 \fallingdotseq 28\%$이므로 30% 미만이다. 따라서 옳은 설명이다.

③ 대구광역시의 2022년 화재건수는 1,612건으로, 경상북도의 50%인 2,817×0.5=1,408.5건 이상이다. 따라서 옳은 설명이다.

④ 부산광역시의 경우, 화재로 인한 부상자 수가 2022년에 102명, 2021년에 128명으로 2022년 전년 대비 감소율은 $\left(\frac{102-128}{128}\right)\times100 \fallingdotseq -20.3\%$ 감소하였으므로 옳은 설명이다.

⑤ 화재발생건수가 가장 많은 시 · 도는 2021년과 2022년에 모두 경기도이므로 옳은 설명이다.

09

정답 ②

매출액 규모가 클수록 업종 전환 이유에 대해 영업이익 감소를 선택한 비율이 높다.

오답분석

① 프랜차이즈 형태로 운영하는 경우(1.3%), 그렇지 않은 경우(2.3%)보다 업종 전환 의향에 대한 긍정적 응답 비율이 낮다.
③ 매출액 규모가 1억 원 미만인 경우, 업종 전환 이유에 대해 구인의 어려움을 선택한 응답자 비율이 0이므로 옳지 않다.
④ 비(非)프랜차이즈 형태로 운영하는 경우, 업종 전환의 가장 큰 이유는 57.9%가 응답한 영업이익 감소이다.
⑤ 매출액이 5억 원 이상인 경우, 업종 전환의 가장 큰 이유는 61.4%가 응답한 영업이익 감소이다.

10

정답 ④

ㄴ. 범죄 종류 중 '사기'의 2002년 대비 2012년 범죄 건수 증가량과 증가율, 그리고 2012년 대비 2022년 범죄 건수 증가량과 증가율은 다음 표와 같다.

구분	'사기' 범죄 건수 증가량	'사기' 범죄 건수 증가율
2002년 대비 2012년	2,324－1,580＝744건	$\frac{744}{1,580}\times 100 \fallingdotseq 47.1\%$
2012년 대비 2022년	3,292－2,324＝968건	$\frac{968}{2,324}\times 100 \fallingdotseq 41.7\%$

따라서 증가량은 2012년 대비 2022년 범죄 건수가 많고, 증가율은 2002년 대비 2012년 범죄 건수가 높다.

ㄷ. 2022년 친인척 및 지인 관련 성폭행 범죄 건수는 448＋418＝866건으로, 성폭행 전체 범죄 건수인 904건에서 $\frac{866}{904}\times 100 \fallingdotseq 95.8\%$를 차지한다.

오답분석

ㄱ. 2002년부터 2022년까지 10년마다 범죄 건수가 지속적으로 감소하고 있는 범죄 종류는 방화, 협박, 살인으로 총 3가지이다.
ㄹ. 2012년 대비 2022년 전체 범죄 건수 증가율은 $\frac{10,011-8,652}{8,652}\times 100 \fallingdotseq 15.7\%$, 2002년 대비 2012년 범죄 건수 증가율은 $\frac{8,652-8,060}{8,060}\times 100 \fallingdotseq 7.3\%$이다. 따라서 2012년 대비 2022년 전체 범죄 건수 증가율은 2002년 대비 2012년 범죄 건수 증가율의 2배인 7.3×2＝14.6%보다 높으므로 2배 이상이다.

11

정답 ④

중국의 확진자 수가 가장 많은 달인 5월의 완치자 수 대비 사망자 수의 비율은 $\frac{1,884}{59,212}\times 100 \fallingdotseq 3\%$이므로 인도의 7월 완치자 수 대비 사망자 수 비율인 $\frac{1,008}{46,482}\times 100 \fallingdotseq 2\%$보다 높다.

오답분석

① 한국의 4월 대비 5월 확진자 수 증가율은 $\frac{5,482-2,485}{2,485}\times 100 \fallingdotseq 121\%$이고, 6월 대비 7월 확진자 수 감소율은 $\frac{4,622-1,840}{4,622}\times 100 \fallingdotseq 60\%$이다.
② 한국, 중국, 일본, 인도에서는 4월에서 7월까지 매월 완치자 수는 전월 대비 증가하고 있지만, 미국의 경우 7월 완치자 수(55,483명)는 6월 완치자 수(68,885명)보다 감소했다.
③ 일본의 경우, 확진자 수는 6월까지 증가하다가 그 이후 감소했고, 일본과 인도의 사망자 수는 5월까지 증가하다가 6월부터 감소하였다.
⑤ 인도에서 3월부터 5월까지 완치자 수는 사망자 수보다 적다.

12

정답 ④

마약범죄로 검거된 법인체 수의 12배는 8×12=96개인데, 마약범죄로 검거된 불상검거인원 수는 그 이상인 112명이다.

오답분석

① 지능범죄 검거인원의 20%는 383,560×0.2=76,712명인데, 불상검거인원의 수는 74,330명으로 이보다 적다.
② 선거범죄 검거인원의 80%는 3,415×0.8=2,732명인데, 노동범죄 검거인원은 2,097명으로 이보다 적다.
③ 풍속범죄 검거인원의 남자 검거인원 대비 여자 검거인원의 성비가 10:1이 되려면, 남자 검거인원이 여자 검거인원의 10배인 41,150명 이상이 되어야 한다. 하지만 이보다 적은 28,720명이므로 틀린 설명이다.
⑤ 발생건수 대비 검거건수의 비율이 전체범죄의 발생건수 대비 검거건수 비율인 84%보다 낮은 범죄유형은 절도범죄, 지능범죄, 안보범죄 3가지이다.

13

정답 ③

ㄴ. 지능범죄의 발생건수는 2022년에 전년 대비 증가한 반면, 교통범죄의 발생건수는 2022년에 전년 대비 감소하였다.
ㄷ. 발생건수 대비 검거건수 비율을 비교하였을 때, 2021년에 가장 높은 수치는 98.3%의 노동범죄이고, 2022년에 가장 높은 수치는 97.8%의 보건범죄이다. 따라서 발생건수 대비 검거건수가 가장 높은 범죄유형은 2021년과 2022년이 각각 다르다.

오답분석

ㄱ. 기타범죄의 검거 법인체 수가 2022년에 전년 대비 10% 이상 증가하였다면, 2022년 기타범죄의 검거 법인체 수는 2021년의 1.1배인 5,050×1.1=5,555개 이상이어야 한다. 2022년 검거된 법인체 수는 이를 초과하는 5,811개이므로 옳은 설명이다.
ㄹ. 검거된 법인체수를 비교하였을 때, 절도범죄의 경우는 8개에서 6개로 감소하였으며, 병역범죄의 경우 9개에서 5개로 감소하였다. 각각의 감소율은 절도범죄는 $\frac{8-6}{8}\times100=25\%$, 병역범죄는 $\frac{9-5}{9}\times100≒44.4\%$로 2022년의 전년 대비 검거된 법인체수의 감소율이 더 큰 것은 병역범죄이다.

14

정답 ④

ㄴ. 2020년 상반기와 하반기의 20대 여성 감염자 수는 각각 2,300명, 6,800명으로 동시기의 20대 남성 감염자 수인 2,200명, 6,200명보다 많다.
ㄹ. 2021년 상반기의 10세 미만 감염자 수와 60세 이상 감염자 수는 1,300+1,200+3,400+3,600=9,500명으로, 2021년 상반기 전체 감염자 수인 171,000−76,000=95,000명의 10%이다.

오답분석

ㄱ. 2020년 하반기 감염자 수는 76,000−19,000=57,000명으로, 2020년 상반기 감염자 수인 19,000명 대비 $\frac{57,000-19,000}{19,000}\times100=200\%$ 증가하였다.
ㄷ. 2020년 상반기부터 2021년 상반기까지 남성 감염자 수와 여성 감염자 수가 가장 많은 연령대는 다음과 같다.
- 2020년 상반기 : 남성 30대(2,600명), 여성 30대(2,400명)
- 2020년 하반기 : 남성 40대(7,500명), 여성 20대·30대(6,800명)
- 2021년 상반기 : 남성 40대(12,700명), 여성 30대(9,500명)

따라서 2020년 상반기부터 2021년 상반기까지 여성 감염자 수는 30대가 가장 높지만, 남성 감염자 수는 2020년 상반기는 30대가, 2020년 하반기와 2021년 상반기에는 40대가 가장 높다.

15

정답 ①

2021년 상반기 수치 중 전체 수치는, 2021년 상반기 수치가 아닌 2021년 상반기까지 누적된 수치로 표기되어 있다.

오답분석

② 2020년 상반기부터 2021년 상반기까지의 코로나19 감염자 수 남녀 비율을 구하면 다음과 같다.

구분	2020년 상반기	2020년 하반기	2021년 상반기
전체 감염자 수	19,000명	57,000명	95,000명
남성 감염자 수	9,800명	31,000명	52,800명
남성 감염자 비율	$\frac{9,800}{19,000}\times100≒52\%$	$\frac{31,000}{57,000}\times100≒54\%$	$\frac{52,800}{95,000}\times100≒56\%$
여성 감염자 수	9,200명	26,000명	42,200명
여성 감염자 비율	$\frac{9,200}{19,000}\times100≒48\%$	$\frac{26,000}{57,000}\times100≒46\%$	$\frac{42,200}{95,000}\times100≒44\%$

③ 2020년의 20·30·40대 감염자 수를 구하면 다음과 같다.

구분		2020년 상반기	2020년 하반기
20 ~ 29세	남	2,200명	6,200명
	여	2,300명	6,800명
	전체	17,500명	
30 ~ 39세	남	2,600명	7,200명
	여	2,400명	6,800명
	전체	19,000명	
40 ~ 49세	남	1,500명	7,500명
	여	2,000명	5,500명
	전체	16,500명	

④ 2021년 상반기 연령대별 감염자 수를 구하면 다음과 같다.

- 10대 미만 : 1,300+1,200=2,500명
- 10대 : 4,500+4,000=8,500명
- 20대 : 9,200+8,800=18,000명
- 30대 : 10,500+9,500=20,000명
- 40대 : 12,700+7,300=20,000명
- 50대 : 11,200+7,800=19,000명
- 60대 이상 : 3,400+3,600=7,000명

⑤ 2020년 상반기 대비 2021년 상반기의 연령대별 감염자 수 증가량을 구하면 다음과 같다.

구분	2020년 상반기	2021년 상반기	증가량
10세 미만	500명	2,500명	2,000명
10 ~ 19세	2,000명	8,500명	6,500명
20 ~ 29세	4,500명	18,000명	13,500명
30 ~ 39세	5,000명	20,000명	15,000명
40 ~ 49세	3,500명	20,000명	16,500명
50 ~ 59세	2,000명	19,000명	17,000명
60세 이상	1,500명	7,000명	5,500명

16

정답 ③

이륜자동차의 5년간 총 사고건수는 12,400+12,900+12,000+11,500+11,200=60,000건이고, 2019년과 2020년의 사고건수의 합은 12,900+12,000=24,900건이므로 전체 사고건수의 $\frac{24,900}{60,000}\times 100=41.5\%$이다.

오답분석

① 2019년부터 2022년까지 전년 대비 사고건수 비율을 구해보면 다음과 같다.

- 2019년(12건)은 전년(8건) 대비 12÷8=1.5배
- 2020년(54건)은 전년(12건) 대비 54÷12=4.5배
- 2021년(81건)은 전년(54건) 대비 81÷54=1.5배
- 2022년(162건)은 전년(81건) 대비 162÷81=2배

따라서 가장 높은 해는 2020년이다.

② 원동기장치자전거의 사고건수는 2020년까지 증가하다가, 2021년(7,110건)에는 전년(7,480건) 대비 감소하였다.

④ 택시의 2018년 대비 2022년 사고건수는 $\frac{177,856-158,800}{158,800}\times 100=12\%$ 증가하였고, 버스는 2018년 대비 2022년 사고건수는 $\frac{227,256-222,800}{222,800}\times 100=2\%$ 증가하였다. 따라서 택시의 증가율이 높다.

⑤ 이륜자동차를 제외하고 2018년부터 2022년까지 교통수단별 사고건수가 가장 많은 해를 구하면 전동킥보드는 2022년(162건), 원동기장치자전거는 2022년(8,250건), 택시는 2022년(177,856건)이지만, 버스는 2020년(235,580건)이 가장 높다.

17

정답 ⑤

ㄱ. 5가지 교통수단 중 전동킥보드만 사고건수가 매년 증가하고 있으며 대책이 필요하다.

ㄷ. 2018년 이륜자동차에 면허에 대한 법률이 개정되었고, 2019년부터 시행되었으며, 2020년부터 2022년까지 전년 대비 이륜자동차의 사고건수가 매년 줄어들고 있으므로 옳은 판단이다.

ㄹ. 택시의 2019년도부터 2022년까지의 전년 대비 사고건수는 '증가 – 감소 – 증가 – 증가'하였으나, 버스는 '감소 – 증가 – 감소 – 감소'하였다.

오답분석

ㄴ. 원동기장치자전거의 사고건수가 가장 적은 해는 2018년(5,450건)이지만, 이륜자동차의 사고건수가 가장 많은 해는 2019년(12,900건)이다.

18

정답 ①

3월과 4월의 총 합수가 서로 바뀌었다.

(단위 : 건)

구분	합계	1월	2월	3월	1분기	4월	5월	6월	7월	8월	9월	3분기	10월	11월	12월
합계	8,608	374	230	303	–	809	2,134	1,519	626	388	346	–	596	599	684
2018년	2,247	94	55	67	216	224	588	389	142	112	82	336	156	148	190
2019년	1,884	85	55	62	202	161	475	353	110	80	74	264	131	149	149
2020년	1,629	78	37	61	176	161	363	273	123	67	69	259	95	137	165
2021년	1,561	57	43	69	169	151	376	287	148	63	70	281	135	86	76
2022년	1,287	60	40	44	144	112	332	217	103	66	51	220	79	79	104

19

정답 ⑤

제1차 시험 대비 제2차 시험 합격률의 증가율은 다음과 같다.

$$\frac{\text{제2차 시험 합격률}-\text{제1차 시험 합격률}}{\text{제1차 시험 합격률}}\times 100$$

$$=\frac{\left(\frac{17,325}{75,000}\times 100\right)-\left(\frac{32,550}{155,000}\times 100\right)}{\left(\frac{32,550}{155,000}\times 100\right)}\times 100$$

$$=\frac{23.1-21}{21}\times 100$$

$$=\frac{2.1}{21}\times 100$$

$$=10\%$$

20

정답 ③

1. 규칙 파악

• A기업

2018년	2019년	2020년	2021년	2022년
100	96	88	76	60

앞의 항에 -4. -8, -12 ⋯ -4씩 작아지는 수를 더하는 수열이다.

• B기업

2018년	2019년	2020년	2021년	2022년
147	134	120	105	89

앞의 항에 -13, -14, -15 ⋯ -1씩 작아지는 수를 더하는 수열이다.

2. 계산

㉠ 직접 계산하기

• A기업

2022년	2023년	2024년	2025년
60	40	16	0

• B기업

2022년	2023년	2024년	2025년	2026년	2027년
89	72	54	35	15	0

㉡ 식 세워 계산하기

• A기업

2018년을 기준으로 n번째 항을 a_n이라고 하면 다음과 같다.

$a_{n+1}=a_n-4n$

$a_n=a_1-\sum_{k=1}^{n-1}4k=100-2n(n-1)=-2n^2+2n+100$

$a_n\le 0$이 되는 최소의 n은 8이고, n이 8일 때의 연도는 2025년이다.

• B기업

2018년을 기준으로 n번째 항을 a_n이라고 하면 다음과 같다.

$a_{n+1}=a_n-(n+12)$

$a_n=a_1-\sum_{k=1}^{n-1}(k+12)=147-\frac{n(n-1)}{2}-12(n-1)=159-\frac{n}{2}(n+23)$

$a_n\le 0$이 되는 최소의 n은 10이고, n이 10일 때의 연도는 2027년이다.

제2영역 추리

01	02	03	04	05	06	07	08	09	10	11	12	13	14	15	16	17	18	19	20
③	④	④	①	④	③	①	④	⑤	③	④	③	③	①	③	③	⑤	③	③	③
21	22	23	24	25	26	27	28	29	30										
①	③	②	②	②	⑤	①	③	④	④										

01

정답 ③

'A세포가 있다.'를 p, '물체의 상을 감지하다.'를 q, 'B세포가 있다.'를 r, '빛의 유무를 감지하다.'를 s라 하면, 첫 번째, 두 번째, 마지막 명제는 각각 $p \to \sim q$, $\sim r \to q$, $p \to s$이다. 두 번째 명제의 대우와 첫 번째 명제에 따라 $p \to \sim q \to r$이 되어 $p \to r$이 성립하고, 마지막 명제가 $p \to s$가 되기 위해서는 $r \to s$가 추가로 필요하다. 따라서 빈칸에 들어갈 명제는 $r \to s$의 ③이다.

02

정답 ④

'선생님에게 혼이 난다.'를 '선', '떠들었다.'를 '떠', '벌을 서다.'를 '벌'이라고 하자.

구분	명제	대우
전제1	선× → 떠×	떠 → 선
결론	벌× → 떠×	떠 → 벌

전제1이 결론으로 연결되려면, 전제2는 벌× → 선×가 되어야 한다. 따라서 전제2는 '벌을 서지 않은 사람은 선생님에게 혼나지 않는다.'의 대우인 ④이다.

03

정답 ④

'A프로젝트에 참여한다.'를 A, 'B프로젝트에 참여한다.'를 B, 'C프로젝트에 참여한다.'를 C라고 하면, 전제1과 결론을 다음과 같은 벤다이어그램으로 나타낼 수 있다.

1) 전제1

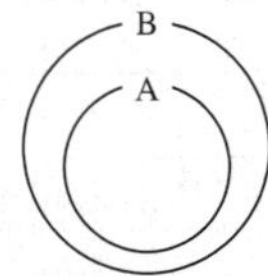

2) 결론

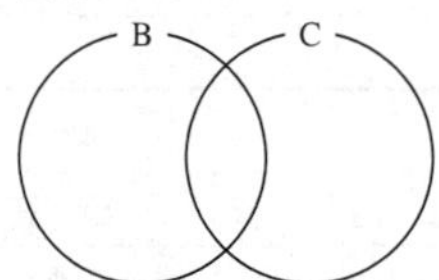

결론이 참이 되기 위해서는 B와 공통되는 부분의 A와 C가 연결되어야 한다. 즉, 다음과 같은 벤다이어그램이 성립할 때 결론이 참이 될 수 있으므로 전제2에 들어갈 명제는 'A프로젝트에 참여하는 어떤 사람은 C프로젝트에 참여한다.'의 ④이다.

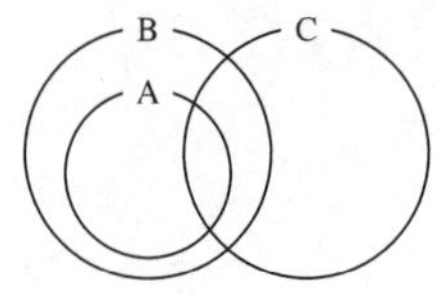

04

정답 ①

각각의 조건을 수식으로 비교해 보면 다음과 같다.

A>B, D>C, F>E>A, E>B>D

∴ F>E>A>B>D>C

오답분석

② 외판원 C의 실적은 꼴찌이다.

③ B의 실적보다 낮은 외판원은 2명이다.

④ D보다 실적이 낮은 외판원은 1명이다.

⑤ A의 실적이 C의 실적보다 높다.

05

정답 ④

세 번째 조건에 따라, 빨간색 모자를 쓴 사람은 5명, 파란색 모자를 쓴 사람은 7명이다.

첫 번째 조건에 따라, 파란색 하의를 입은 사람은 5명, 빨간색 하의를 입은 사람은 7명이다.

두 번째 조건에 따라, 파란색 상의와 하의를 입은 사람의 수를 x라 하면, 빨간색 상의와 하의를 입은 사람의 수는 $6-x$이다. 또한 파란색 상의와 빨간색 하의를 입은 사람의 수는 $7-(6-x)=x+1$이고, 빨간색 상의와 파란색 하의를 입은 사람의 수는 $5-x$이다.

네 번째 조건에 따라, $x+(x+1)=7$이고 $x=3$이다.

따라서 하의만 빨간색인 사람은 4명이다.

06

정답 ③

두 번째 조건에 의해, B는 6층에 입주해야 한다.

세 번째 조건에 의해, F－D－E 순서로 높은 층에 입주해야 한다.

A와 C는 1～3층에 거주해야 하므로 E는 1～3층에, D는 4층에 입주가 가능하다.

이러한 결과를 표로 나타내면 다음과 같다.

구분	1	2	3	4	5	6
A				×	×	×
B	×	×	×	×	×	○
C				×	×	×
D	×	×	×	○	×	×
E				×	×	×
F	×	×	×	×	○	×

따라서 A, C, E가 입주할 경우의 수만 생각하면 $3\times2\times1=6$가지이다.

07

정답 ①

B사원은 2층에 묵는 A사원보다 높은 층에 묵지만, C사원보다는 낮은 층에 묵으므로 3층 또는 4층에 묵을 수 있다. 그러나 D사원이 C사원 바로 아래층에 묵는다고 하였으므로 D사원이 4층, B사원은 3층에 묵는 것을 알 수 있다. 따라서 A～D를 높은 층에 묵는 순서대로 나열하면 'C－D－B－A'가 되며, E는 남은 1층에 묵는 것을 알 수 있다.

08

정답 ④

첫 번째 조건에 따라 A는 선택 프로그램에 참가하므로 A는 수·목·금요일 중 하나의 프로그램에 참가한다. A가 목요일 프로그램에 참가하면 E는 A보다 나중에 참가하므로 금요일의 선택3 프로그램에 참가할 수밖에 없다. 따라서 항상 참이 되는 것은 ④이다.

오답분석

① 두 번째 조건에 따라 C는 필수 프로그램에 참가하므로 월·화요일 중 하나의 프로그램에 참가하며, 이때 C가 화요일 프로그램에 참가하면 C보다 나중에 참가하는 D는 선택 프로그램에 참가할 수 있다.
② B는 월·화요일 프로그램에 참가할 수 있으므로 B가 화요일 프로그램에 참가하면 C는 월요일 프로그램에 참가할 수 있다.
③ C가 화요일 프로그램에 참가하면 E는 선택2 또는 선택3 프로그램에 참가할 수 있다.

구분	월(필수1)	화(필수2)	수(선택1)	목(선택2)	금(선택3)
경우 1	B	C	A	D	E
경우 2	B	C	A	E	D
경우 3	B	C	D	A	E

⑤ E는 선택 프로그램에 참가하는 A보다 나중에 참가하므로 목요일 또는 금요일 중 하나의 프로그램에 참가할 수 있다.

09

정답 ⑤

월요일부터 토요일까지 각 팀의 회의 진행 횟수가 같으므로 6일 동안 6개 팀은 각각 두 번씩 회의를 진행해야 한다. 주어진 조건에 따라 A～F팀의 회의 진행 요일을 정리하면 다음과 같다.

<table>
<tr><th>월</th><th>화</th><th>수</th><th>목</th><th>금</th><th>토</th></tr>
<tr><td rowspan="2">C, B</td><td rowspan="2">D, B</td><td>C, E</td><td rowspan="2">A, F</td><td rowspan="2">A, F</td><td>D, E</td></tr>
<tr><td>D, E</td><td>C, E</td></tr>
</table>

오답분석

① E팀은 수요일과 토요일에 모두 회의를 진행한다.
② 화요일에 회의를 진행한 팀은 B팀과 D팀이다.
③ C팀과 E팀은 수요일과 토요일 중 하루는 함께 회의를 진행한다.
④ C팀은 월요일에 한 번 회의를 진행하였고, 수요일 또는 토요일 중 하루만 회의를 진행한다.

10

정답 ③

먼저 세 번째～여섯 번째 조건을 기호화하면 다음과 같다.

- A or B → D, A and B → D
- C → ~E and ~F
- D → G
- G → E

세 번째 조건의 대우 ~D → ~A and ~B에 따라 D사원이 출장을 가지 않으면 A사원과 B사원 모두 출장을 가지 않는 것을 알 수 있다. 결국 D사원이 출장을 가지 않으면 C사원과 대리인 E, F, G대리가 모두 출장을 가야 한다. 그러나 이는 대리 중 적어도 한 사람은 출장을 가지 않다는 두 번째 조건과 모순되므로 성립하지 않는다. 따라서 D사원은 반드시 출장을 가야 한다. D사원이 출장을 가면 다섯 번째, 여섯 번째 조건을 통해 D → G → E가 성립하므로 G대리와 E대리도 출장을 가는 것을 알 수 있다. 이때, 네 번째 조건의 대우에 따라 E대리와 F대리 중 적어도 한 사람이 출장을 가면 C사원은 출장을 갈 수 없으며, 두 번째 조건에 따라 E, F, G대리는 모두 함께 출장을 갈 수 없다. 결국 D사원, G대리, E대리와 함께 출장을 갈 수 있는 사람은 A사원 또는 B사원이다.
따라서 항상 참이 되는 것은 'C사원은 출장을 가지 않는다.'의 ③이다.

11

정답 ④

주어진 조건으로부터 콩쥐는 빨간색 치마, 팥쥐는 검은색 고무신을 배정받고, 나머지 조건으로부터 네 사람의 물품을 배정하면 다음과 같다.

• 팥쥐 : 이미 검은색 고무신을 배정받았기 때문에 검은색 치마를 배정받을 수 없고, 콩쥐가 빨간색 치마를 배정받았기 때문에 노란색을 싫어하는 팥쥐는 파란색 치마를 배정받는다. 또한, 노란색을 싫어하므로 빨간색 족두리를 배정받는다.
• 콩쥐 : 파란색 고무신을 싫어하고 검은색 고무신은 이미 팥쥐에게 배정되었으므로 빨간색과 노란색 고무신을 배정받을 수 있는데, 콩쥐는 이미 빨간색 치마를 배정받았으므로 노란색 고무신을 배정받는다.
• 향단 : 빨간색과 파란색 치마가 이미 팥쥐와 콩쥐에게 각각 배정되었으므로 검은색 치마를 싫어하는 향단이는 노란색 치마를 배정받고, 춘향이가 검은색 치마를 배정받는다. 춘향이가 빨간색을 싫어하므로 향단이는 빨간색 고무신을, 춘향이는 파란색 고무신을 배정받는다.
• 춘향 : 검은색 치마와 파란색 고무신을 배정받았으므로 빨간색을 싫어하는 춘향이는 노란색 족두리를 배정받는다. 따라서 콩쥐와 향단이는 각각 파란색 또는 검은색 족두리를 배정받게 된다.

주어진 조건을 표로 정리하면 다음과 같다.

구분	족두리	치마	고무신
콩쥐	파란색 / 검은색	빨간색	노란색
팥쥐	빨간색	파란색	검은색
향단	검은색 / 파란색	노란색	빨간색
춘향	노란색	검은색	파란색

따라서 춘향이는 항상 검은색 치마를 배정받아 착용한다.

오답분석

①·⑤ 콩쥐와 향단이가 파란색과 검은색 족두리 중 어느 것을 배정받을지는 알 수 없다.
② 팥쥐는 빨간색 족두리를 착용한다.
③ 향단이는 빨간색 고무신을 착용한다.

12

정답 ③

조건에 따르면 최소한 수학자 1명, 논리학자 1명, 과학자 2명이 선정되어야 하고, 그 외 나머지 2명을 선정해야 한다.
예를 들어 물리학, 생명과학, 화학, 천문학을 전공한 과학자 총 4명을 선정하면 천문학 전공자는 기하학 전공자와 함께 선정되고, 논리학자는 비형식논리 전공자를 선정하면 가능하다.

오답분석

① 형식논리 전공자가 1명 선정되면 비형식논리 전공자도 1명 선정된다. 따라서 논리학자는 2명 선정된다. 그러나 형식논리 전공자가 먼저 선정된 것이 아니라면 그렇지 않다.
② 같은 전공을 가진 수학자가 2명 선정될 수 있다. 예를 들어, 다음과 같이 선정될 수 있다.
논리학자 1명 – 비형식논리 전공자
수학자 2명 – 기하학 전공자, 기하학 전공자
과학자 3명 – 물리학 전공자, 생명과학 전공자, 천문학 전공자
④ 통계학 전공자를 포함하면 수학자는 3명이 선정될 수 있다. 예를 들어, 다음과 같이 선정될 수 있다.
논리학자 1명 – 비형식논리 전공자
수학자 3명 – 통계학 전공자, 대수학 전공자, 기하학 전공자
과학자 2명 – 천문학 전공자, 기계공학 전공자
⑤ 논리학자는 3명이 선정될 수 있다. 예를 들어, 다음과 같이 선정될 수 있다.
논리학자 3명 – 형식논리 전공자 1명, 비형식논리 전공자 2명
수학자 1명 – 기하학 전공자
과학자 2명 – 천문학 전공자, 물리학 전공자

13

정답 ③

먼저 B업체가 선정되지 않으면 세 번째 조건에 따라 C업체가 선정된다. 또한 첫 번째 조건의 대우인 'B업체가 선정되지 않으면, A업체도 선정되지 않는다.'에 따라 A업체는 선정되지 않는다. A업체가 선정되지 않으면 두 번째 조건에 따라 D업체가 선정된다. D업체가 선정되면 마지막 조건에 따라 F업체도 선정된다.
따라서 B업체가 선정되지 않을 경우 C, D, F업체가 시공업체로 선정된다.

14

정답 ①

D의 진술에 대한 A와 C의 진술이 상반되므로 둘 중 한 명이 거짓을 말하고 있음을 알 수 있다.

i) C의 진술이 거짓인 경우 : C와 D 두 명의 진술이 거짓이 되므로 성립하지 않는다.

ii) A의 진술이 거짓인 경우 : B, C, D, E의 진술이 모두 참이 되며, 사탕을 먹은 사람은 A이다.

따라서 거짓을 말하는 사람은 A이다.

15

정답 ③

제시된 단어는 반의 관계이다.

'가공'은 '근거 없이 지어냄'을 뜻하고, '사실'은 '실제로 있었던 일'을 뜻한다. 따라서 '감추거나 숨김'의 뜻인 '은폐'와 반의 관계인 단어는 '마음에 있는 것을 죄다 드러내어 말함'의 뜻인 '토로'이다.

오답분석

① 진리 : 참되 이치
② 허위 : 진실이 아닌 것을 진실인 것처럼 꾸민 것
④ 은닉 : 남의 물건이나 범죄인을 감춤
⑤ 피력 : 생각하는 것을 털어놓고 말함

16

정답 ③

'고의'는 '일부러 하는 생각이나 태도'라는 뜻이므로 '부주의나 태만 따위에서 비롯된 잘못이나 허물'이라는 뜻인 '과실'과 반의 관계이고, 나머지는 유의 관계이다.

오답분석

① • 감염 : 나쁜 버릇이나 풍습, 사상 따위가 영향을 주어 물이 들게 함
  • 전염 : 다른 사람의 습관, 분위기, 기분 따위에 영향을 받아 물이 듦
② • 간병 : 앓는 사람이나 다친 사람의 곁에서 돌보고 시중을 듦
  • 간호 : 다쳤거나 앓고 있는 환자나 노약자를 보살피고 돌봄
④ • 우호 : 개인끼리나 나라끼리 사이가 좋음
  • 친교 : 친밀하게 사귐. 또는 그런 교분
⑤ • 성패 : 성공과 실패를 아울러 이르는 말
  • 득실 : 얻음과 잃음

17

정답 ⑤

제시문에 따르면 현대는 텔레비전이나 만화책을 보는 문화가 신문이나 두꺼운 책을 읽는 문화를 대체하고 있다. 이처럼 휴식이 따라오는 보는 놀이는 사람들의 머리를 비게 하여 생각 없는 사회로 치닫게 한다. 즉, 사람들은 텔레비전을 보는 동안 휴식을 취하며 생각을 하지 않으므로 텔레비전을 많이 볼수록 생각하는 시간이 적어짐을 추론할 수 있다.

18

정답 ③

제시문에서는 '주차 공간에 차가 있는지 여부를 감지하는 센서를 설치한 스마트 주차'라고 했으므로 주차를 해준다기보다는 주차공간이 있는지의 여부를 알 수 있는 기능이다.

오답분석

① '각국 경제 및 발전 수준, 도시 상황과 여건에 따라 매우 다양하게 정의 및 활용되고, 접근 전략에도 차이가 있다.'라고 했으므로 일치하는 내용이다.
② 두 번째 문단 중 '이 스마트 가로등은 … 인구 밀집도까지 파악할 수 있다.'라고 했으므로 일치하는 내용이다.
④ 세 번째 문단에서 항저우를 비롯한 중국의 여러 도시들은 알리바바의 알리페이를 통해 항저우 택시의 98%, 편의점의 95% 정도에서 모바일 결제가 가능하고, 부 업무, 차량, 의료 등 60여 종에 달하는 서비스이용이 가능하다고 하였으므로 지갑을 가지고 다니지 않아도 일부 서비스를 이용할 수 있다.
⑤ 마지막 문단 중 '세종에서는 … 개인 맞춤형 의료 서비스 등을 받을 수 있다.'라는 내용을 통해 알 수 있다.

19

정답 ③

제시문에 따르면 부모의 학력이 자녀의 소득에 영향을 미치는 것은 환경적 요인에 의한 결정이다. 이러한 현상이 심화될 경우 빈부격차의 대물림 현상이 심해질 것으로 바라보고 있다.

오답분석

① 노력뿐만 아니라 환경적 요인, 운 등 다양한 요소에 의해 결정된다.
② 분배정의론 관점은 환경적 요인에 의해 나타난 불리함에 대해서 개인에게 책임을 묻는 것이 정당하지 않다고 주장하고 있다.
④ 사회민주주의 국가는 조세 정책을 통해 기회균등화 효과를 거두고 있다.
⑤ 세율을 낮추면 이전지출이 줄어든다. 또한 이전지출을 줄이는 것보다 세율을 높이고 이전지출을 늘리는 것이 재분배에 효과적이다.

20

정답 ③

제시문에서는 아이들이 어른에게서보다 어려운 문제 해득력이나 추상력을 필요로 하지 않는 텔레비전을 통해서 더 많은 것을 배우므로 어린이나 젊은이들에게서 어른에 대한 두려움이나 존경을 찾기 어렵다고 주장한다. 이러한 주장에 대한 반박으로는 아이들은 텔레비전보다 학교의 선생님이나 친구들과 더 많은 시간을 보내고, 텔레비전이 아이들에게 부정적 영향만 끼치는 것은 아니며, 아이들의 그러한 행동에 영향을 미치는 다른 요인이 있다는 것이 적절하다. 따라서 텔레비전이 인간의 필요성을 충족시킨다는 ③은 주장에 대한 반박으로 가장 적절하지 않다.

TIP 제시문에 쓰인 주장에 대한 적절한 반박을 찾기 위해서는 먼저 글쓴이의 주장이 정확히 무엇인지를 파악해야 하지만 그만큼 독해에 시간을 할애해야 한다. 이럴 경우에는 먼저 제시된 선택지들로 전체적인 주장을 파악한 뒤 역으로 본문에서 필요한 키워드를 찾아내는 것이 좋다.

21

정답 ①

제시문에서는 인간의 생각과 말은 깊은 관계를 가지고 있으며, 생각이 말보다 범위가 넓고 큰 것은 맞지만 그것을 말로 표현하지 않으면 그 생각이 다른 사람에게 전달되지 않는다고 주장한다. 즉, 생각은 말을 통해서만 다른 사람에게 전달될 수 있다는 것이다. 따라서 이러한 주장에 대한 반박으로 ①이 가장 적절하다.

22

정답 ③

누진적소득세는 재정정책 중 자동안정화장치의 하나로 내부시차가 없어 경제 상황에 신속하게 대응할 수 있다.

오답분석

① 누진적소득세는 재정정책의 하나이며 화폐 공급량은 통화정책을 통해 조절된다.
② 자동안정화장치는 별도의 동의 절차 없이 적용된다.
④ 재량적 재정정책에 대한 설명으로 누진적소득세와 같은 자동안정화장치는 내부시차가 없다.
⑤ 누진적소득세는 재량적 재정정책과 마찬가지로 외부시차가 짧다.

23

정답 ②

ㄱ. 첫 번째 문단에 따르면 들뜬 상태의 전자들이 원래의 자리, 즉 바닥 상태로 되돌아갈 때 빛 등의 에너지가 방출되므로 옳은 내용이다.
ㄷ. 두 번째 문단에 따르면 매이먼은 들뜬 전자가 빛을 방출하는 동안 거울을 통해 다른 들뜬 전자들이 빛을 방출하도록 유도하는 방식으로 빛을 증폭시켰다. 따라서 전자가 들뜬 상태에 머무는 시간이 긴 루비를 이용하여 빛의 증폭에 유리한 조건을 만들었음을 추론할 수 있다.

오답분석

ㄴ. 첫 번째 문단에 따르면 보유하는 에너지가 낮은 전자부터 원자핵에 가까운 에너지 준위를 채워나가므로 원자핵에 가까울수록 에너지 준위가 낮은 것을 알 수 있다. 들뜬 상태의 전자들은 바닥 상태, 즉 에너지 준위가 낮은 상태로 되돌아가려는 경향이 있으므로 결국 원자핵에 가까운 에너지 준위로 이동할 것이다.
ㄹ. 두 번째 문단에 따르면 매이먼은 루비의 특정 전자들을 들뜨게 함으로써 바닥 상태의 전자수보다 들뜬 상태의 전자수를 많게 만들었으므로 옳지 않다.

24

정답 ②

규칙은 가로 방향으로 적용된다.

첫 번째 도형을 색 반전한 것이 두 번째 도형이고, 이를 시계 반대 방향으로 72° 회전한 것이 세 번째 도형이다.

25

정답 ②

규칙은 가로 방향으로 적용된다.

첫 번째 도형을 색 반전한 것이 두 번째 도형이고, 이를 시계 반대 방향으로 45° 회전한 것이 세 번째 도형이다.

26

정답 ⑤

규칙은 가로 방향으로 적용된다.

첫 번째 도형을 색 반전한 것이 두 번째 도형이고, 이를 y축 기준으로 대칭 이동한 것이 세 번째 도형이다.

27

정답 ①

- ◘ : 각 자릿수에서 차례대로 +1, −1, −2, +2
- ▣ : 첫 번째와 두 번째 문자 자리 바꾸기
- ▲ : 맨 앞과 마지막 문자 자리 바꾸기

652P → 562P → P625

▣ ▲

28

정답 ③

AT3C → CT3A → DS1C

▲ ◘

29

정답 ④

S4F3 → 34FS → 43DU → 34DU

▲ ◘ ▣

30

정답 ④

1EB7 → E1B7 → F0Z9 → 0FZ9

▣ ◘ ▣

온라인 GSAT 삼성직무적성검사

제4회 정답 및 해설

제 1 영역 수리

01	02	03	04	05	06	07	08	09	10	11	12	13	14	15	16	17	18	19	20
②	②	①	④	⑤	⑤	④	①	⑤	③	④	③	②	③	③	②	③	④	②	③

01

정답 ②

영미, 지윤, 혜인이가 1시간 동안 할 수 있는 요리의 양은 각각 $\frac{1}{5}$, $\frac{1}{2}$, $\frac{1}{7}$이다.

$\frac{1}{5}\times2+(\frac{1}{2}+\frac{1}{7})\times x=1\rightarrow\frac{9}{14}x=\frac{3}{5}$

$\therefore x=\frac{14}{15}$

따라서 지윤이와 혜인이가 같이 요리하는 시간은 $\frac{14}{15}$시간이다.

02

정답 ②

P지점에서 Q지점까지 가는 경우의 수와 S지점에서 R지점까지 가는 경우의 수를 곱하면 P지점에서 Q, S지점을 거쳐 R지점으로 가는 방법을 구할 수 있다.

P지점에서 Q지점으로 가는 최단거리 경우는 $\frac{5!}{3!\times2!}=\frac{5\times4\times3\times2}{3\times2\times2}=10$가지이고, S지점에서 R지점까지 가는 경우는 총 $\frac{3!}{2!}=3$가지이다.

따라서 P지점에서 Q, S지점을 거쳐 R지점으로 가는 경우의 수는 모두 $10\times3=30$가지이다.

03

정답 ①

ㄱ. 연령대별 '매우불만족'이라고 응답한 비율은 10대가 19%, 20대가 17%, 30대가 10%, 40대가 8%, 50대가 3%로 연령대가 높아질수록 그 비율은 낮아진다.

ㄷ. 연령대별 부정적인 답변을 구하면 다음과 같다.
- 10대 : 28+19=47%
- 20대 : 28+17=45%
- 30대 : 39+10=49%
- 40대 : 16+8=24%
- 50대 : 23+3=26%

따라서 모든 연령대에서 부정적인 답변이 50% 미만이므로 긍정적인 답변은 50% 이상이다.

오답분석

ㄴ. '매우만족'과 '만족'이라고 응답한 비율은 다음과 같다.
- 10대 : 8+11=19%
- 20대 : 3+13=16%
- 30대 : 5+10=15%
- 40대 : 11+17=28%
- 50대 : 14+18=32%

따라서 가장 낮은 연령대는 30대(15%)이다.

ㄹ. • 50대에서 '불만족' 또는 '매우불만족'이라고 응답한 비율 : 23+3=26%
   • 50대에서 '만족' 또는 '매우만족'이라고 응답한 비율 : 14+18=32%
   따라서 $\frac{26}{32} \times 100 = 81.25\%$로 80% 이상이다.

04

정답 ④

2018년과 2022년에는 출생아 수와 사망자 수의 차이가 20만 명이 되지 않는다.

오답분석

② 기대수명은 제시된 기간 동안 전년 대비 증가하고 있다.
③ 남자와 여자의 수명은 제시된 기간 동안 5년 이상의 차이를 보이고 있다.

구분	2016년	2017년	2018년	2019년	2020년	2021년	2022년
남자와 여자의 수명 차이	6.95	6.84	6.75	6.62	6.6	6.75	6.78

남자와 여자의 수명 차이는 매년 6년 이상이므로 옳은 설명이다.
⑤ 여자의 수명과 기대수명의 차이는 다음과 같다.

구분	2016년	2017년	2018년	2019년	2020년	2021년	2022년
여자의 수명과 기대수명의 차이	3.37	3.31	3.26	3.18	3.17	3.21	3.22

05

정답 ⑤

면세유류는 1990년부터 사용량이 계속 증가하였고, 2020년에는 가장 높은 비율을 차지하였다.

오답분석

① 일반자재는 2010년까지 증가한 이후 2020년에 감소하였다.
② 2000년에는 배합사료, 2020년에는 면세유류가 가장 높은 비율을 차지하였다.
③ 배합사료는 증가와 감소를 반복하였으나, 농기계는 1970 ~ 1990년까지 비율이 증가한 이후 증가와 감소를 반복하였다.
④ 제시된 표만 보고 2020년 이후의 상황은 알 수 없다.

06

정답 ⑤

1인당 GDP 순위는 E>C>B>A>D이다. 그런데 1인당 GDP가 가장 큰 E국은 1인당 GDP가 2위인 C국보다 1% 정도밖에 높지 않은 반면, 인구는 C국의 $\frac{1}{10}$ 이하이므로 총 GDP 역시 C국보다 작다. 따라서 1인당 GDP 순위와 총 GDP 순위는 일치하지 않는다.

오답분석

① 경제성장률이 가장 큰 나라는 D국이며, 1인당 GDP와 총인구를 고려하면 D국의 총 GDP가 가장 작은 것을 알 수 있다.
② 1인당 GDP 대비 총인구를 고려하였을 때 총 GDP가 가장 큰 나라는 C국, 가장 작은 나라는 D국이다.
   • C국의 총 GDP : 55,837×321.8=17,968,346.6백만 달러
   • D국의 총 GDP : 25,832×46.1=1,190,855.2백만 달러
   따라서 총 GDP가 가장 큰 나라와 가장 작은 나라는 10배 이상의 차이를 보인다.
③ 수출 및 수입 규모에 따른 순위는 C>B>A>D>E이므로 서로 일치한다.
④ • A국의 총 GDP는 27,214×50.6=1,377,028.4백만 달러
   • E국의 총 GDP는 56,328×24.0=1,351,872백만 달러
   따라서 A국의 총 GDP가 E국의 총 GDP보다 더 크다.

07

정답 ④

사망자가 30명 이상인 사고를 제외한 나머지 사고는 A, C, D, F이다. 사고 A, C, D, F를 화재 규모와 복구 비용이 큰 순서로 각각 나열하면 다음과 같다.

- 화재 규모 : A－D－C－F
- 복구 비용 : A－D－C－F

따라서 옳은 설명이다.

오답분석

① 터널 길이가 긴 순서로, 사망자가 많은 순서로 사고를 각각 나열하면 다음과 같다.
  - 터널 길이 : A－D－B－C－F－E
  - 사망자 수 : E－B－C－D－A－F

  따라서 터널 길이와 사망자 수는 관계가 없다.

② 화재 규모가 큰 순서로, 복구 기간이 긴 순서로 사고를 각각 나열하면 다음과 같다.
  - 화재 규모 : A－D－C－E－B－F
  - 복구 기간 : B－E－F－A－C－D

  따라서 화재 규모와 복구 기간의 길이는 관계가 없다.

③ 사고 A를 제외하고 복구 기간이 긴 순서로, 복구 비용이 큰 순서로 사고를 나열하면 다음과 같다.
  - 복구 기간 : B－E－F－C－D
  - 복구 비용 : B－E－D－C－F

  따라서 옳지 않은 설명이다.

⑤ 사고 A～E의 사고 비용을 구하면 다음과 같다.
  - 사고 A : $4,200+1\times5=4,205$억 원
  - 사고 B : $3,276+39\times5=3,471$억 원
  - 사고 C : $72+12\times5=132$억 원
  - 사고 D : $312+11\times5=367$억 원
  - 사고 E : $570+192\times5=1,530$억 원
  - 사고 F : $18+0\times5=18$억 원

  따라서 사고 A의 사고 비용이 가장 크다.

08

정답 ①

2021년 인구 천 명당 지방자치단체 공무원 수의 전년 대비 증가율은 충청북도가 충청남도보다 더 높다. 전년도 수치는 동일하므로, 2021년 수치가 더 높은 충청북도가 당연히 증가율이 더 높음을 계산 없이 알 수 있다.

오답분석

② 2020년과 2021년에 인천광역시는 전년 대비 증가하지만 제주특별자치도는 감소세가 지속되었다.

③ 경상북도는 2018년, 경상남도는 2019년이므로 틀린 설명이다.

④ 강원도의 인구 천 명당 지방자치단체 공무원 수는 2022년에 11.08명으로, 2017년의 110%인 $10.47\times110\%\fallingdotseq11.52$명보다 작으므로 틀린 설명이다.

⑤ 제시된 자료는 '인구 천 명당' 공무원 수이다. 따라서 이 표만으로 시·도별 인구수를 알 수 없으므로 판단이 불가능하다.

09

정답 ⑤

2018년부터 2022년까지 매년 생산량은 두류가 잡곡보다 많음을 알 수 있다.

오답분석

① 잡곡의 생산량이 가장 적은 해는 2019년이고, 재배면적이 가장 적은 해는 2022년이다.

② 2022년의 경우 잡곡의 재배면적은 208ha이며, 서류 재배면적의 2배인 $138\times2=276$ha보다 작다.

③ 두류의 생산량이 가장 많은 해는 2017년이고, 같은 해에 재배면적이 가장 큰 곡물은 미곡이다.

④ 2020년부터 2022년까지 미곡의 전년 대비 생산량 증감추이는 '감소－증가－증가'이고, 두류의 경우 계속 증가했다.

10

정답 ③

2017년 고랭지감자의 재배면적은 2016년보다 작지만 10a당 생산량은 2017년도가 2016년보다 많다.

오답분석

① 2013년 봄감자 생산량은 가을감자 생산량의 $\frac{393,632}{83,652}$ ≒4.7배이며, 다른 연도에서도 모두 봄감자는 가을감자보다 4배 이상 생산되었다.

② 감자 생산효율이 높은 것은 적은 면적에서 많은 감자를 생산할 수 있는 것과 같으므로 10a당 생산량을 비교한다. 따라서 10a당 생산량이 높은 순서는 '고랭지감자 – 봄감자 – 가을감자' 순서이며, 생산효율도 이와 같다.

④ 직접 모든 감자의 10a당 생산량 평균을 계산하는 것보다 모든 감자의 10a당 생산량 합을 구하여 비교하면 쉽다.

구분	전체 10a당 생산량
2018년	2,526+3,875+1,685=8,086kg
2019년	2,580+3,407+1,267=7,254kg
2020년	2,152+3,049+1,663=6,864kg
2021년	2,435+2,652+1,723=6,810kg

따라서 2019년부터 2021년까지 전년 대비 모든 감자의 10a당 생산량 합이 감소하고 있으므로 평균도 감소하는 추세이다.

⑤ 봄감자가 가장 많이 생산된 연도는 2016년도이며, 이때 고랭지감자와 가을감자의 재배면적 차이는 3,751−2,702=1,049ha이다.

11

정답 ④

구간 '육식률 80% 이상'과 '육식률 50% 이상 80% 미만'에서의 사망률 1위 암은 '위암'으로 동일하나, '육식률 30% 이상 50% 미만'에서의 사망률 1위 암은 '대장암'이다.

오답분석

① '육식률 80% 이상'에서의 위암 사망률(85%)과 '채식률 100%'에서 위암 사망률(4%) 차이는 81%로 유일하게 80%가 넘게 차이난다.

② • '육식률 80% 이상'에서의 사망률이 50% 미만인 암 : '전립선암(42%)', '폐암(48%)', '난소암(44%)'
  • '육식률 50% 이상 80% 미만'에서의 사망률이 50% 이상인 암 : '대장암(64%)', '방광암(52%)', '위암(76%)'
  따라서 동일하다.

③ '전립선암'은 '채식률 100%'에서 사망률 8%로, '육식률 30% 미만' 구간의 사망률 5%보다 높다.

⑤ '채식률 100%'에서 사망률이 10%를 초과하는 암은 '폐암(11%)'뿐이다.

12

정답 ③

주말 오전 장년층(30·40대)의 단순 평균 TV시청시간을 구하면 $\frac{1.8+3.2}{2}$=2.5시간이고, 중년층(50·60대)의 단순 평균 TV시청시간을 구하면 $\frac{2.5+2.7}{2}$=2.6시간이다.

오답분석

① 10대 미만의 평일 오전 평균 TV시청시간은 2.2시간, 오후 평균 TV시청시간은 3.8시간이다.
  따라서 평균 TV시청시간의 차는 3.8−2.2=1.6시간으로 60×1.6=96분, 즉 1시간 36분이다.

② 30대 이후 평일 오후 평균 TV시청시간은 각각 1.5시간, 2.5시간, 3.8시간, 4.4시간, 5.2시간, 5.4시간으로 연령대가 높아질수록 평균 TV시청시간은 증가하고 있다. 주말 역시 2.2시간, 4.5시간, 4.6시간, 4.7시간, 5.2시간, 5.5시간으로 증가하고 있다.

④ 청년층(20대)의 주말 단순 평균 TV시청시간을 구하면 $\frac{2.2+3.2}{2}$=2.7시간이고, 평일의 단순 평균 TV시청시간을 구하면 $\frac{0.9+1.8}{2}$=1.35시간이다. 따라서 주말이 평일의 2.7÷1.35=2배이다.

⑤ 전 연령대에서 평일과 주말 모두 오후의 TV평균시청시간이 길었다.

13

정답 ②

ㄱ. 10대 미만의 평일 오전 평균 TV시청시간은 2.2시간으로, 주말 오전 평균 TV시청시간인 2.5시간의 $\frac{2.2}{2.5} \times 100 = 88\%$이다.

ㄹ. 장년층 · 중년층 · 노년층의 평일 오전과 오후의 단순 평균 TV시청시간을 구하면 다음과 같다.

구분	오전	오후
장년층	$\frac{0.3+1.1}{2}=0.7$시간	$\frac{1.5+2.5}{2}=2$시간
중년층	$\frac{1.4+2.6}{2}=2$시간	$\frac{3.8+4.4}{2}=4.1$시간
노년층	$\frac{2.4+2.5}{2}=2.45$시간	$\frac{5.2+5.3}{2}=5.25$시간

따라서 장년층이 $2-0.7=1.3$시간, 중년층이 $4.1-2=2.1$시간, 노년층이 $5.25-2.45=2.8$시간으로 노년층의 차가 가장 크다.

오답분석

ㄴ. 10대와 20대의 평일 오후 평균 TV시청시간은 각각 1.7시간, 1.8시간이다.
따라서 둘의 시간차는 $1.8-1.7=0.1$시간이므로 $60 \times 0.1=6$분이다.

ㄷ. 평일 오전 평균 TV시청시간이 가장 많은 연령대는 2.6시간으로 60대이다.
따라서 60대의 주말 단순 평균 TV시청시간을 구하면 $\frac{2.7+4.7}{2}=3.7$시간으로 4시간 미만이다.

14

정답 ③

재판 관련 경험이 없는 사람 중 SNS를 이용하여 법 관련 정보를 얻는 사람의 수는 $2{,}968 \times 0.18 \fallingdotseq 534$명으로 550명 미만이다.

오답분석

① 중졸 이하의 응답인원 중 TV / 라디오를 통해 법 관련 정보를 얻는 사람의 수는 $548 \times 0.9=493.2$명으로 500명 미만이다.

② 법 관련 정보를 따로 제공받는 곳이 없다고 응답한 사람의 수는 보수 성향의 경우 $944 \times 0.01=9.44$명, 중도 성향은 $1{,}434 \times 0.006 \fallingdotseq 8.6$명으로 보수 성향에서 더 많다.

④ 신문 / 잡지를 이용해 법 관련 정보를 얻는 사람의 수는 대졸 이상의 학력에서 그렇다고 응답한 $1{,}466 \times 0.20=293.2$명은, 중도 성향에서 그렇다고 응답한 $1{,}434 \times 0.22=315.48$명보다 적다.

⑤ 전체 응답인원은 동일하다고 하였으므로, 전체 응답인원은 $1{,}701+1{,}740=3{,}441$명이다. 전체 응답인원 3,441명 중 사무직 응답인원 686명의 비율은 $\frac{686}{3{,}441} \times 100 \fallingdotseq 19.9\%$로 30% 미만이다.

15

정답 ③

ㄱ. 재판 관련 경험이 있는 응답인원 중 법원 인터넷 시스템을 통해 법 관련 정보를 얻는 인원은 $473 \times 0.4=189.2$명으로, 200명을 넘지 않는다.

ㄴ. 학생 중 포털사이트를 이용해 법 관련 정보를 얻는 응답인원 수는 146명의 80%, $146 \times 0.8=116.8$명으로, 주부 중 SNS를 이용하여 법 관련 정보를 얻는 응답인원의 수인 668명의 10%, $668 \times 0.1=66.8$명보다 더 많다.

오답분석

ㄷ. 응답인원에 대한 구분 기준 중 하나인 성별을 기준으로 볼 때, 남자의 경우와 여자의 경우 모두 포털사이트를 통해 법 관련 정보를 얻는다고 답한 사람 수의 비율이 주위사람을 통해 법 관련 정보를 얻는다고 답한 사람 수의 비율보다 높다. 따라서 전체 응답인원에서 비교를 하여도 포털사이트를 통해 법 관련 정보를 얻는다고 답한 응답인원의 수가 주위사람을 통해 법 관련 정보를 얻는다고 답한 응답인원의 수보다 많을 것임을 알 수 있다.

16

정답 ②

일반회사직 종사자는 '1시간 이상 3시간 미만'이라고 응답한 비율이 45%로 가장 높지만, 자영업자 종사자는 '1시간 미만'이라고 응답한 비율이 36%로 가장 높다. 따라서 옳지 않다.

오답분석

① 교육에 종사하는 사람은 공교육직과 사교육직을 합쳐 총 2,800+2,500=5,300명으로 전체 20,000명 중 $\frac{5,300}{20,000}\times 100=26.5\%$에 해당한다.

③ 공교육직 종사자와 교육 외 공무직 종사자의 응답 비율을 높은 순서부터 나열하면 다음과 같다.
- 공교육직 : 5시간 이상 – 3시간 이상 5시간 미만 – 1시간 이상 3시간 미만 – 1시간 미만
- 교육 외 공무직 : 1시간 미만 – 1시간 이상 3시간 미만 – 3시간 이상 5시간 미만 – 5시간 이상

따라서 둘의 추이는 반대이다.

④ 연구직 종사자와 의료직 종사자의 응답 비율의 차는 다음과 같다.
- 1시간 미만 : 69−52=17%p
- 1시간 이상 3시간 미만 : 5−1=4%p
- 3시간 이상 5시간 미만 : 7−2=5%p
- 5시간 이상 : 41−23=18%p

따라서 차이가 가장 크게 나는 응답 시간은 '5시간 이상'이다.

⑤ 제시된 자료를 통해 알 수 있다.

17

정답 ③

'5시간 이상'이라고 응답한 교육 외 공무직 종사자의 응답비율은 18%로 연구직 종사자의 응답비율인 23%보다 낮다. 그러나 응답자 수는 교육 외 공무직 종사자의 응답자 수가 3,800×0.18=684명, 연구직 종사자의 응답자 수가 2,700×0.23=621명으로 교육 외 공무직 종사자의 응답자 수가 더 많다.

오답분석

ㄱ. 전체 응답자 중 공교육직 종사자 2,800명이 차지하는 비율은 $\frac{2,800}{20,000}\times 100=14\%$이고, 연구직 종사자 2,700명이 차지하는 비율은 $\frac{2,700}{20,000}\times 100=13.5\%$이다. 따라서 14−13.5=0.5%p 더 높다.

ㄴ. 공교육직 종사자의 응답비율이 가장 높은 구간은 '5시간 이상'으로 그 응답자 수는 2,800×0.45=1,260명이고, 사교육직 종사자의 응답비율이 가장 높은 구간은 '1시간 미만'으로 그 수는 2,500×0.36=900명으로 1,260÷900=1.4배이다.

18

정답 ④

연도별 변화율은 아래와 같다. 2021년 중학교의 변화율은 2020년과 유사하다.

구분	2018년	2019년	2020년	2021년	2022년
유치원	0.00%	−0.75%	−3.01%	−4.65%	−3.25%
초등학교	0.00%	−2.01%	−0.68%	0.00%	0.69%
중학교	−5.92%	−6.99%	−4.51%	−4.72%	−3.31%
고등학교	−3.65%	−2.27%	−3.88%	−7.26%	−7.83%
일반대학	−2.38%	−1.63%	−2.48%	0.00%	0.42%

19

정답 ②

발사이즈와 평균 키의 단위가 다르므로 mm로 통일하여 계산한다.

(발사이즈)=230일 때, (평균 키)=1,510이므로

$1,510=a\times230-b$ ⋯ (가)

(발사이즈)=240일 때, (평균 키)=1,580이므로

$1,580=a\times240-b$ ⋯ (나)

(가)와 (나)를 연립하면

$\frac{240}{230}$(가)−(나) $\therefore$ $a=7$, $b=100$

→ (평균 키)=7×(발사이즈)−100

(발사이즈)=235일 때,

(평균 키)=7×235−100=1,545 → ㉠=154.5

(발사이즈)=245일 때,

(평균 키)=7×245−100=1,615 → ㉡=161.5

따라서 ㉠=154.5, ㉡=161.5이다.

20

정답 ③

1. 규칙 파악

2018년	2019년	2020년	2021년
3	7	19	55

앞의 항에 +4, +12, +36, +108 ⋯ ×3씩 커지는 수를 더하는 수열이다.

2. 계산

㉠ 직접 계산하기

2021년	2022년	2023년	2024년	2025년	2026년
55	163	487	1,459	4,375	13,123

㉡ 식 세워 계산하기

주어진 수열은 계차수열이 첫째항 4, 공비 3인 등비수열이다.

2015년을 기준으로 주어진 수열의 n번 째 항을 a_n이라고 하고, a_n의 k번 째 계차수열을 b_k라고 하면 다음과 같다.

$$a_n=a_1+\sum_{k=1}^{n-1}b_k$$

$$b_k=4\times3^{k-1}$$

$$\rightarrow a_n=3+\sum_{k=1}^{n-1}(4\times3^{k-1})=3+4\times\frac{3^{n-1}-1}{3-1}=3+2(3^{n-1}-1)=2\times3^{n-1}+1$$

$a_n\geq10,000$이 되는 n의 최솟값은 9이다. n이 1일 때 연도는 2018년이므로 n이 9일 때의 연도는 2026년이다.

제2영역 추리

01	02	03	04	05	06	07	08	09	10	11	12	13	14	15	16	17	18	19	20
⑤	④	④	③	④	②	③	④	①	⑤	③	①	②	③	④	⑤	③	②	⑤	④
21	22	23	24	25	26	27	28	29	30										
⑤	④	④	①	③	①	②	①	④	⑤										

01

정답 ⑤

두 번째 명제의 대우 명제는 '제비가 낮게 날면 비가 온다.'이다. 즉, ⑤와 동치인 명제이다.

02

정답 ④

'낡은 것을 버리다.'를 p, '새로운 것을 채우다.'를 q, '더 많은 세계를 경험하다.'를 r이라고 하면, 첫 번째 명제는 $p \rightarrow q$이며, 마지막 명제는 $\sim q \rightarrow \sim r$이다. 이때 첫 번째 명제의 대우는 $\sim q \rightarrow \sim p$이므로 마지막 명제가 참이 되기 위해서는 $\sim p \rightarrow \sim r$이 필요하다. 따라서 빈칸에 들어갈 명제는 $\sim p \rightarrow \sim r$의 ④이다.

03

정답 ④

'탁구를 잘 하는 사람'을 A, '테니스를 잘하는 사람'을 B, '집중력이 좋은 사람'을 C라고 하면, 전제1과 결론은 다음과 같은 벤다이어그램으로 나타낼 수 있다.

1) 전제1

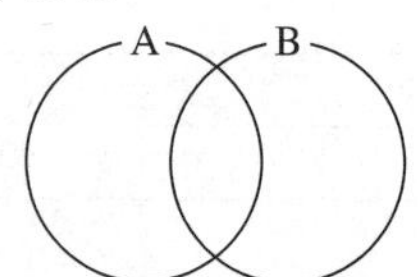

2) 결론

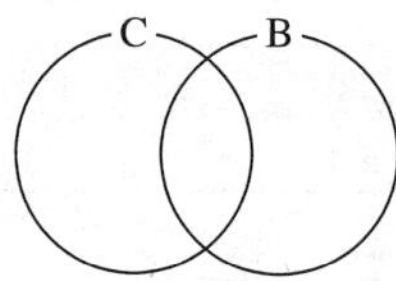

결론이 참이 되기 위해서는 B와 공통되는 부분의 A와 C가 연결되어야 하므로 A를 C에 모두 포함시켜야 한다. 즉, 다음과 같은 벤다이어그램이 성립할 때 결론이 참이 될 수 있으므로 전제2에 들어갈 명제는 '탁구를 잘 하는 사람은 모두 집중력이 좋다.'의 ④이다.

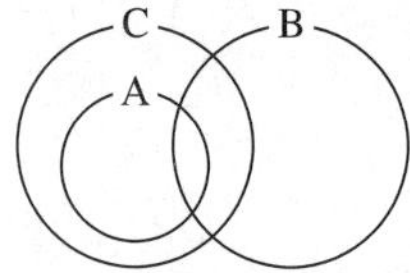

오답분석

① 다음과 같은 경우 성립하지 않는다.

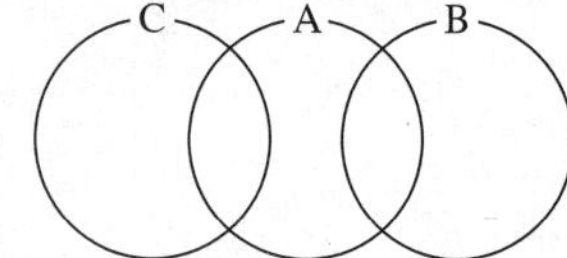

③ 다음과 같은 경우 성립하지 않는다.

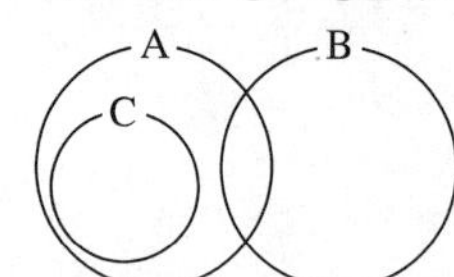

04

정답 ③

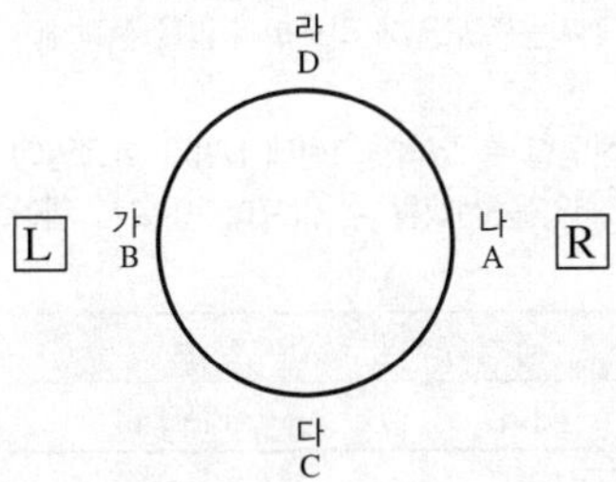

첫 번째 조건과 다섯 번째 조건에 의하여 다직원의 위치는 시계 6시 방향이고, 9시 방향과 12시 방향은 각각 B인턴과 D인턴을 맡은 직원이 앉게 된다.

두 번째 조건에 의하여 A인턴을 맡은 직원은 3시 방향에 앉고, 세 번째 조건에 의하여 라직원은 12시 방향에 앉아 있으므로 D인턴을 맡은 직원은 라직원이다.

네 번째 조건에 의하여 나직원은 3시 방향에, 가직원은 9시 방향에 앉아 있게 되므로 A인턴을 맡은 직원은 나직원, B인턴을 맡은 직원은 가직원이다. 즉, 남은 C인턴은 다직원이 맡는다.

05

정답 ④

두 번째, 네 번째 조건에 의해, B는 치통에 사용되는 약이고, A는 세 번째, 네 번째 조건에 의해 몸살에 사용되는 약이다.

따라서 A – 몸살, B – 치통, C – 배탈, D – 피부병이고,

두 번째, 다섯 번째 조건에 의해, 은정이의 처방전은 B, 희경이의 처방전은 C에 해당된다.

그러면 소미의 처방전은 마지막 조건에 의해 D에 해당된다.

그러므로 A – 정선, B – 은정, C – 희경, D – 소미이다.

06

정답 ②

첫 번째, 두 번째 조건에 따라 로봇은 '3번 – 1번 – 2번 – 4번' 또는 '3번 – 2번 – 1번 – 4번' 순서로 전시되어 있으며, 사용 언어는 세 번째, 네 번째, 다섯 번째 조건에 따라 '중국어 – 영어 – 한국어 – 일본어' 또는 '일본어 – 중국어 – 영어 – 한국어' 순서이다. 제시된 조건에 의해 3번 로봇의 자리가 정해지게 되는데, 3번 로봇은 일본어를 사용하지 않는다고 하였으므로, 사용 언어별 순서는 '중국어 – 영어 – 한국어 – 일본어' 순이다. 또한, 2번 로봇은 한국어를 사용하지 않는다고 하였으므로, '3번 – 2번 – 1번 – 4번' 순서이다.

오답분석

① 1번 로봇은 한국어를 사용한다.
③ 4번 로봇은 일본어를 사용한다.
④ 중국어를 사용하는 3번 로봇은 영어를 사용하는 2번 로봇의 옆에 위치해 있다.
⑤ 영어를 사용하는 로봇은 한국어를 사용하는 로봇의 왼쪽에 위치해 있다.

07

정답 ③

첫 번째 조건에 따라 주거복지기획부가 반드시 참석해야 하므로 네 번째 조건의 대우에 의해 산업경제사업부는 참석하지 않는다. 다섯 번째 조건에 따라 두 경우로 나타내면 다음과 같다.

i) 노사협력부가 참석하는 경우

세 번째 조건의 대우에 따라 인재관리부는 참석하지 않으며, 다섯 번째 조건에 따라 공유재산관리부도 불참하고, 공유재산개발부는 참석할 수도 있고 참석하지 않을 수도 있다.

즉, 주거복지기획부, 노사협력부, 공유재산개발부가 주간 회의에 참석할 수 있다.

ii) 공유재산관리부가 참석하는 경우

두 번째 조건에 따라 공유재산개발부도 참석하며, 다섯 번째 조건에 따라 노사협력부는 참석하지 않고, 인재관리부는 참석할 수도 있고 참석하지 않을 수도 있다.

즉, 주거복지기획부, 공유재산관리부, 공유재산개발부, 인재관리부가 주간 회의에 참석할 수 있다.

따라서 이번 주 주간 회의에 참석할 부서의 최대 수는 4개이다.

08

정답 ④

먼저 L씨가 월요일부터 토요일까지 운동 스케줄을 등록할 때, 토요일에는 리포머 수업만 진행되므로 L씨는 토요일에 리포머 수업을 선택해야 한다.

금요일에는 체어 수업에 참여하므로 네 번째 조건에 따라 목요일에는 바렐 또는 리포머 수업만 선택할 수 있다. 그런데 L씨가 화요일에 바렐 수업을 선택한다면, 목요일에는 리포머 수업만 선택할 수 있다. 따라서 수요일에는 리포머 수업을 선택할 수 없으며, 반드시 체어 수업을 선택해야 한다.

월	화	수	목	금	토
리포머	바렐	체어	리포머	체어	리포머

오답분석

L씨가 등록할 수 있는 월~토요일까지의 운동 스케줄은 다음과 같다.

구분	월	화	수	목	금	토
경우 1	리포머	바렐	체어	리포머	체어	리포머
경우 2	리포머	체어	바렐	리포머	체어	리포머
경우 3	리포머	체어	리포머	바렐	체어	리포머
경우 4	체어	리포머	바렐	리포머	체어	리포머
경우 5	바렐	리포머	체어	리포머	체어	리포머

① 경우 2와 경우 3에 따라 옳은 내용이다.
② 경우 4에 따라 옳은 내용이다.
③ 경우 2에 따라 옳은 내용이다.
⑤ 경우 3에 따라 옳은 내용이다.

09

정답 ①

오른쪽 끝자리에는 30대 남성이, 왼쪽에서 두 번째 자리에는 40대 남성이 앉으므로 세 번째와 네 번째 조건에 따라 30대 여성은 왼쪽에서 네 번째 자리에 앉아야 한다. 이때, 40대 여성은 네 번째 조건에 따라 왼쪽에서 첫 번째 자리에 앉아야 하므로 남은 자리에 20대 남녀가 앉을 수 있다.

i) 경우 1

40대 여성	40대 남성	20대 여성	30대 여성	20대 남성	30대 남성

ii) 경우 2

40대 여성	40대 남성	20대 남성	30대 여성	20대 여성	30대 남성

따라서 항상 옳은 것은 ①이다.

10

정답 ⑤

먼저 첫 번째 조건에 따라 감염대책위원장과 백신수급위원장은 함께 뽑힐 수 없으므로 감염대책위원장이 뽑히는 경우와 백신수급위원장이 뽑히는 경우로 나누어 볼 수 있다.

i) 감염대책위원장이 뽑히는 경우
첫 번째 조건에 따라 백신수급위원장은 뽑히지 않으며, 두 번째 조건에 따라 위생관리위원장 2명이 모두 뽑힌다. 이때, 위원회는 총 4명으로 구성되므로 나머지 후보 중 생활방역위원장 1명이 뽑힌다.

ii) 백신수급위원장이 뽑히는 경우
첫 번째 조건에 따라 감염대책위원장은 뽑히지 않으며, 세 번째 조건에 따라 생활방역위원장은 3명 이상이 뽑힐 수 없으므로 1명 또는 2명이 뽑힐 수 있다. 따라서 생활방역위원장 2명이 뽑히면 위생관리위원장은 1명이 뽑히고, 생활방역위원장 1명이 뽑히면 위생관리위원장은 2명이 뽑힌다.

이를 표로 정리하면 다음과 같다.

구분	감염병관리위원회 구성원
경우 1	감염대책위원장 1명, 위생관리위원장 2명, 생활방역위원장 1명
경우 2	백신수급위원장 1명, 위생관리위원장 1명, 생활방역위원장 2명
경우 3	백신수급위원장 1명, 위생관리위원장 2명, 생활방역위원장 1명

따라서 항상 참이 되는 것은 '생활방역위원장이 뽑히면 위생관리위원장도 뽑힌다.'인 ⑤이다.

오답분석

① 경우 3에서는 위생관리위원장 2명이 뽑힌다.
② 경우 2에서는 생활방역위원장 2명이 뽑힌다.
③ 어떤 경우에도 감염대책위원장과 백신수급위원장은 함께 뽑히지 않는다.
④ 감염대책위원장이 뽑히면 생활방역위원장은 1명이 뽑힌다.

11

정답 ③

다음의 논리 순서를 따라 주어진 조건을 정리하면 쉽게 접근할 수 있다.

- 첫 번째 조건 : B부장의 자리는 출입문과 가장 먼 10번 자리에 배치된다.
- 두 번째 조건 : C대리와 D과장은 마주봐야 하므로 2·7번 또는 4·9번 자리에 앉을 수 있다.
- 세 번째 조건 : E차장은 B부장과 마주보거나 옆자리이므로 5번과 9번에 배치될 수 있지만, 다섯 번째 조건에 따라 옆자리가 비어있어야 하므로 5번 자리에 배치된다.
- 다섯 번째 조건 : E차장 옆자리는 공석이므로 4번 자리는 아무도 앉을 수가 없어 C대리는 7번 자리에 앉고, D과장은 2번 자리에 앉아야 한다.
- 일곱 번째 조건 : 과장끼리 마주보거나 나란히 앉을 수 없으므로 G과장은 3번 자리에 앉을 수 없고, 6번과 9번에 앉을 수 있다.
- 여섯 번째 조건 : F대리는 마주보는 자리에 아무도 앉지 않아야 하므로 9번 자리에 배치되어야 하고 G과장은 6번 자리에 앉아야 한다.

따라서 주어진 조건에 맞게 자리배치를 정리하면 다음과 같다.

출입문				
1 – 신입사원	2 – D과장	×	×	5 – E차장
6 – G과장	7 – C대리	8 – A사원	9 – F대리	10 – B부장

12

정답 ①

제시된 조건을 표로 나타내면 다음과 같다.

구분	경우	경우 2	경우 3	경우 4
6층	F	F	E	D
5층	A	A	A	A
4층	D	E	F	F
3층	B	B	B	B
2층	E	D	D	E
1층	C	C	C	C

오답분석

②·⑤ C는 1층에 입주했다.
③ F는 6층, 4층에 입주할 수 있다.
④ D는 6층, 4층, 2층에 입주할 수 있다.

13

정답 ②

제시된 내용을 기호로 정리하면 다음과 같다.

- ~A → B
- A → ~C
- B → ~D
- ~D → E

E가 행사에 참여하지 않는 경우, 네 번째 조건의 대우인 ~E → D에 따라 D가 행사에 참여한다. D가 행사에 참여하면 세 번째 조건의 대우인 D → ~B에 따라 B는 행사에 참여하지 않는다. 또한 B가 행사에 참여하지 않으면 첫 번째 조건의 대우에 따라 A가 행사에 참여하고, A가 행사에 참여하면 두 번째 조건에 따라 C는 행사에 참여하지 않는다. 따라서 E가 행사에 참여하지 않을 경우 행사에 참여 가능한 사람은 A와 D 2명이다.

14

정답 ③

거짓을 말하는 사람이 1명이기 때문에 B와 C 둘 중 한 명이 거짓을 말하고 있다.
i) B가 거짓말을 할 경우 : A는 진실을 말하고 있다. A는 C가 범인이라고 했고, E는 A가 범인이라고 했으므로 A와 C가 범인이다.
ii) C가 거짓말을 할 경우 : B는 진실을 말하므로 A도 거짓말을 하고 있다. 이는 1명만 거짓을 말하고 있다는 조건에 모순된다.

15

정답 ④

제시된 단어는 유의 관계이다.
'분별'은 '사물을 제 분수대로 각각 나누어서 가름'을 뜻하고, '변별'은 '사물의 옳고 그름이나 좋고 나쁨을 가림'을 뜻한다.
따라서 '존속과 멸망 또는 생존과 사망을 아울러 이르는 말'의 뜻인 '존망'과 유의 관계인 단어는 '죽기와 살기'의 뜻인 '사활'이다.

오답분석

① 절명 : 목숨이 끊어짐
② 사멸 : 죽어 없어짐
③ 종신 : 목숨을 다하기까지의 동안
⑤ 인식 : 사물을 분별하고 판단하여 앎

16

정답 ⑤

'일반'은 '특별하지 아니하고 평범한 수준. 또는 그런 사람들'이라는 뜻이므로 '특별히 다름'이라는 뜻인 '특수'와 반의 관계이고, 나머지는 유의 관계이다.

오답분석

① • 영고 : 번성함과 쇠퇴함
 • 성쇠 : 성하고 쇠퇴함
② • 구획 : 토지 따위를 경계를 지어 가름. 또는 그런 구역
 • 경계 : 지역이 구분되는 한계. 사물이 어떠한 기준에 의하여 분간되는 한계
③ • 귀향 : 고향으로 돌아가거나 돌아옴
 • 귀성 : 부모를 뵙기 위하여 객지에서 고향으로 돌아가거나 돌아옴
④ • 결점 : 잘못되거나 부족하여 완전하지 못한 점
 • 단점 : 잘못되고 모자라는 점

17

정답 ③

역전층 현상이 발생하면 대류권에서는 위쪽으로 갈수록 기온이 높아진다.

오답분석

① 따뜻한 공기가 더 가볍기 때문에 더 무거운 차가운 공기는 아래로, 따뜻한 공기는 위로 이동하는 대류 운동이 일어난다.
② 겨울철 방에서 난방을 하면 방바닥의 따뜻한 공기는 위로 올라가는 대류현상이 일어난다.
④ 공기층이 안정된다는 것은 역전층 현상이 나타난 것이므로, 안개가 발생하고 이에 따라 스모그 현상이 발생한다.
⑤ 태양의 복사열로 지표가 데워지면 역전층 현상이 사라질 것이다.

18

정답 ②

제시문에 따르면 사물인터넷(IoT)의 발달로 센서의 사용 또한 크게 늘고 있다.

오답분석

① 인체의 작은 움직임(주파수 $2 \sim 5$Hz)도 스마트폰이나 웨어러블(안경, 시계, 의복 등과 같이 신체에 작용하는 제품) 기기들의 전기 에너지원으로 사용될 수 있다.
③ 교체 및 충전식 전기 화학 배터리는 수명이 짧다는 특징을 갖고 있다.
④ 기계적 진동원은 움직이는 인체, 자동차, 진동 구조물, 물이나 공기의 흐름에 의한 진동 등 모두를 포함한다.
⑤ 전자기력 기반은 패러데이의 유도법칙을 이용하여 전기를 생산하며, 낮은 주파수의 기계적 에너지를 전기에너지로 변환하는 매우 효율적인 방법이다.

19

정답 ⑤

오염수를 희석을 시키더라도 시간이 지나면 오염물질이 다시 모여들 수 있다는 것은 엔트로피 증가의 법칙을 무시한 주장이다.

오답분석

① 초미세먼지(2.5마이크로미터)의 1만 분의 1 정도의 크기이다.
② 방사성 오염 물질은 독립된 원자 상태로 존재하기도 하나, 대부분은 다른 원소들과 화학적으로 결합한 분자 상태로 존재한다.
③ 전기적으로 중성인 경우도 있고, 양전하나 음전하를 가진 이온의 상태로 존재하기도 한다.
④ 당초 섭씨 1,000도 이상으로 뜨거웠던 건 맞지만 오랜 기간에 걸쳐 천천히 식은 상태다.

20

정답 ④

제시문에서는 사유 재산에 대한 개인의 권리 추구로 다수가 피해를 입게 된다면 사익보다 공익을 우선시하여 개인의 권리가 제한되어야 한다고 주장한다. 따라서 이러한 주장에 대한 반박으로는 개인인 땅 주인이 권리를 행사함에 따라 다수인 마을 사람들에게 발생하는 피해가 법적으로 증명되어야만 권리를 제한할 수 있다는 ④가 가장 적절하다.

21

정답 ⑤

제시문에서는 탑을 복원할 경우 탑에 담긴 역사적 의미와 함께 탑과 주변 공간의 조화가 사라지고, 정확한 자료 없이 탑을 복원한다면 탑을 온전하게 되살릴 수 없다는 점을 들어 탑을 복원하기보다는 보존해야 한다고 주장한다. 따라서 이러한 근거들과 관련이 없는 ⑤는 주장에 대한 반박으로 적절하지 않다.

22

정답 ④

삽입 정렬을 사용하여 정렬할 경우 527을 564와 비교하여 앞으로 삽입하고, 89를 564와 비교하여 527의 앞으로 삽입하고, 다시 527과 비교하여 527의 앞으로 삽입한다. 72도 이와 같은 방법으로 비교하여 정렬하면 시간 복잡도는 총 1+2+3+4=10번이 된다.

기수 정렬은 원소들 중 자릿수가 가장 큰 원소의 자릿수만큼 원소들의 자릿수의 숫자를 확인하는 과정이 반복되므로 모듈로 연산은 3회가 되고 시간 복잡도는 총 5+5+5=15번이 된다. 따라서 A씨가 삽입 정렬이나 기수 정렬 중 하나를 사용하여 정렬하더라도 시간 복잡도는 모두 10번 이상이 된다.

오답분석

① 삽입 정렬을 사용하여 정렬하면 시간 복잡도는 10번이 된다.
② 기수 정렬을 사용하여 정렬하면 시간 복잡도는 15번이 된다.
③ 기수 정렬(15번)보다 삽입 정렬(10번)을 사용하는 것이 더 효율적이다.
⑤ 삽입 정렬의 시간 복잡도는 10번, 기수 정렬의 시간 복잡도는 15번이므로 서로 동일하지 않다.

23

정답 ④

쇤베르크의 '달에 홀린 피에로'는 무조적 짜임새를 기본으로 한 작품으로, 무조 음악은 12개의 음을 자유롭게 사용한다. 따라서 쇤베르크는 기존의 조성 음악과 달리 12개의 음을 자유롭게 사용하여 작곡하였음을 알 수 있다.

오답분석

① 한슬리크는 음악의 아름다움은 오로지 음과 음의 결합에 의해 이루어진다고 주장하였으므로 '달에 홀린 피에로'에 드러난 인간의 주관적 감성은 한슬리크가 주장하는 음악적 아름다움과 거리가 멀다.
② 한슬리크는 음악의 아름다움은 외부의 어떤 것에도 의존하지 않는다고 주장하였으므로 음악 외적인 요소에 해당하는 가사는 한슬리크가 음악적 가치를 평가하는 요소에 해당하지 않을 것이다.
③ 표현주의 음악은 기존의 조성 음악으로부터의 탈피를 보여주는 대표적인 음악으로, 조성 음악의 체계는 17세기 이후 지속된 서양 음악의 구조적 기본 틀이었다. 따라서 표현주의 음악으로 무조적 짜임새의 '달에 홀린 피에로'는 서양 음악의 구조적 기본 틀에서 벗어난 작품으로 볼 수 있다.
⑤ 한슬리크는 음악 내적인 요소에서 음악의 아름다움을 찾으려 했지만, 쇤베르크는 전통적 아름다움의 개념을 거부하고 인간 내면의 주관적 감성을 충실하게 표현하고자 했다.

24

정답 ①

규칙은 세로 방향으로 적용된다.

첫 번째 도형을 시계 방향으로 90° 회전하면 두 번째 도형이고, 이를 색 반전하면 세 번째 도형이다.

25

정답 ③

규칙은 세로 방향으로 적용된다.

첫 번째 도형을 x축 기준으로 대칭 이동한 것이 두 번째 도형이고, 이를 y축 기준으로 대칭 이동한 것이 세 번째 도형이다.

26

정답 ①

규칙은 가로 방향으로 적용된다.

첫 번째 도형을 시계 반대 방향으로 90° 회전한 것이 두 번째 도형이고, 이를 x축 기준으로 대칭 이동한 것이 세 번째 도형이다.

27

정답 ②

- ◐ : 각 자릿수 +4, −3, +2, −1
- ◆ : 1234 → 4123
- ▤ : 1234 → 4321
- ♧ : 각 자릿수 −1

E73ㅎ → ㅎE73 → ㅍD62
◆ ♧

28

정답 ①

5ㅅㄱ9 → 9ㄱㅅ5 → 59ㄱㅅ
▤ ◆

29

정답 ④

2ㅇ7M → 1ㅅ6L → 5ㄹ8K → K8ㄹ5
♧ ◐ ▤

30

정답 ⑤

4JR5 → 54JR → 91LQ → 80KP
◆ ◐ ♧